발해의 문화

― 사회생활 풍속을 중심으로

발해의 문화 1

· 1판 1쇄 / 2005. 8. 10
· 펴낸이 / 김정숙
· 펴낸곳 / 정토출판
· 지은이 / 방학봉
· 등록번호 / 제22-1008호
· 등록일자 / 1996. 5. 17
· 주소 / 서울특별시 서초구 서초3동 1585-16 (우)137-875
· 전화 / 02-587-8992
· 전송 / 02-587-8998
· 인터넷 / www.jungto.org
· 이메일 / book@jungto.org

ⓒ2005. 정토출판

값 12,000원
ISBN 89-85961-44-6 04910
ISBN 89-85961-45-X(세트)

발해의 문화

― 사회생활 풍속을 중심으로

방학봉

정토출판

Ⅰ. 발해의 사회 생활 풍속 · 12
1. 발해의 혼인 풍속 · 12
    가. 건국 전의 혼속 · 13
    나. 발해의 혼속 · 18
2. 발해의 상장 풍속 · 26
    가. 장기 · 27
    나. 부고 · 29
    다. 초혼 · 30
    라. 빈소 · 31
    마. 운관 · 32
    바. 상장중의 가무 · 32
    사. 묘지선택 · 34
    아. 수비 · 36
    자. 당나라의 장속을 본받다 · 38

3. 발해 무덤과 다인장 · 41
    가. 발해 다인장무덤의 분포 정황 · 42
    나. 발해 다인장은 가족장이다. · 45
    다. 발해 다인장의 유형 · 63

4. 발해인의 매장습과 그 특징 · 66
    가. 발해 무덤의 구조 · 67
    나. 매장습관과 그 특징 · 75

5. 발해시기 묘상 건축 · 87
    가. 일반정황 · 87
    나. 무덤 위의 건축 유형 · 97
    다. 무덤 위의 건축에 대한 몇 가지 문제 · 113

6. 발해의 옷차림 · 124
    가. 발해 건국 전과 후의 옷차림 · 125
    나. 발해의 옷차림 · 130

7. 발해여인들의 화장	181
8. 발해의 음식생활 풍속	187
9. 발해의 거주생활 습관	194
가. 건국전 원주민의 거주생활 습관	195
나. 발해인들의 거주생활 습관	197
10. 발해의 난방 설비	201
가. 난방설비가 발견된 발해집터 유적	202
나. 몇가지 생각되는 문제	212
11. 발해인들의 말타기와 활쏘기 풍속	227
12. 예절 풍속	230
가. 칭호	231
나. 절을 하는 예의	232
다. 항복할 때의 의식과 예의 제도	233
13. 발해의 축국과 격구	235
가. 축국	236
나. 격구	244

14. 발해인들의 꽃기르기와 기타 몇가지	249
II 발해의 유학에 대하여	252
III 발해의 교육에 대하여	265
IV 발해의 샤만교 존재여부 문제에 대하여	279
1. 문헌자료로 살펴본 발해의 샤만교	282
가. 문헌상으로 본 발해선민들의 샤만교신앙	282
나. 여진인들의 샤만교신앙	291
2. 고고학자료로 살펴본 발해의 샤만교	298
가. 고고학자료로 살펴본 말갈·여진인들의 샤만교신앙	298
나. 고고학자료로 살펴본 발해시기의 샤만교	309
V 부록1. 발해세계표	326
VI 부록2. 방학봉 교수 저작 일람표(1981~2003년)	328

머 리 말

발해는 698년 대조영(大祚榮)이 발해국을 세운 때로부터 926년 말대왕 대인선(大諲譔)이 요(遼) 나라의 침입에 의해 망할 때까지 15세대 229년을 존속하였다.

발해는 그가 존속한 전 기간 내에 원유의 기초 위에서 당(唐)나라의 선진생산기술과 문화를 받아들여 본 지역과 본 민족의 특징에 맞게 결합시켜 자기의 독특하고 찬란한 문화를 창조하였다. 발해 사회의 정치, 경제, 문화는 매우 발전하였으므로 한때 역사에서 《해동성국(海東盛國)》이라고 불리게 되었다.

발해의 사회 경제와 문화가 발전함에 따라 혼인, 상장(喪葬), 매장(埋葬), 옷차림, 화장, 음식 생활, 거주 생활, 예절, 꽃기르기 등 여러 가지 사회생활 풍속에서도 상당한 정도로 발전과 변화를 일으켜 조국의 문화 보고를 풍부히 하였다. 그러므로 발해의 사회생활 풍속을 깊이 있게 연구하여 해명하는 것은 발해사 연구 전반에 있어서 중요한 의의가 있다.

우리나라의 역대 사학자들과 국외의 일부 사학자들은 발해의 사회생활 풍속에 대해 줄곧 관심을 가져왔다. 특히 중화인민공화국이 성립된 후 우리나라의 사학자와 고고학자들은 발해의 사회생활 풍속을 더욱 깊이 고찰하고 연구를 진행하여 풍만한 성과를 얻어 힘있게 발해사 연구를 추진하였다. 그러나 아직도 많은 문제들이 해결되지 못하고 있다. 지금까지 단편적인 논문이 몇 편 발표되었을 뿐 깊이 있게 전면적으로 다룬 문장은 없다. 특히 발해의 사회생활 풍속을 전제(專題)로 하여 깊이 연구하여 발표한 저서는 전혀 없다. 그리하여 발해의 사회생활 풍속은 해결되지 못한 수수께끼로 남아 있다.

발해의 사회생활 풍속에 대해 해석할 만한 문헌자료를 발해 자체가 남겨놓은 것이 전혀 없기 때문에 발해의 사회생활 풍속을 연구한다는 것은 매우 어려운 일이다. 그러나 다년간 고고학자들이 심혈을 다해 쌓아놓은《문물지(文物志)》와《발굴보고서》, 일부 연구문장이 있기에 수수께끼를 풀어나갈 수 있을 것이다.

필자는 선인들이 이미 달성한 성과의 기초 위에서 단편적으로 남아 있는 문헌자료와 고고학 발굴조사 자료에 근거하여 전면적으로 집필하기에 힘썼다. 오늘《발해의 사회생활 풍속》에 관한 천박한 소견을 세상에 내놓으면서 앞으로 발해의 사회생활 풍속 연구에 다소 도움이 된다면 천만다행으로 생각하겠다. 자료가 적고 실제조사가 미급하고 지식수준의 제한으로 적지 않은 문제점들이 있으리라고 짐작된다. 학술계 여러분들의 아낌없는 비평과 조언이 있기를 바란다. 이 책이 나오기까지 여러 면에서 적극적으로 지지하고 출판하여 주신 정토회 지도법사 법륜 스님에게 충심으로 감사를 드린다.

2005년 8월
연길에서 방학봉

Ⅰ. 발해의 사회생활 풍속

1. 발해의 혼인 풍속

발해는 698년 대조영(大祚榮)에 의해 건립된 때로부터 926년 말대왕 대인선(大諲譔)시기 거란(契丹)의 침입에 망할 때까지 229년간 존속하였다. 발해는 한 시기 정치, 경제, 문화가 발전하고 국력이 강화되어 세상에서 '해동성국(海東盛國)'으로 불렸다. 부지런하고 용감한 발해인들은 원유의 기초 위에서 당나라의 선진 생산기술과 문화를 적극 받아들여 본 민족, 본 지구의 실제에 알맞게 결합시켜 찬란하고 독창적인 발해문화를 창조하였다.

혼속(婚俗-혼인 풍속)은 민속(民俗)의 한 부분인 동시에 그 민족문화의 일면을 반영한다. 그러므로 일찍 찬란한 해동성국의 문화를 창조한 발해인들도 자기들의 독특한 '민속'과 '혼속'을 갖고 있었을 것이다. 발해의 혼속에 관해 발해 자체가 남겨놓은 자료가 없기 때문에 발해 혼속에 대한 연구는 매우 어렵다. 다만 『송막기문(松漠紀聞)』과 『금사(金史)』 등 문헌(文獻)에 실린 단편적인 기재와 일부 고고학 자료에 의해 발해의 '혼속'을 살펴볼 수밖에 없다.

가. 건국 전의 혼속

발해의 경내에는 말갈인(靺鞨人), 고구려인(高句麗人), 한인(漢人), 돌궐인(突厥人), 거란인(契丹人), 실위인(室違人), 회흘인(回紇人) 등 여러 민족이 살고 있었다. 그 가운데서 말갈인과 고구려인이 다수를 차지하였다. 여러 민족들 가운데서 사회의 경제, 정치, 문화가 제일 발전한 것이 고구려족이고 그 다음은 말갈족이었다. 말갈족 가운데서 속말말갈(粟末靺鞨)과 백산말갈(白山靺鞨)은 한때 고구려의 영향 하에서 경제, 문화가 신속히 발전하여 봉건사회로 전화하였다. 각 민족은 모두 자기의 고유한 언어, 풍속, 혼속(婚俗)을 갖고 있었다.

① 읍루와 물길의 혼속

말갈족은 같지 않은 역사시기에 같지 않은 명칭이 있었다. 상(商), 주(周) 때에 숙신(肅愼), 한(漢), 위(魏)때에 읍루(挹婁), 남북조(南北朝)때에 물길(勿吉), 수, 당(隋唐)시기에 말갈이라고 불렀다.

물길족(勿吉族)은 만족어(滿族語)에서 온 명칭으로서 '산림' 혹은 '산림의 민족' 이라는 뜻이다. 그들은 주로 송화강(松花江) 양안 즉 송눈평원(松嫩平原)과 삼강평원(三江平原)의 넓은 지역에서 살았다. 다시 말하면 남쪽은 장백산(長白山)지역에 이르고 서쪽은 조아하(洮兒河)에 이르렀으며, 동쪽은 바다에 이르고 북쪽은 어디까지인지는 잘 알 수 없으나 그들의 문화유적에서 나온 문화유물에 의하면 대략 흑룡강(黑龍江) 중류에까지 이르렀다고 볼 수 있다.

　숙신, 읍루, 물길의 혼속에 대해『통전(通典)』권 186과『진서(晉書)』권 97, 동이전(東夷傳)에 "시집가고 장가들 때에 남자가 먼저 새깃을 여자의 머리에 꽂아 준다. 여자는 이에 동의하면 새깃을 가지고 돌아간다. 그 후에 예를 갖추어 아내를 맞는다. 부녀들은 정조를 지켰고 아가씨들은 음란하였으며 장년을 귀히 여기고 노인을 경시하였다.(將嫁娶, 男以毛羽挿女頭, 女和卽待歸, 然後致禮聘之. 婦貞而女淫, 貴壯而賤老)"라고 하였고『위서(魏書)』권 100 물길전(勿吉傳)에는 "결혼 첫날 저녁에 남자가 여자집에 가서 여자의 유방을 잡으면 부부로 인정되었다(初婚之夕, 男就女家, 執女乳而罷. 便以爲定, 仍爲夫婦)"라고 하였으며『북사(北史)』권 94 물길전(勿吉傳)에는 "初婚之夕, 男就女家, 執女乳而罷. 其妻外淫, 有人告其夫, 夫輒殺妻. 而後悔, 必殺告者, 由是奸淫事終不發"이라고 하였다.

　"남자가 새깃을 여자의 머리에 꽂아 준다. 여자가 이에 동의하면 새깃을 가지고 돌아간다. 부녀들은 정조를 지켰고 아가씨들은 음란하였다."라든가 "남자가 여자집에 가서 여자의 유방을 잡으면 부부로 인정되었다."라고 하는 것은 비록 남녀가 결합하는 방식이 다를 뿐 그것은 모두 남자를 중심으로 한 일부일처제(一夫一妻制)의 혼속이었다는 점에서는 동일하다.

　남녀간의 연애는 자유였고 그들 상호간의 애모(愛慕)는 혼인을 이루는 기초였다. 처녀총각은 모두 서로 대상을 자유로 선택할 수 있었다. 만약 한 총각이 어떤 처녀를 애모한다면 그는 꼭 새깃을 그 처녀의 머리에 꽂아 준다.

만약 처녀가 그 새깃을 버린다면 그것은 곧 동의하지 않는다는 것을 표명한다. 그러나 꽂아 준 새깃을 가지고 돌아가면 그것은 동의한다는 것을 표명한다. 연후에 쌍방의 가장(家長)들이 허락하고 결혼대사를 상론한다.

"부녀들은 정조를 지키고 아가씨(결혼 전 여성)들은 음란하였다.(婦貞而女淫)"는 결혼 전과 결혼 후의 읍루, 물길 여성들의 생활 습속에 대한 반영이다. '부정(婦貞)'은 결혼한 부녀들이 정조를 지켰다는 뜻으로 일부일처제와 가정에서 남자가 지배적 위치에 섰다는 것을 설명해 준다, '여음(女淫)'은 결혼 전 여성들은 자유가 많았고 여러 남자들과 사귀었다는 것을 의미한다.

읍루, 물길 때의 혼례 풍속이 발해 때에는 어떻게 이어졌는가는 문헌기록이 없기 때문에 알기 어렵다. 그러나 풍속과 습관이 하루아침에 없어지는 것이 아니라 오래도록 지속되는 것이므로 읍루, 물길 때의 혼례 풍속이 능히 발해 때에도 있었으리라고 믿어진다.

'장년을 귀히 여기고 노인을 천하게 여겼다(貴壯而賤老)'는 청장년과 노인들이 사회상에서 일으키는 작용에 대한 총체적 평가이다, '賤老'는 노인을 사회의 하층인, 노예와 같이 미워하고 천대한다는 것이 아니다. 청장년은 사회적인 재부를 생산하고 문화를 발전시키며 외래의 침입을 막는 등 여러 가지 영역에서 주력이었으므로 귀중히 여기었다. 그러나 노인들은 노쇠하여 청장년들이 창조한 재부에 의해 생계를 유지하고 그들의 보호를 받으면서 살아가기 때문에 사회적 위치가 떨어진 것이다. 그러므로 사회생산력 발전 수준이 아주 낮은 단계 즉 원시사회 말기로부터 계급사회로 넘어가는 과도기에 처한 읍루, 물길족에 있어서 이러한 사회적 의식형태와 민속(民俗)이 있는 것은 당연한 것이었다고 생각된다. 위의 문헌기재 중의 '貴壯而賤老'는 '壯'과 '老'가 서로 대응된 것으로서 '壯'은 청장년을 가리키고 '老'는 노인을 가리킨다.

② **고구려의 혼속**

고구려의 혼속은 기본적으로 일부일처제(一夫一妻制)였다. 남녀가 서로 좋아하면 혼인(婚姻)을 하는데 이는 혼인을 하는 기본을 이루었다. 쌍방의 부모들이 동의하면 남자집에서는 결혼을 축하하는 의미에서 여자집에 고기와 술을 보낼 뿐이며 혹시 여자집에서 남자집으로부터 재물을 보낼 것을 요구한다든가, 재물을 받는 자가 있으면 딸을 종으로 파는 것이라 하여 사람마다 더없는 수치로 여겼다고 한다. 고구려에서는 예장을 갖추는 것과 같은 격식이 없었다. 이것은 고구려에서 청춘남녀의 접촉이 비교적 자유로웠으며 까다로운 격식이 강요되지 않았다는 것을 보여준다.

고구려에서는 처가살이 풍속이 있었다. 고구려 풍속에 혼인을 할 때에는 두 집 사이의 약속이 이루어지면 여자집에서는 자기 집 뒤에다 작은 집을 지어놓는데 이를 '사위집(婿屋)'이라고 하였다. 사위 될 사람이 저녁에 여자집 문 앞에 와서 스스로 자기 이름을 대면서 무릎을 꿇고 이 집 딸과 함께 머물 수 있게 해달라고 재삼 요청한다. 이렇게 하기를 두세 번 반복하면 여자의 부모는 그것을 허락하여 서옥에 가서 머무르라고 한다. 이렇게 살다가 자식을 낳아서 장성하면 아내와 아이를 데리고 제 집으로 돌아갔다. 신랑이 신부집에 가서 몇 해씩 사는 풍습은 여자가 사회적으로 중시되었다는 것을 의미하며, 처가살이가 끝나면 신랑은 신부와 아이를 데리고 자기 집으로 돌아와 영원히 살았다는 것은 남자를 중심으로 일부일처제의 유습이 존재하였다는 것을 설명한다.

고구려에는 또 취수혼(娶嫂婚)도 있었다. 고구려의 제9대왕 고국천왕(故國川王)이 죽은 후 왕비(王妃)인 우씨(于氏)는 고국천왕의 동생이었던 연우(延優)와 결혼하였다. 연우가 바로 제10대 산상왕(山上王)이다. 형이 죽은 다음 형수가 시동생과 혼인하여 사는 현상은 사회적으로 보편적인 현상은 아니었지만 낡은 유풍이 의연히 존재했다는 것을 의미한다.

고구려에서 청춘남녀의 접촉이 비교적 자유로웠으며 까다로운 격식이 강요되지 않았다. 남녀가 서로 좋아하여 애모하게 되면 혼인을 이루게 된다. 그러나 모든 것이 다 중매 없이 이루어지는 것은 아니고, 중매가 남녀 사이에서 쌍방이 결합하고 혼인을 이루는 데 일정한 작용을 하였다.

고구려의 혼속 가운데는 권세와 재물을 탐내어 보다 유리한 상대를 택하는 것도 있었다. 이러한 현상은 주로 왕실(王室)이나 귀족, 관료, 부호들 속에서 많이 진행되었다. 제25대 평원왕(平原王)이 자기 딸 평강공주(平岡公主)를 상부(上部) 고씨(高氏)에게 시집가라고 강요한 사실은 그의 좋은 실례가 된다.

고구려의 혼속이 발해의 혼속에 계승되었는가 하는 것은 문헌기재가 전혀 없기 때문에 이해하기가 매우 어렵다. 그러나 발해의 경내에는 책성부, 남해부, 압록부, 부여부 등 옛 고구려 때의 영역이 있고 이 지대에는 의연히 고구려 유민들이 살고 있었다. 그러므로 발해국이 건립된 후에도 고구려 때의 혼속이 의연히 정도부동하게 지속되었을 것이다.

나. 발해의 혼속

고구려와 말갈의 혼속(婚俗)은 발해에 계승되어 발해 사회의 변화 발전과 함께 변화 발전하였을 것이라고 추측할 수 있다. 그러나 그 실제적인 정황을 실증할 수 있는 문헌자료가 없기 때문에 발해 혼속을 연구함에 있어서 매우 큰 어려움을 겪고 있다. 발해 자체는 남겨놓은 문헌기재가 전혀 없다. 『송막기문(松漠紀聞)』, 『금사본기(金史本紀)』등 문헌에 일부 기재된 것이 있으나 그것들은 모두 단편적이고 몇 마디로 된 기록에 불과하다.

남송(南宋)때의 홍호(洪皓)가 쓴 『송막기문(松漠紀聞)』〈권상 발해(卷上渤海)〉에는 "발해의 부녀들은 모두 성질이 사납고 질투심이 강했다. 대씨는 타성과 서로 열 자매를 무어 가지고(뭇다 - 모임이나 조직을 만들다) 늘 자기들의 남편을 살피면서 첩을 두는 것과 다른 여자와 부정한 관계를 맺는 것을 용서하지 않았는데, 만약 이런 일이 있다는 것이 들리기만 하면 꼭 남편과 사귄 여자를 독살하였다. 한 남편이 과오를 범하였는데도 그의 아내가 각성하지 못하면 나머지 아홉 여성이 함께 모여 꾸짖었는데, 그의 아내가 질투하도록 서로 다투어 과장하여 말했다. 그러므로 거란, 여진 등 여러 나라들에는 다 창녀가 있었고 그 양민들도 다 첩과 시비가 있었지만 오직 발해에만 없었다. (婦人皆悍妬, 大氏與他姓相結爲十娣妹, 迭幾察其夫, 不容側室及他游, 聞則必謀置毒, 死其所愛. 一夫有所犯, 而妻不之覺者, 九人則群聚而詬之, 爭以忌嫉相夸. 故契丹, 女眞諸國皆有女倡, 而其良人皆有小婦, 侍婢, 唯渤海無之.)"라는 기재가 있다. 이는 지금까지 발해의 혼속에 대해 비교적 상세히 반영한 기록으로서 저작이나 논문에서 많이 인용되고 있다. 필자는 이에 대해 다음과 같은 몇 개 내용으로 나누어 설명하려고 한다.

첫째, 발해 사회에서는 일부일처제(一夫一妻制)가 비교적 엄격하게 지켜졌다. 발해의 '부녀들은 모두 성질이 사납고 질투심이 강했다. 대씨는 타성과 서로 열 자매를 무어 가지고 늘 자기들의 남편을 살피면서 첩을 두는 것과 다른 여자와 부정한 관계를 맺는 것을 용서하지 않았는데, 만약 이런 일이 있다는 것이 들리기만 하면 꼭 남편과 사귄 여자를 독살하였다.' 는 것은 '일부일처제' 의 좋은 실례인 동시에 부녀들이 열자매 관계를 맺어 서로 돕는 방법으로 그들이 혼인과 가정에서의 지위를 지켰다는 것을 설명한다. 발해 사회에서 일부일처제가 엄격하게 지켜진 것은 발해 때의 무덤유적에서도 충분히 찾아볼 수 있다. 남녀를 합장한 무덤은 1남 1녀이고, 1남 다녀는 아직 발견하지 못하였다. 이것으로 미루어보아 발해의 여성들이 배우자를 선택하는 데에 일정한 자유가 있었다는 것을 알 수 있다. '일부일처제', '여성들이 배우자 선택에서 일정한 자유가 있었다.', '남녀간의 애모는 혼인의 기초였다' 는 것은 고구려, 속말말갈과 백산말갈인들에게도 보편적으로 있었으니 이런 부분에서는 고구려와 말갈족의 혼속이 발해에 이어졌다고 볼 수 있다.

둘째는 '……대씨는 타성과 서로 열 자매를 무어가지고 ……(……大氏與他姓相結爲十姊妹……)'이다. 필자는 '大氏'에 대한 논의가 잘 되어야 한다고 본다. 『松漠紀聞』에는 '대씨(大氏)'라고 기록되었고 『거란국지(契丹國志)』 권 26. 〈발해전(渤海傳)〉에는 '대저(大抵)'로 기록되었으며 『발해국지장편(渤海國志長編)』〈권 1. 총략상(總略上) 송막기문(松漠紀聞)조〉에는 '大氏'라 기재하였고 같은 책 〈권 16. 족속고(族俗考). 예속(禮俗)〉에는 '大抵'라고 기재하였다. 『송막기문』은 남송(南宋)초반기에 나왔고 『거란국지』는 남송의 후반기에 나왔다. 『거란국지』를 쓴 엽륭례(葉隆禮)는 홍호가 쓴 『송막기문』과 『구당서』, 『신당서』, 『자치통감(資治通鑑)』등 저서를 본 기초에서 발해 혼속을 서술하였다. 필자는 '大抵'가 옳고 '大氏'는 틀렸다고 본다. '大氏'는 발해 왕족인 대씨를 가리키며 '大抵'는 '대체로'라는 뜻이다. '大抵'를 또 '大氐'라고도 한다. 예를 들면 『漢書.司馬遷傳』의 〈報仁書〉에는 '詩三百篇, 大氐聖賢發憤之所作也'라 하였고 『史記.太史公自序』에는 '詩三百篇 大抵聖賢發憤之所爲作也'라고 하였는데, 이는 '氐'와 '抵'는 통용자라는 것을 의미한다. 그러므로 '사원(辭源)'의 大氐條에는 '氐'는 '抵'와 같다고 하였다.

만약 '大氏'를 국왕을 중심으로 한 대씨 왕족이라고 해석한다면 그들이 열 자매를 맺는 '타성(他姓)'은 주로 타성 귀족들일 것이다. 대씨 왕족과 타성 귀족들이 열 자매를 맺을 수도 없거니와 가령 맺는다 해도 사회의 한 계층에 불과하고 평민을 중심으로 전사회 절대다수의 백성들은 발해 혼속 범위에 포함되지 못하게 된다. 더욱 중요한 것은 이 기재의 문맥과 중심내용으로 보아 대씨 왕실 귀족과 타성 귀족들의 혼속을 말한 것이 아니고 발해 전 사회의 남녀 혼속에 대해 말한 것이다. 문장의 첫마디가 '발해의 부녀들은 모두 성질이 사납고 질투심이 세었다(婦人皆悍妬)'이다. 이는 발해 전반 사회의 부녀들을 가리키는 것이다. 대씨와 타성만 가리켜 말한 것이 아니다. 그러므로 '大氏(대씨)'는 '大抵 혹은 大氐(대체로)'로 고쳐야 하며 '婦人皆悍妬, 大氏與他姓相結爲十娣妹, 迭幾察其夫, 不容側室及他游……'는 '발해의 부녀들은 사납고 질투심이 강했는데, 대체로 보아 타성과 열 자매를 무어 가지고 (뭇다:모임이나 조직을 만들다) 늘 자기들의 남편을 살피면서 첩을 두는 것과 다른 여자와 부정한 관계를 맺는 것을 용서하지 않았다'로 해석되어야 한다.

셋째는 '……聞則必謀置毒, 死其所愛'이다. '死其所愛'의 '其'에 대해 학자들 가운데에는 이는 첫째, 부녀를 가리킨다, 둘째, 남편을 가리킨다, 셋째, 남편과 사통한 여성을 가리킨다, 등 세 가지 다른 해석이 있다. 필자의 견해는 남편과 사통한 여성을 가리킨다고 본다. 그러므로 응당 첩을 두는 것과 다른 여자와 부정한 관계를 맺는 것을 용서하지 않았는데, '만약 이런 일이 있다는 것이 들리기만 하면 꼭 남편과 사통한 여자를 독살하였다.'로 해석되어야 한다. 필자의 저작『발해사 연구』「발해 혼속」편에 발해의 부녀들이 '……사랑하던 남편을 죽이는 경우가 있었다'는 구절이 있는데, 이는 출판상의 오차로 생긴 것이다. 마땅히 '……남편과 사통한 여자를 죽였다'로 되어야 한다.

넷째는 '故契丹, 女眞諸國 皆有女倡而其良人皆有小婦, 侍婢, 唯渤海無之(그러므로 거란, 여진 등 나라들에는 다 창녀가 있었고 그 양민들도 다 첩과 시비(시녀)가 있었지만 오직 발해에만 없었다)'이다.

거란국에서 창녀, 첩, 시비(시녀) 등을 둔 사회적 계층은 왕, 공, 귀족과 각 부의 수령(首領), 두하주(頭下主), 목주(牧主), 지주, 신권귀(新權貴)……등이고 노비, 부곡(部曲), 농노(農奴), 두하호(頭下戶), 일반 평민으로서의 목호(牧戶)와 민호(民戶)등은 특수한 정황을 제한 외 이 범위에 속하지 않았다. 거란 통치자들은 장기적인 정복전쟁 가운데서 대량의 재물을 약탈하여 자기의 소유로 했고, 새로 점령한 지역 내의 백성들을 대량으로 붙잡아다 사노(私奴) 혹은 두하호로 하였다. 전쟁에서 잡은 포로병은 노예로 하였는데, 이를 부노(俘奴)라고 칭하였다. 그리하여 거란 통치자들에게는 거의 다 창녀, 첩, 시비 등이 있었다. 그러나 발해의 정황은 이와는 달랐다. 발해의 통치자들은 모두 부노, 사노, 두하호를 대량으로 두지 않았고 창녀, 첩, 시비 등도 다 둔 것은 아니었다. 『송막기문』의 저자 홍호는 16년간 금(金)나라에 억류되어 있는 기간 자기가 친히 보고 들은 바를 기행문 형식으로 거란과 발해의 혼속까지 포함하여 서술하였는데, 그것이 바로 유명한 저서 『송막기문』이다.

'良人'에 대해 착한 사람, 좋은 사람, 아름다운 사람, 평민(平民), 남편 등 여러 가지로 해석하는 것이 있지만, 필자는 남편(丈夫)을 가리킨다고 생각한다. 『맹자(孟子)』〈이루 하(离婁下)〉'에 '齊人有一妻一妾而處室者, 其良人

出, 則必饜酒肉而後反(제나라 사람이 1처 1첩을 두고 살았는데 그 남편이 나가기만 하면 꼭 술과 고기를 배불리 먹은 후에 돌아왔다)' 라고 하였다. 또 이 문장의 전후 문맥은 발해의 남녀혼속을 말한 것이기 때에 남편으로 해석하는 것이 합당하다.

'良人'은 거란의 어느 계층에 속하는 남편을 가리키는가? 그는 거란 통치계급의 남녀간의 관계에서 남편을 가리키는 것이지 평민, 노비, 부곡 등 계층의 남녀간의 남편을 가리키는 것이 아니다. 거란사회에서 노비, 부곡, 평민, 층은 특별한 정황을 제한 외 창녀, 첩, 시비를 둘 만한 정치, 경제적 조건이 없었을 뿐만 아니라 실제 창녀, 첩, 시비를 두었다는 역사기록이 없다.

'唯渤海無之(오직 발해에만 없었다)' 중의 '無之(없었다)' 는 첩만 없었다는 것이 아니라 창녀, 첩, 시비 등을 포함하여 없었다는 뜻이다. 발해에 '없었다' 는 것은 거란사회의 통치계급과 부호들처럼 창녀, 첩, 시비를 갖고 있는 것이 없었다는 말인데, 이는 발해 사회에 전혀 첩을 두는 현상이 없었다는 말이 아니다. 발해의 통치계급과 부호들 중에는 첩을 두는 현상이 존재하였다. 814년 왕효렴(王孝廉)이 일본에서 쓴 『화판령객대월사향견증지작(和坂領客對月思鄉見贈之作)』에 '첩(妾)' 이란 구절이 있는데, 이는 발해에 '첩' 이 있었다는 증거이다. 그 시는 아래와 같다.

寂寂朱明夜, 團團白月輪.
幾山明影徹, 萬象水天新.
棄妾看生悵, 羈情對動神.
誰言千里隔, 能照兩鄉人.

고요한 여름밤에,

둥실 뜬 밝은 달무리.

그 빛은 몇몇 산을 꿰뚫었는지.

만상이 수천에 새롭구나.

버림받은 첩 이로하여 서글퍼하고,

타향에 온 나그네 착잡한 생각 걷잡을 수 없네.

그 누가 천리 길 막혔다 말했는가?

그 광채 양쪽 사람 비쳐 주리라.

이 시의 여름 밤의 경치로 하여 생기는 첩의 슬픔에 대한 묘사는 아주 생동하다. 만약 발해에 첩이 없었다면 왕효렴은 이와 같이 생동하게 묘사할 수 없었을 것이다.

이상과 같은 해석에 따라 네 번째 구절의 내용은 응당 '그러므로 거란, 여진 등 나라들에는 다 창녀가 있었고 그 남편들은 다 첩과 시비가 있었지만 오직 발해에만 없었다' 로 설명되어야 한다.

『금사. 본기(金史.本紀)』에 '세종 대정 17년 12월 무진날에 금은 발해에 남녀가 혼인할 때 대부분 예식을 올리지 않고 꼭 먼저 여자를 강탈하여 가지고 달아났으므로 조서를 내려 이를 금지시켰으며 범하는 자는 간음죄로 처리한다(世宗大定十七年十二月戊辰, 金以渤海舊俗男女婚娶多不以禮, 必先攘竊以奔, 詔禁絶之, 犯者以奸論)'란 기재가 있다. 이는 발해시기에 강탈 혼인습속이 의연히 존재하였다는 것을 반영하는 생동한 묘사이다. 처음에는 진짜로 여성을 강탈하였다. 그러나 후에 사회와 민속이 발전, 변화함에 따라 강탈제 혼속도 변화, 발전하였다. 그리하여 진짜로 강탈하던 데에서 가짜로 강탈하는 형식으로, 나중에는 일종의 오락성을 띠는 강탈제 혼속형식으로 변하였다. 이외에 또 고구려와 말갈시기의 취수혼(娶嫂婚), 처가살이, 중매혼, 권세와 재물을 탐내어 보다 유리한 상대를 택하는 등 습속이 발해에 계승되었을 것이지만 자료의 결핍으로 하여 그의 구체적인 정황을 알 수 없다.

2. 발해의 상장 풍속(喪葬習俗)

　발해의 상장 풍속에 대한 문제는 지금 사학계에서 연구하고 있는 새로운 과제 가운데 하나이다. 지금까지 연구된 성과를 귀납해 보면 주로 발해의 무덤에 대해서 연구를 진행하였으나 무덤에 대한 발해 상장의 여러 가지 측면은 언급하지 않았다. 필자는 선인들이 달성한 연구성과의 기초 위에서 발해 상장 풍속에 관련되는 국내외 문헌자료와 고고학 자료에 근거하여 상장의 이모저모에 대하여 견해를 서술해 보려고 한다. 매장 풍속과 그 특징 등에 대해서는 별제(別題)로 서술하려고 한다.

가. 장기(葬期)

장기를 일명 상기(喪期)라고도 한다. 장기는 사람이 죽은 때로부터 장례(葬禮)할 때까지의 기간을 가리켜 말한다. 발해의 장기에 대해 똑똑히 기재되어 세상에 알려진 것은 발해 제3대 문왕 대흠무(文王大欽茂)의 둘째 딸 정혜공주(貞惠公主)와 넷째 딸 정효공주(貞孝公主)의 두 비석뿐이다.

정혜공주의 장기는 3년이었고 정효공주의 장기는 5개월이었다.

정혜공주의 비문에 의하면 '아아, 보력 4년 여름 4월 14일 을미에 외제에서 사망하였는데 당시의 나이는 40세였다. 이에 시호를 정혜공주라고 하였다. 그 뒤 보력 7년 겨울 11월 24일 갑신에 진릉의 서쪽 언덕에 배장하였다. 이것은 예의에 맞는 것이다.'(粵以寶曆四年夏四月十四日乙未終於外第春秋四十諡曰貞惠公主寶曆七年冬十一月廿四日甲申陪葬於珍陵之西原禮也),「양천년중서력대조표(兩千年中西曆對照表)」와 「이십사삭윤표(二十史朔閏表)」에 의하면 '보력 4년'은 정사년(丁巳年), 즉 당나라 대종(代宗) 대력(大曆) 12년, 서기 777년이고 '보력 7년'은 780년이다. 그러므로 정혜공주가 777년에 사망하자 그의 영구를 3년 동안 두었다가 기원 780년에 안장하였다. 이는 3년 장례(葬禮)에 속한다.

정효공주의 비문에 의하면 '아아, 대흥 56년 여름 6월 9일 임진에 외제에서 사망하였는데 당시의 나이는 36세였다. 이에 시호를 정효공주라고 하였다. 이해 겨울 11월 28일 기묘시에 염곡의 서쪽 언덕에 배장하였다. 이것은 예의에 맞는 것이다.(粤以大興五十六年夏六月九日壬辰終於外第, 春秋三十六, 諡曰貞孝公主, 其年冬十一月廿八日己卯, 陪葬於染谷之西原, 禮也.)'라고 하였다.

대흥(大興)과 보력(寶曆)은 발해 제3대 문왕 대흠무의 연호이다. 대흥 56년은 당나라 덕종(德宗) 정원(貞元) 8년, 서기 792년이다. 그러므로 정효공주는 서기 792년 6월 9일에 사망하고 그해 11월 28일 염곡의 서쪽 언덕에 배장하였으니 이는 5개월 장례에 해당된다.

정혜공주는 발해 제3대 문왕 대흠무의 둘째 딸이고 정효공주는 넷째 딸이다. 두 공주는 출가한 후 모두 남편이 일찍 죽었으며 또한 맹세하였던 마음을 변치 않고 슬픔을 참으며 수절하였다. 정혜공주는 아들을 낳았으나 어려서 죽었고, 정효공주는 딸을 낳았으나 그 또한 어려서 죽었다. 그리하여 두 공주는 모두 주처에 홀로 남아 슬픈 눈물만 흘렸고 빈집을 바라보며 수심에 잠긴 생활을 하였다. 정혜공주는 777년 40세를 일기로 사망하였고 정효공주는 792년 36세를 일기로 세상을 떠났다. 정혜공주는 정효공주보다 19세 연장으로 15년 전에 먼저 세상을 떠났으니 그들의 경력과 운명은 비슷한 점이 많다. 그러나 장기(장례기간)만은 각기 달라 정혜공주는 3년 장례였고 정효공주는 5개월 장례였다.

정혜공주와 정효공주에게 3년과 5개월이란 장기가 있는 것으로 미루어보아 왕공귀족, 태자, 왕자(王子), 왕후, 귀비, 그리고 관료, 일반서민에 이르기까지 각기 다른 장례풍속이 있었으리라고 믿어진다. 그러나 이에 관련되는 자료가 지금까지 발견되지 않기 때문에 이해하기 매우 힘들다. 이는 앞으로 고고학의 새로운 발전에 의탁할 수 밖에 없다.

정혜공주와 정효공주의 장례법은 이 지역에서 오랫동안 살면서 서로 교체되고 발전한 전대의 왕조(王朝)와 각 민족들의 장례풍속 습관이 이어지고 발전한 것일 것이다. 발해국이 건립되기 전 물길(勿吉), 말갈족의 장례에 대한 기록이 없기 때문에 물길과 말갈족의 장례에 대해 이해하기 매우 어렵다. 그러나 부여(扶餘)와 고구려(高句麗)의 장례에 대한 단편적인 기록이나마 남아있기 때문에 부여와 고구려의 장례습관의 일면을 볼 수 있다.

문헌기재에 의하면 부여는 5개월 장례를 했고, 고구려는 3년 장례를 하였다. 『북사고구려전(北史高句麗傳)』상례(喪禮)와 장례(葬禮)에 대해 다음과 같이 쓰고 있다. "죽은 사람은 집안에 빈소(殯所)를 만들어 안치하고 3년이 지나면 좋은 날을 택하여 장례를 지낸다. 부모와 남편의 상사를 만나면 3년 동안 상복을 입으며 상복을 입는 기간에는 소리를 내면서 곡을 한다. ……"라고 하였다.

나. 부고(訃告)

부고는 상주(喪主)가 부모, 형제, 친척, 친우들에게 사망을 알리는 것이다. 발해 사회에서도 사람이 죽으면 그 사망을 알리는 사회적인 풍속이 있었다.

정효공주 비문 가운데 다음과 같은 내용이 있다. 발해 제3대 문왕 대흠무는 자기의 넷째 딸 정효공주가 죽었다는 소식을 접하자 "황상은 조회마저 정지하고 몹시 비통해 하시며 침식을 잃고 춤과 노래를 중지시켰다. 조상을 치루는 의식은 관부에 명령하여 빈틈없이 마련하였다.(皇上罷朝興慟避寢弛懸, 喪事之儀, 命官備矣.)"

792년 정효공주가 사망하던 때 문왕 대흠무는 동경용원부(東京龍原府-오늘의 훈춘현 팔련성)에 있었다. 정효공주의 거주지 중경현덕부(中京顯德府-오늘의 길림성 화룡현 서고성)로부터 훈춘현 팔련성(琿春縣八連城)까지의 거리는 162km이다. 문왕은 동경용원부에서 멀리 떨어져 있는 중경현덕부로부터 전해진 정효공주가 사망하였다는 부고를 접하고 몹시 비통해 했고, 조상을 치루는 의식은 관부에 명령하여 빈틈없이 마련하였다.

다. 초혼(招魂)

사람이 죽으면 혼을 부르는 것을 초혼이라고 한다. 발해 사회에서도 사람이 사망하면 혼을 부르는 사회적인 풍습이 있었다. 예를 들면 정효공주비문 가운데 "……공주는 〈상중〉에 씌어 있는 음란한 시를 읽기 싫어하였고 〈백주〉에 씌어 있는 시 읽기를 즐겨했다. 그는 대인인(大仁人)이었으나 근심으로 인해 기뻐하지 않았는데 세월은 너무도 빨리 흘러갔다. 장례도 끝내고 영구차도 돌아갔다. 사람들이 그의 영혼을 천당으로 모실 때 주악소리가 슬프기도 하였다.(愧桑中詠, 愛柏舟詩, 玄仁匪悅, 白駒疾辭, 尊賓已畢, 卽還靈 魂歸人逝, 角咽笳悲.……)' 는 내용이 새겨져 있다. 사람들이 정효공주의 영혼을 천당으로 모셨다는 것으로 보아 정효공주가 사망하자 그의 영혼을 불렀을 것은 의심할 바 없다.

라. 빈소(殯所)

사람이 죽으면 시체를 관(棺)에 넣는데, 이를 입관(入棺)한다고 한다. 입관이 끝나면 마당 한쪽에다 간이집을 짓든가 빈방을 내든가 해서 그곳에다 관을 내놓는다. 이를 빈소(殯所) 혹은 빈사(殯祠)라 했다. 빈소에는 매일 아침저녁으로 죽은 사람에게 상식을 떠놓고 상주와 복인들이 곡을 하며 상식제를 지내는데, 이 상식제에는 죽은 사람이 생전에 좋아하던 음식을 차려놓는 풍습이 있다. 장례를 지내기 위하여 시체를 넣은 관을 내가게 된다. 이를 발인(發靷)이라고 한다. 빈소에다 관을 두고 제사지내는 것은 입관하여 빈소에 옮긴 때로부터 발인할 때까지이다.

정혜공주가 사망한 후 그의 시체를 입관하여 빈소에 3년 동안 두었다가 3년이 된 그 해에 좋은 날을 택하여 진릉의 서쪽 언덕에 배장하였고, 정효공주는 사망된 후 그의 시체를 입관하여 빈소에 두었다가 5개월이 되는 때에 좋은 날짜를 택하여 장례하였다.

마. 운관(運棺)

빈소로부터 묘지(墓地)까지 영구(靈柩)를 모셔가는 것을 운관(運棺) 혹은 천관(遷棺)이라고 하며, 관을 싣고 가는 수레를 영구차라고 한다. 발해 사회에서도 영구차를 사용하는 풍속 습관이 있었다.

정효공주 비문 가운데 "상여꾼들이 목메어 우는 소리 발길 따라 머뭇거리고, 영구차를 끄는말이 뒤를 돌아보며 우는 소리 들판 따라 오르내리네(挽郞嗚咽, 遵阡陌而盤桓, 轅馬悲鳴, 顧郊野而低昂)."라는 내용과 "장례도 끝나고 영구차도 돌아갔다. 사람들이 그의 영혼을 천당으로 모실 때 주악소리가 슬프기도 하였다.(尊賓已畢, 卽還靈, 魂歸人逝, 角咽笳悲.)"라는 구절이 있다. 이로부터 정효공주의 영구는 말이 끄는 영구차에 모시고 묘지까지 가서 장례(葬禮)하였다는 것을 알 수 있다. 정혜공주의 비문에 의하면 정혜공주의 영구도 말이 끄는 영구차에 모시고 육정산(六頂山) 발해왕실 공동묘지 내의 진릉(珍陵)의 서쪽 언덕에 배장하였다.

바. 상장 중의 가무

상장시기(喪葬時期)에 노래하고 춤을 추는 형식을 통해 죽은 사람에 대한 걷잡을 수 없는 비통한 마음을 표현하고 죽은 사람의 영혼이 천당으로 들어갈 것을 빌고 축하하였다. 중국에서는 일찍 선진시대(先秦時代)부터 시작되었는데, 이를 만가(挽歌)라고 하였다. 만가는 영구차(靈柩車)를 끄는 상여꾼들이 부르는 노래이다. 당나라 때에 이르러 상속(喪俗)에서 만가를 부르는 것이 매우 유행하였다. 적지 않은 소수민족들 속에서도 서로 다른 형식으로 만가를 부르는 현상이 있었다.

고구려 때에도 만가를 부르는 현상이 유행하였다. 『북사, 고구려전(北史, 高句麗傳)』에는 상례, 장례에 대해 다음과 같이 쓰고 있다.

"죽은 사람은 집안에 빈소(殯所)를 만들어 안치하고 3년이 지나면 좋은 날을 택하여 장례를 지낸다.…… 장례 때에는 북을 치고 음악을 울리며 춤을 추면서 죽은 사람을 보낸다. 매장이 끝나면 죽은 사람이 생시에 쓰던 옷가지와 기호품, 수레와 말을 무덤 곁에 두었다.[1]"라고 하였다.

발해 때에도 상장시기에 만가(挽歌)를 부르는 현상이 존재하였다. 정혜공주와 정효공주의 두 비문에 모두 다음과 같이 새긴 내용이 있다.

"…… 장례도 끝내고 영구차도 돌아갔다. 사람들이 그의 영혼을 천당으로 모실 때 주악 소리 슬프기도 하였다(奠殯已畢, 卽還靈, 魂歸人逝, 角咽笳悲)."라고 하였다. 이로 보아 발해 사람들도 장례 때에 노래 부르는 풍속 습관이 있었음을 알 수 있다. '角'은 피리인데 옛날 軍中(군중)에서 사용된 악기의 일종이다. '笳'는 갈잎피리(고대 악기의 일종), '悲'는 목메어 슬피 우는 모양이다.

발해 사회의 민간에는 만가가 어떻게 유행되었는가 하는 데 대해서는 발해 자체가 남겨놓은 자료가 없기 때문에 이해하기가 매우 어렵다.

사. 묘지 선택

묘지(墓地-무덤지역)를 장지(葬地)라고도 한다. 묘지는 모두 풍수지리설(風水地理說)에 의해 선택되는데, 좌청룡(左靑龍), 우백호(右白虎), 남작(南雀), 북현(北玄) 등에 의해 위치를 정하였다.

정혜공주 묘는 돈화시 육정산(敦化市 六頂山) 발해 왕실귀족 무덤떼 제1묘지구역의 중앙에 위치해 있다. 육정산 발해옛무덤떼는 돈화시에서 남쪽으로 약 5km 떨어진 강동향 승리촌(江東鄕勝利村) 육정산에 있다. 육정산은 동으로부터 서쪽으로 가면서 6개 봉우리가 기복을 이루고 있어 마치 전야(田野)에 한 병풍이 우뚝 솟은 것 같다. 서쪽으로부터 두 번째 봉우리가 주봉(主峰)인데 그의 높이는 해발 603m이다. 주봉의 동남쪽에는 산갈림이 있다. 이 산갈림의 동서 양쪽에 남향을 한 오목한 평지가 두 곳이 있다. 여기에 무덤떼들이 분포되어 있다. 육정산 발해무덤떼는 두 개 무덤구역으로 나뉜다. 산 서쪽 평지의 무덤구역을 제1무덤구역이라 하고 산 동쪽 평지의 무덤구역을 제2무덤구역이라고 부른다. 제1무덤구역 내에는 30여 개의 무덤이 산기슭으로부터 산중턱에 이르기까지 분포되어 있다. 이 가운데 진릉(珍陵)과 정혜공주묘가 있다. 정혜공주묘는 북으로 육정산 주봉을 등지고 남으로 활짝 트인 광활한 목단강 충적평원(牧丹江 沖積平原)을 바라보고 있으며, 제1무덤구역 좌우에는 또 남북향으로 뻗은 나지막한 산갈림이 있다. 무덤은 남향을 하였고 시체의 머리 부분은 북쪽, 발은 남쪽을 향하여 마치 평대(平臺)에 바로 앉아 뒷산을 의지하고 넓고도 활짝 트인 남쪽 벌판을 멀리 내다보는 것처럼 되어 있다. 그야말로 상길지지(上吉之地)이다.

정효공주묘는 길림성 화룡현 용수향 용해촌 용두산(吉林省 和龍縣 龍水鄕 龍海村 龍頭山)에 있다. 용두산은 화룡현 소재지 현성에서 동북쪽으로 50km 가량 된다. 산정에는 남쪽으로부터 북쪽으로 뻗어나간 완만한 산언덕이 있는데 남쪽이 높고 북쪽이 낮다. 이 산언덕 중부에는 서쪽으로부터 동쪽으로 작은 산갈림이 뻗었는데, 그 산갈림의 남쪽 비탈에는 인공적으로 평평하게 만든 면적이 약 2000㎡ 되는 평지가 있다. 이 평지 복판에 정효공주의 무덤이 자리잡고 있다. 이 인공평지는 산 아래 강바닥에서 50m 남짓되는 높이에 있고, 공주무덤 동쪽으로 약 700m 되는 산 아래에서 복동하(福洞河)가 남으로부터 북을 향하여 흐르다가 해란강(海蘭江)에 흘러 들어간다. 복동하 양안은 협곡분지로 되었는데 남쪽이 좁고 북쪽이 넓으며 두도평강(頭道平崗)벌과 서로 만난다. 정효공주묘가 자리잡고 있는 용두산은 당시에 발해 중경현덕부(中京顯德府)의 관할구역 범위에 속하였다. 공주무덤은 발해 중경현덕부 유지-화룡현 서고성에서 동남으로 13리(직선거리 13리, 일반적으로 20리 된다고 한다)되는 곳 용두산 위에 있다. 정효공주는 생전에 서고성에서 살았는데 사후에 이곳에 매장한 것 같다. 공주 묘지는 지세가 좀 높고 남향작이며 위치가 좋아서 '풍수'들이 말하는 소위 '상길지지(上吉之地)'로서 부근에 있는 팔가자 북대 발해무덤떼(八家子 北大 渤海墓群), 하남둔무덤떼(河南屯墓群)들과 비하면 제일 좋은 묘지이다.

아. 수비(竪碑)

무덤에 비석을 세우는 것을 수비(竪碑)혹은 입비(立碑)라고 한다. 발해 사회에서 무덤 앞 혹은 무덤 안에 비석을 세우는 풍속이 있었다. 발해 제3대 문왕 대흠무(文王大欽茂)의 둘째 딸 정혜공주(貞惠公主)와 넷째 딸 정효공주(貞孝公主)의 비문에 각기 똑같은 내용으로 "애석하고나! 천금과 영별하자니, 그이를 영원히 기념하고자 비석을 세우고 비명을 새겨두노라(惜千金於一別, 留尺石於萬齡, 乃勒銘曰)."라고 새기었다. 이는 정혜공주와 정효공주 무덤에 비석을 세웠다는 비문(碑文)기록이다. 실제로 이 두 비석을 발굴하였다. 정혜공주묘비(貞惠公主墓碑)는 1949년 9월에 발굴하였고 정효공주묘비는 1980년 10월에 발굴하였다.

정혜공주묘비는 돈화시 육정산 발해무덤떼 중의 제1무덤구역의 중부 진릉(珍陵)의 서쪽 공주무덤에서 발굴하였다. 화강암으로 만든 이 묘비는 무덤안길(甬道)에서 나왔다. 묘비는 '규형(圭形)'으로서 높이가 90cm, 두께가 29cm이며 너비는 49cm이다. 둘레에는 덩굴무늬가 음각되어 있고 비문의 윗부분에는 구름무늬가 음각되어 있다. 앞면에는 비문을 음각(陰刻)으로 새겼는데 글씨체는 해서체(楷書體)의 한자(漢字)이다. 비문은 모두 21행(行)으로 서(序)가 13행, 명(銘)이 6행이고, 마지막 행은 비석을 세운 연, 월, 일, 시간이 새겨져 있다. 글자는 모두 725자인데, 그 가운데 234자는 마멸되어 알아볼 수 없고 나머지 491자는 깨끗하여 판별할 수 있다. 학자들은 마멸되어 판독할 수 없는 글자를 해석해 보려고 다년간 몹시 노력하여 왔다. 그러나 의연히 판독할 수 없었다. 그 후 정효공주묘비가 발견됨으로 하여 이 난제를 풀 수 있게 되었다.

정효공주묘비는 길림성 화룡현 용수향 용해촌 용두산에서 발굴되었다. 비석은 '규형(圭形)'이고 화강암으로 만들었다. 윗부분이 뾰족하고 밑면이 네모났는데 전체 높이는 105㎝, 너비는 85㎝, 두께는 26㎝이다. 글씨체는 해서체로 음각하였다. 비문은 18행(行)으로서 도합 728자이다. 그 가운데서 제1행은 비문의 제목이고, 제2행부터 제13행까지 서(序)문이며, 제14행부터 마지막 제18행까지 명(銘)문 부분이다. 비석의 앞에는 비문을 새기고 글자는 대부분이 깨끗하여 잘 알아볼 수 있다. 개별적으로 심한 파괴를 받은 글자만 판독하기 어렵다. 비문의 주변에는 선 둘을 음각하였고 비석 몸체의 윗부분에는 선을 음각하였다. 비석의 옆면과 뒷면은 갈아서 반반하게 만들었다.

정혜공주묘비와 정효공주묘비는 모두 무덤안길에서 출토되었고 화강암으로 만든 '규형(圭形)'의 비석이다. 정효공주묘비는 주변과 윗부분에 화문(花紋)을 음각으로 새겼으나 정효공주묘비는 화문이 없고 주변과 윗부분에 선을 음각했을 뿐이다.

정혜공주묘비와 정효공주묘비의 발견은 발해사 연구에 있어서 중대한 의의가 있다. 지금까지 발해의 옛 지역 내에서 왕실(王室)귀족들의 공동묘지를 비롯하여 사회 각계각층에 속하는 무덤을 많이 발견하고 발굴하였다. 그러나 무덤비석이 나온 것은 오직 정혜공주묘비와 정효공주묘비 두 개뿐이다.

그도 또한 무덤안길에서 나온 것이고 무덤 밖에 세운 비석이 아니다. 무덤안길에 무덤비석을 세우는 것은 발해묘장(渤海墓葬)에 있어서 하나의 독특한 특징이 아닌가 생각된다. 그러나 아직 두 개만 발굴된 형편에서 이런 결론을 내린다는 것은 시기상조인 듯하다. 앞으로 발해 고고학사업의 새로운 발전을 기다려야 하겠다. 어떻든 발해 사회에 비석을 세우는 풍습이 있었다는 것만은 틀림없다.

돌로 비석을 만들어 세우는 것은 왕실귀족과 관료들, 돈 있는 부호들이었을 것이고 생활이 어려운 평민은 세우지 못했을 것이다. 만약 비석을 세우는 경우가 있다하더라도 목패(木牌)정도나 세우는 데 불과했을 것이다.

당나라와 고구려에서 무덤에 비석을 세우는 사회적 풍습이 성했으니 이는 발해 사회풍속의 계승과 발전에 대해 적지 않은 영향을 주었을 것이다.

자. 당나라의 장속(葬俗)을 본받다.

정혜공주와 정효공주의 장속(葬俗)은 당나라의 장속을 적지 않게 본받았다. 두 공주의 비문에 의하면 다음과 같은 내용이 새겨져 있다.

喩以鄂長, 榮越崇陵,

方之平陽, 恩加立厝.

'喩'는 비유하다, '鄂長'은 악장공주이다. 악장공주는 한무제(漢武帝)의 딸이다. 그가 개후(盖候)에게로 시집갔으므로 '악읍개장공주(鄂邑盖長公主)' 라고 불렀다. '鄂' 은 현명(縣名)인 동시에 그의 봉읍지(封邑地)였다. 악장공주는 한소제(漢昭帝)의 큰누나였으므로 '장공주(長公主)' 라 하였다. '영(榮)' 은 '애영(哀榮)' 즉 죽은 다음의 영예, '崇' 은 숭산(崇山), '陵' 은 분묘(墳墓)이다. 때문에 '榮越崇陵' 의 뜻은 정효공주 사후의 영예는 마치 악장공주와 같이 숭릉을 초월하였다는 것이다.

'方' 은 비교하다라는 뜻이다. '平陽'(?-623년)은 평양공주로서 당나라 고조 이연(李淵)의 딸이며 자소(紫紹)의 부인이다. 기원 617년 자소가 태원에 가서 이연을 따라 봉기하여 수나라를 반대하였다. 그때 평양공주는 호현(鄠縣-지금의 섬서성 호현)에서 집 재물을 털어 군대를 모집하여 봉기에 향응하였다. 대오는 재빨리 발전하여 얼마 되지 않는 사이에 7만으로 증장하였다. 당시 사람들은 그가 거느린 부대를 낭자군(娘子軍)이라고 불렀다. 후에 평양공주는 군사를 거느리고 위북(渭北)에서 이세민(李世民)이 거느리는 부대와 회사하였다. '厝' 는 두다 즉 영구를 두었다가 매장을 기다린다는 뜻이다. 그러므로 이 단락의 대의는 '악장공주처럼 사망한 후 영예는 숭릉보다 높았으며 평양공주의 장례식을 본받아 영구를 잠시 멈춰놓았다가 일후 정식으로 안장하기를 기다렸다.' 이다. 정혜공주 묘비에도 이와 똑같은 내용이 새겨져 있다. 이상의 사실은 발해 왕실귀족들 가운데는 당나라의 상장풍속(喪葬風俗)을 적극 따라 배우는 습성이 강하였다는 일면을 보여준다.

 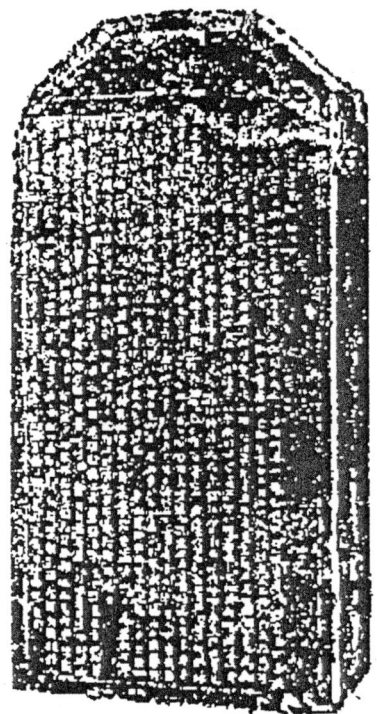

정혜공주묘비　　　　　　　　　정효공주묘비

---

1) 손영종 : 고구려사 (3) 166쪽. 1999년 3월 5일 출간. 과학백과사전종합출판사 발행

3. 발해 무덤과 다인장

발해는 그가 존속한 229년 사이에 역사에서 마멸할 수 없는 찬란한 문화를 창조하였다. 발해문화가 발전한 진상과 특징은 무덤에서도 일부 표현된다. 발해 매장제도에는 여러 가지 종류가 있지만 그 중에서 다인장(多人葬)의 성질과 특징을 밝히는 것은 금후 발해의 무덤제도와 발해사 전반을 연구함에 있어서 매우 중요한 의의가 있다. 다년간 국내외 사학계에서 발해사를 연구하는 학자들은 일찍 이 문제에 대해 부동한 견해를 단편적으로나마 발표하였다. 일부 학자들은 발해 무덤에서 반영되는 다인장은 '순장(殉葬)'이라고 제기하였고, 어떤 학자들은 '발해에서 실행한 2차장(二次葬)은 성(姓)이 없이 왕족 대씨(大氏)에게 예속된 부곡(部曲)과 노예인 것 같다.' 1) 라고 제기하였으며, 또 일부 학자들은 발해의 다인장은 가족장(家族葬)이라고 제기하였다. 이러한 견해들은 모두 발해의 무덤제도를 제외한 발해사에 유관되는 문제들을 연구하고 서술하는 가운데서 간단하게 덧붙여 제기한 것이다. 아직까지 발해의 다인장 문제를 특별 연구제목으로 삼아 깊이 연구하고 충분한 근거로 발해 다인장의 성질과 특징을 서술한 논문은 없다. 따라서 발해의 다인장 제도를 연구하는 것은 발해 다인장의 성질과 특징을 연구함에 있어서 각별한 의의를 띤다. 본문은 발해사에 관계되는 문헌자료와 고고학 자료에 근거하여 본인의 견해를 말해 보려고 한다. 학계 여러분의 아낌없는 비평과 조언이 있기를 바라는 바이다.

가. 발해 다인장 무덤의 분포 정황

발해 사람들의 매장습관은 비교적 복잡하다. 그 종류는 여러 가지인데 1인장(一人葬), 2인 합장(二人合葬), 다인 합장(多人合葬), 화장(火葬) 등이 있다.

1인장을 단인장(單人葬)이라고도 한다. 1인장 가운데서 대부분은 1차장(一次葬)이고 시체는 사지를 곧게 바로 눕혀 묻었다. 그 외 또 소량으로 몸을 굽혀 묻은 부신장(俯身葬)과 다리를 굽혀 묻은 굴지장(屈肢葬), 2차장(二次葬)도 있다. 2인 합장은 일반적으로 남녀유골을 함께 묻은 부부합장이다. 다인합장제는 발해사람들 가운데서 보편적으로 유행된 주요한 매장습관의 하나이다. 1949년 돈화 육정산(敦化六頂山)에서 발해 제3대 문왕 대흠무(文王 大欽茂)의 둘째 딸 정혜공주 무덤(貞惠公主墓)을 발견한 때로부터 지금에 이르기까지 길림성과 흑룡강성의 고고학 사업일꾼들은 선후하여 길림성 내의 돈화 육정산, 화룡현 북대촌(和龍縣 北大村), 용두산(龍頭山) 용해(龍海), 하남둔(河南屯), 훈춘현 양수향 경흥(琿春縣凉水鄕慶興), 유수로하심(楡樹老河深), 길림양둔(吉林楊屯), 흑룡강성의 영안현 대주둔(寧安縣大朱屯), 삼령둔(三靈屯), 해림현 합달둔(海林縣 哈達屯), 산저자(山咀子), 임구현 사하자(林口縣 沙河子) 동녕현 대성자(東寧縣 大城子) 등지에서 발해 무덤을 발굴하였고 정리하는 과정에서 다인장이 보편적으로 유행되었다는 것을 발견하였.

다인합장은 발해 무덤 가운데서 비교적 많은 비례를 차지한다.[2] 1964년에 돈화 육정산에서 발해 때의 무덤 20기를 발굴하였다. 그 가운데서 1인장이 3

기이고, 2인합장이 1기이며, 다인합장이 9기이다. 나머지 7기 무덤에 있는 인골(人骨)수는 똑똑하지 못하다. 화룡현 팔가자 북대촌에서 무덤 54기를 발굴하였는데, 그 가운데서 1인장이 17기이고, 2인 합장무덤이 15기이며, 다인합장무덤이 12기이다. 나머지 무덤 10기의 인골수는 똑똑하지 못하다. 산저자에서도 무덤 21기를 발굴하였는데, 1인장이 6기이고, 2인합장이 3기이며, 다인합장이 12기이다. 산저자에서 발굴된 무덤의 정황을 보면 다인합장이 그 수량면에서 1인장과 2인 합장을 합한 수보다 더 많다. 1950년 5월초 연변박물관(延邊博物館)과 훈춘시 문물관리소(琿春市文物管理所)의 일부 고고학 일꾼들은 훈춘현 양수 과수원옛무덤떼(琿春縣凉水果園古墓群)에 가서 구급성적인 발굴, 정리 사업을 진행하였다. 비교적 잘 보존된 무덤 16기를 분석하여 보면 2인장과 다인합장이 현저히 많고, 다음은 2차장과 천장(遷葬)이며, 제일 적은 것은 1인 1차장이었다. 무덤에 묻힌 주되는 인물은 일반적으로 남녀 2명이다. 그러나 1명 혹은 3명인 경우도 있는데 이는 모두 1차장이다. 그외 배장자(陪葬者)는 2차장이었다. 배장자의 수가 적은 경우에는 1명이고, 많은 경우는 16명에까지 달하였다.

   상술한 정황은 다인장에 대한 연구는 발해인들의 매장습관과 발해문화의 연구에 대해 아주 중요한 의의가 있다는 것을 표명한다.

북대무덤 다인장 인골표(표1)

무덤번호	인골총수	1차장			2차장		
		남	녀	똑똑하지 못함	남	녀	똑똑하지 못함
M1	9	1	1		3	2	2
M19	7	1	1		5		
M26	3	1			2		
M28	3	1	1		1		
M29	3	1	1		1		
M35	4	1	1				2
M37	6	1	1		1	3	
M38	12	1	1		6	4	
M45	5	1	1		2	1	
M47	4			1	1	2	
M52	3		1		1	1	
M54	6	1			2	2	1

대성자무덤 다인장 인골표(표2)

무덤번호	인골총수	1차장			2차장		
		남	녀	똑똑하지 못함	남	녀	똑똑하지 못함
M1	16		3		5	4	4
M2	6	1		1		2	2
M3	7		1	2	4		

육정산 다인장 인골묘(표3)

무덤번호	인물총수	1차장	2차장	똑똑하지못함
101호	5	2	3	
102호	10	1(?)	9(?)	
105호	4	2	2	
206호	5	2	3	
215호	8(9?)			8(9?)

상술한 정황은 다인장에 대한 연구는 발해인들의 매장습관과 발해문화의 연구에 대해 아주 중요한 의의가 있다는 것을 표명한다.

나. 발해 다인장은 가족장이다

발해의 다인장은 가족장이지 순장이 아니다. 그 이유는 다음과 같다.

① 다인 2차 합장제(多人二次合葬制)는 부계가족장(父系家族葬)의 잔여이다.

'다인장'이란 한 무덤 안에 1차장, 다인 2차장, 합장 등 3개 인소가 포함되어 있는 매장형식을 가리키며, 다인장 무덤을 또 '다인합장무덤(多人合葬墓) 혹은 '다인 2차 합장무덤(多人二次合葬墓)', '가족장무덤(家族葬墓)', '다인천장(多人遷葬)' 이라고도 한다.

다인 2차장제는 우리나라 오랜 묘장(墓葬)풍속 가운데의 하나이다. 그의 분포범위는 매우 넓어 황하 유역을 제외한 장강 중하류 유역 및 서북지구와 동북지구에서도 다인장무덤이 발굴된다. 각 지역에서 발견된 다인 2차 합장무덤은 비록 그 시대가 이르고 늦은 등 구별이 있지만, 대다수는 기원전 4,000년 전후시기에 속한다. 다인 2차합장제는 원시 씨족공사가 발전하여 일정한 단계에 이르렀을 때 나타난 것인데, 원시 씨족 내부가 더욱 분화하여 가족(家族)과 가정(家庭)이 출현된 반영이며, 모계씨족공사(母系氏族公社)가 부계씨족공사(父係氏族公社)로 넘어가는 사회 변혁 가운데서 나타난 혈연가정관념(血緣家庭觀念)이 매장습관에서 표현된 것이다. 중국 여러 소수민족들의 지난날 매장습관에도 다인 2차합장이 존재하였다. 어원커족(鄂溫克族)에게는 모계씨족사회로부터 부계씨족사회로 넘어가는 시기에 다인장제도가 나타났다. 그들에게는 이 시기에 씨족공사 내부에서 가족공사(家族公社), 즉 우리렁(烏力楞)이 출현하였는데, 한 개의 '우리렁'은 4~5개 혹은 7~8개의 작은 가정—'糾'를 포괄하였다. 이러한 '糾'는 모두 한 부친의 몇몇 자손과 다른 씨족에서 데려온 여인들로 조성되었다. 민주개혁 전의 운남 독룡족(云南獨龍族)과 시쌍판나(西雙版納)산구의 부랑족(布郎族)에게는 부동한 정도로 부계가족공사의 잔여가 보존되어 있었다. 그 가운데서 부랑족은 '고공제(考公制)'를 실시하였는데, 고공(考公)은 일반적으로 몇 호(戶) 혹은 30호에 이르는 사람들이 혈연관계를 유대로 하여 개체적인 가정을 이루었고, 고공마다 자기들의 공동묘지와 고정된 무덤구역이 있었다. 사람이 죽으면 시체는 가정을 단위로 하여 취장(聚葬)하였다. 이와 유사한 정황은 민주개혁 전의 요족(瑤族), 이족(黎族), 묘족(苗族), 검천백족(劍川白族)등 소수민족들 가운데에도 정도부동하게 남아 있었다. 우리나라 북쪽에서 생활하는 어원커족과 오로천족(鄂倫春)들도 부계가정묘지(父系家庭墓地)가 있었다.[3]

부계씨족공사 매장제도의 잔여인 다인2차장 제도는 계급사회로 이행한 후에도 의연히 각 지구와 각 민족들 가운데 장기적으로 보존되어 내려왔다. 발해 사회에서 널리 유행된 다인 2차 매장제도는 원시사회의 잔여인 혈연관계를 유대로 하는 관념이 의연히 발해 사람들의 의식형태 가운데에 깊이 뿌리박혀 있는 구체적인 표현이다. 무덤가운데의 지위를 살펴보면 1차장은 그 무덤에서 주된 신분에 속하는 묘주(墓主)이고 나머지는 모두 배장자인 동시에 2차장이었다. 동일한 무덤에 같이 묻힌 매장자(埋葬者)는 모두 한 가정의 성원들이다. 그리고 무덤에는 남녀를 나란히 병렬시켜 합장하였다. 이는 발해 매장제도에서 일부일처제(一夫一妻制)를 비롯한 개체가정이 기본형태였다는 것을 표명한다. 예를 들면 대성자(大城子) 발해 무덤 M2호 무덤에서 6체분의 골격이 출토되었다. 그중 2체분은 1차장이고 나머지 4체분은 2차장이다. M3호 무덤에서는 7체분의 골격이 출토되었는데, 그 가운데서 3체분은 1차장이고 4체분은 2차장이었다. M1호 무덤에서도 16체분의 골격이 출토되었다. 그 가운데서 3체분은 사지를 곧게 바로 눕혀 묻은 1차장 골격이고, 그 나머지 9체분 골격은 2차장이며, 4체분은 똑똑하지 않다. 1984년 길림성 훈춘―도문공로 고고사업 일꾼들은 훈춘현 양수진 경흥촌(凉水鎭慶興村)에서 발해 무덤 4기를 발굴하여 정리하였다. 무덤은 석관봉토무덤(石棺封土墓)

이다. 무덤 안에서 사람 뼈가 많이 출토되었는데, 자세히 살펴보니 이는 다인 2차 퇴적무덤(多人二次堆積墓)이었다. 4기 무덤 중 한 무덤에서는 13체분의 골격이 출토되었다. 그 가운데서 2체분은 사지를 곧게 바로 눕혀 묻은 부부이고, 나머지 11체분의 골격은 다인 2차퇴적장(多人二次堆積墓)이었다.

② **동북의 고대 민족지에도 다인장 매장제에 관한 사실을 기재한 것이 있다.**

『삼국지』 위지 동이전에 동옥저(東沃沮)의 매장습관에 대해 다음과 같이 기록하였다. "매장하는 장구(葬具)는 나무로 큰 목관(大木槨)을 만들었는데, 길이는 10여장(丈)이고 한쪽 끝을 열어 출입문으로 하였다. 새로 죽는 이가 있으면 임시 따로 묻었다가 피륙(皮肉)이 다 없어진 다음, 해골을 주워 관 중에 가져다 주었다. 가족은 모두 한 관에 매장하였다." 이는 동옥저인들 가운데에는 원시 씨족사회의 혈연관념을 반영하는 다인 2차 매장제가 성행하였다는 것을 표명한다. 길림성 왕청현 백초구에서 2기의 다인 2차 합장무덤을 발견하였는데, 한 무덤에는 다섯 사람 골격이 있고 다른 한 무덤에는 아홉 사람분 골격이 있었다. 발굴하고 연구한 데 의하면 이 두 무덤은 '가족은 한관에 매장하는' 동옥저인의 무덤이다. 문헌기재에 의하면 옥저는 남북옥저로 나뉜다. 북옥저를 일면 '치구류(置溝類)' 라고도 한다. 800리를 가면 남옥저이다. 그 풍속은 남북이 같다. 지역은 읍루(挹婁)와 접하였다.[4] 남옥저의 활동지역은 오늘의 조선 함경남북도이다. 북으로 800리를 가면 북옥저가 있다. 북옥저 지역은 훈춘 이북 즉 훈춘의 전지역과 그 이북에 있었는데, 노야령(老爺峠)

이동, 수분하 유역(綏芬河流域)과 홍개호(興凱湖) 이남 지역을 포괄한다.[5]

발해의 다인2차장은 발해의 매장제도 가운데서 광범히 유행된 일종 매장습관이다. 그러나 말갈족의 사실을 기록한 문헌 가운데서는 이러한 매장습관이 있었다는 내용의 기사를 찾아볼 수 없다. 그렇지만 옥저족과 말갈족은 이웃이었고 그들의 활동지역은 서로 접한 인근이었기 때문에 말갈족 가운데 옥저족의 매장습관이 없었다고 단언하기 어렵다. 특히 발해국이 건립된 후 발해 통치 집단은 끊임없이 겸병통일전쟁을 발동하여 세력범위를 확대하고 주변의 여러 종족을 통합하였다. 옥저도 발해의 강역 범위 내에 들어오게 되었다. 옥저족과 발해인들 사이의 관계는 이왕보다 더 밀접해졌고 상호 영향을 주었다. 매장습관도 필연적으로 서로 영향을 주었을 것이다. 이리하여 발해인 매장습관 가운데에 옥저인의 매장습관이 반영될 수 있다.

여진인(女眞人)들 가운데도 가족매장습관이 유행되었다. 가장 전형적이고 대표적인 것은 완안희윤(完顔希尹)의 가족무덤지이다. 『서란현 문물지(舒蘭縣文物志)』에 의하면 이 묘지는 길림성 서란현 소성향(小城鄕) 동북쪽에 있는데, 총면적은 13만 6,360㎡이고 구릉지대에 산들이 기복을 이룬 곳이다. 무덤구역은 5개로 나뉘어져 있다. 이 구역 내에서 모두 7개 조(組)의 석조군(石雕群)을 발견하였다. 이곳에는 대략 완안희윤의 4대의 가족이 매장되었다.[6]

③ 발해 중소형 석실봉토무덤(石室封土墓)과 흙구덩이 무덤의 짜임새와 규모로 보아 발해 사회 내에서 다인2차장제가 광범히 유행되었음을 알 수 있다.

돈화 육정산의 발해 무덤 M105호 무덤은 안간의 길이 2.63m, 너비 1.36m, 남은 높이 0.72~0.86m이며, 안길은 길이 0.8m, 너비 약 0.48m이다. M201호 무덤의 안간의 길이는 2.44m, 너비는 1.62m이며, 안길은 길이 1.25m, 너비 0.8~0.9m이다. M206호 무덤의 안간은 길이 2.7m, 너비 2.4m, 높이 0.3~0.5m, 안길은 1.2m, 너비 1m이다. M215호 무덤의 안간은 길이 2.8m, 너비 2.2~2.5m, 남은 높이 0.6m이며 안길은 길이 1.4m, 너비 1m이다.[7]

흑룡강성 동녕현 대성자(黑龍江省東寧縣大城子)의 발해무덤 M1호 무덤은 안간의 동쪽벽 길이 3.02m, 남쪽벽 너비 2.94m, 서쪽벽 길이 3.12m, 북쪽벽 너비 3m이다. M2호 무덤은 안간의 동쪽벽 길이 2.8m, 남쪽벽 너비 1.4m, 서쪽벽 길이 2.7m, 북쪽벽 너비 1.2m이다. M호 무덤은 안간의 남북 길이 2.4m, 동서 너비 1.05m, 높이 0.6m이다.[8]

화룡현 팔가자진 북대촌에 100여기의 발해 옛무덤떼들이 있다. 1972년도에 연변박물관과 화룡현 문화관에서 무덤구역 동부에 보다 완정하게 보존되어 있는 무덤 54기를 정리하여 많은 과학적 자료를 얻었다. 정리한 54기의 무덤은 대부분이 돌간흙무덤이었다. 주검간은 모두 돌로 쌓았으며 다수의 무덤 바닥은 모래나 판돌을 깔았다. 무덤 간벽은 대부분 가공하지 않았거나 약간 가공한 크기가 같지 않은 판돌, 돌덩이 또는 강돌로 쌓았다. 주검간은 모두 장방형으로 되어있는데, 그 구조는 무덤길이 있는 것과 무덤길이 없는 것, 두 가지로 나눌 수 있다. 무덤길이 있는 무덤은 14기였는데, 일반적으로 규모가 보다 크며 그 길이가 2.3~3m, 너비가 1~1.7m, 높이가 0.6~0.85m 되었다. 무덤 벽의 동·서·북 세 면은 모두 돌덩이 또는 긴 판돌로 정연하게 쌓았고 무덤길은 남쪽벽 중간에 냈는데, 보통 길이가 0.4~1.1m, 너비가 0.4~1m였다. 무덤 위는 큰 판돌로 덮거나 둘레를 평행 고임으로 덮었다. 무덤길이 없는 무덤은 40기로서 규모가 작은데, 일반적으로 길이는 2~2.9m, 너비는 0.76~1.1m, 높이는 0.4~1m이다. 무덤 벽은 돌덩이로 쌓았고 무덤 위는 큰 판돌로 덮었으며, 무덤문은 남쪽에 내고 돌덩이를 쌓아 봉하거나 판돌을 세워 봉하였다.[9]

대주둔(大朱屯) 제1호무덤은 안간과 안길로 된 무덤간을 막돌로 땅 위에 쌓고 그 위에 흙을 덮은 것이다. 무덤의 방향은 정남향이다. 안간은 장방형으로 생겼는데, 그 남북 길이 3m, 동서 너비 1.55~1.65m, 남은 높이 0.8~1.1m이다. 천정은 무너졌다. 그러나 벽의 네 모서리 위에 판돌이 덮여 있는 것으로 보아 본래는 판돌로써 천정을 덮었다는 것을 알 수 있다. 안길은 안간 남벽 가운데에 있는데, 그 길이는 1.5m, 너비는 0.8m이다. 안간 바닥에는 돌을 깔지 않았으나 안길 바닥에는 두 장의 판돌을 갈았다. 하룡(河龍), 용해(龍海), 양수(凉水) 등지에 있는 발해 때의 다인 2차 합장무덤과 비슷하다.

상술한 바와 같이 무덤간이 제일 큰 것은 길이 3.12m, 너비 3m이고 제일 작은 것은 길이 2.4m, 너비 1.2m, 높이 0.3~0.5m이다. 일반적으로는 길이

2~3m, 너비 1~2m, 높이 0.5~0.7m이다. 무덤간은 그리 크지 않지만 그러나 1인장 무덤에 비하면 규모가 비교적 큰 셈이다. 그것은 발해에 2차장과 다인장의 매장습관이 존재하는 것과 관련이 있기 때문이다. 발해인들은 가족장을 실시하여 한 무덤 안에 여러 사람을 매장하였으므로 자연히 무덤간을 좀 크게 수선할 수밖에 없었다. 예를 들면 동녕현 대성자 M1호 무덤은 길이 3.02~3.12m이고 너비는 2.94~3m이다. 이 무덤에 매장된 인골은 16체분이다. 일부 학자들은 이를 순장한 무덤이라고 하는데 사실은 순장이 아니라 가족장이다. 만일 순장이라고 가정한다면 9㎡ 좌우밖에 안 되는 평면면적과 높이 0.6m좌우 되는 무덤간에 먼저 묘주(墓主) 2~3명을 안장하고 그 다음 남은 위치에 순장할 사람 12~13명을 죽여서 묻거나 생매장한다는 것은 불가능한 일이다. 때문에 대성자 M1호 발해무덤을 가족장으로 보는 것이 객관사실과 부합된다.

어떤 무덤은 두벌 무덤(2차 장을 하기 위해)할 인골을 놓기 위해서 무덤간 북쪽에 동서로 가로지른 구유와 같은 횡조(橫槽)를 만들고 인골을 순차적으로 질서 있게 횡조 내에 넣었다. 대성자 M1호 무덤은 그의 대표적인 실례이다. 1977년 흑룡강성 문물고고공작대(黑龍江省文物考古工作隊)와 길림대학 역사학부 고고학전업 등 단위로 구성된 동녕고고대(東寧考古隊)의 부분적 동지들은 동년 7월 5일부터 28일 사이에 M1호~4호 무덤을 발굴하였다. M1호 무덤에서는 북쪽 흙벽에서 남으로 40㎝ 떨어진 곳에 두께 10㎝ 정도로 동서로 가로지른 또 하나의 흙벽이 있는데, 이는 황색모래와 점토를 혼합하여 만들었다. 이 흙벽의 남쪽 면에는 백회를 입혔다. 이리하여 무덤간 북쪽에는 너비 40㎝ 되는 공간이 형성되었다. 이것이 무덤간 북쪽벽에 이어서 수건한 횡조이다. 무덤간 안에서는 모두 16명의 인골이 발굴되었다. 무덤간 동쪽과 서쪽에서 7명분의 인골이 발굴되었고 중부에서 3명의 인골이 출토되었다. 중부의 3명의 인골은 사지를 곧게 바로 눕혀 묻었는데 머리 방향은 남쪽이다. 나머지 6명은 무덤간 북쪽 공간 즉 횡조에서 출토되었다. 인골은 2명 인골이 한 조를 이루면서 서족에서 동쪽으로 배열되어 있었다. 먼저 두 개의 두개골이 놓여 있고 이어서 서로 겹쳐진 구간골(軀刊骨)과 사지골이 겹쳐 있었다. 조마다 횡조 면적의 4분의 1을 차지하고 있다.[10] 횡조내의 6명의 골격은 질서정연하고 순서가 명확하게 배열되어 있었다. 때문에 이 6명분의 골격은 다른 곳에서 이 무덤으로 천장(遷葬)한 2차장이다. 천장한 시간은 이 무덤을 만든 다음 오래지 않아서 된 것이라고 짐작된다.

④ 무덤의 장식(葬式)과 골격이 무덤 가운데 놓인 위치로 보아 무덤 주인과 배장자(陪葬者)를 명확히 구분할 수 있다.

무덤 주인은 1명 혹은 2명, 3명인 경우가 있는데 그중에서 2명인 경우가 많다. 2명인 경우에는 늘 남녀 각기 1명씩이었다. 무덤 주인을 안장한 장례방식은 사지를 곧게 바로 눕히고 머리는 남쪽방향 혹은 북쪽방향을 향한 것이 있는데 남쪽을 향한 것이 더 많다. 무덤 주인을 매장한 것은 모두 1차장이다. 고고학 자료에 의하면 무덤 주인에게 배장(陪葬)된 사람의 숫자는 같지 않다.

어떤 무덤에는 2명, 3명, 6명, 8명 심지어 14명까지도 배장되었다. 배장된 사람의 유골은 무덤 주인의 머리 위와 다리 아래의 위치에 배열하여 놓았거나 무져놓았다. 화룡현 용해촌에서 4인 합장으로 된 발해무덤 한 기를 발굴하였는데, 그 가운데서 한 사람 유골은 1차장이고 나머지 세 사람 유골은 2차장이었다. 1차장을 한 유골은 무덤간 중부에 사지를 곧게 바로 눕히고 머리는 남쪽을 향하고 발은 북쪽을 향하였다. 2차장을 한 유골은 모두 무덤 주인의 머리 위와 다리 아래의 위치에 무져놓았다. 1차장은 모두 나무관을 장구(葬具)로 하여 무덤간 중부에 놓았지만 배장자를 나무관에 넣어 안장한 것은 기본적으로 존재하지 않는다. 만약 배장자를 나무관에 넣어 장례한 일이 있다면, 그것은 극히 개별적인 현상이거나 매우 보기 드문 경우일 것이다. 일부 학자들은 흑룡강성 대성자 M2호 무덤간 서북쪽 모서리에서 쇠못 한 개가 출토된 것을 보고 그것을 근거로 하여 대성자 M2호 무덤 안에 매장된 2차장 인골은 나무관을 장구로 하여 부실(副室)에 묻은 것이라고 단정한다. 이 논단은 추리하여 낸 결론에 불과하지 객관 사실에 맞는 과학적인 판단이 아니다. 때문에 쇠못 한 개가 출토된 것을 근거로 하여 이 무덤에 매장된 2차장 인골은 나무관을 장구로 하여 묻은 것이라고 단정하는 것은 논거가 매우 약하다. 화룡현 팔가자 북대촌에서 발해 때의 무덤 12기를 발굴하고 정리하였다. 12기무덤 중에는 2차장을 한 인골무지가 있다. 무져놓은 인골은 일반적으로 3~5개 개체였고 적은 것은 1개 개체였으며 많은 것은 10개 개체에 달하였다. 1차장 인골은 나무관을 장구로 하여 묻었는데, 나무관은 일반적으로 길이

1.8~1.98m, 너비 0.4~0.5m, 높이 약 0.3m, 관널 두께 약 3~4.5m였고 가장 큰 나무관 길이는 2.4m, 너비 0.6m였다. 배장자의 유골은 아무 장구도 없이 무덤 주인의 머리 위와 다리 아래의 위치에 놓였을 뿐만 아니라 아무런 수장품도 없었다. 이러한 정황에 의해 추리한다면 이들 배장자는 무덤 주인과 함께 매장되었거나 혹은 후에 이장(移葬)한 것일 것이다.

  예를 들면 북대 M1호 무덤의 무덤간 서북쪽 모서리에 있는 부실에서 7개 개체의 유골이 상하 두 개 층으로 한 곳에 무져져 있는 것을 발굴하였다. 상층에는 유골 5개 체분이 있는데, 두개골이 위에 놓이고 그 밑에 지골(肢骨) 등 기타 뼈들이 있었다. 5개체분의 유골 가운데서 1개체분의 유골은 남성 노인의 유골이고 2개체분의 유골은 남성 장년이었다. 나머지 유골은 똑똑하지 않았다. 제2층 즉 하층에도 2개 체분의 어린 여자 유골이 무져져 있었다.[11] 양수향 과수원 발해옛무덤의 2차장 정황을 살펴보면 이장(移葬—천장 혹은 두벌 무덤이라고도 한다)한 것은 유골을 한곳에 무져 놓은 것이 대부분이고 유골을 배열하여 놓은 것은 소수였다. 제7호 무덤의 무덤 주인은 부부합장으로 되었는데, 남좌녀우(男左女右)의 순서로 나란히 무덤간 중앙에 안장하였다. 그 후에 1개체분의 여자 유골은 원무덤 주인인 여자 유골 위에 안장되었다. 이리하여 1개체분의 여자 유골은 무덤 주인 남성 유골보다 약 20~25㎝ 더 높다. 이 두 여자 유골은 무덤 주인 남자의 처와 첩인 듯하다. 이와 같이 비교적 특수하고 복잡한 매장형식은 연변지구에서는 처음으로 발견되었다. 전국 발해무덤에서도 아주 보기 드문 현상이다.[12] 대주둔(大朱屯) 제1호 무덤에는 한 무덤간에 8명의 주검을 묻었다. 그중에서 4명은 한가운데에 남북으로 엇바꾸어 가면서 펴 묻었고 나머지 4명은 북쪽에 묻어 놓았다. 가운데에 묻은 4명 중에서도 맨 가운데에 묻은 둘만은 널관에 넣어 묻었으며, 그 양쪽에 눕힌 둘은 널관을 쓰지 않고 옆으로 펴 묻었다. 그리고 나무 널관에 넣은 두 사람은 바닥에 눕혔다. 양쪽의 두 사람은 무덤간 바닥에서 얼마간 떨어져서 동서 벽에 바싹 붙어 있었다. 결국 양쪽의 두 사람은 가운데 놓은 널관과 무덤간벽 사이에 끼웠던 것이다. 이와 같은 사실은 넷이 동시에 묻힌 것이 아님을 말하여 준다. 즉 널관에 넣은 주검이 먼저 묻혔고 그 양쪽의 주검이 후에 묻혔음을 알 수 있다. 그리고 무덤간 북쪽에 몰아넣은 넷은 그들의 뼈가 한곳에 묻어져 있는 것으로 보아 두 벌 묻기 즉 다른 곳에 묻었다가 뼈만을 추려서 이 무덤 안에 다시 옮겨 묻은 것임을 알 수 있다. 이 무덤 안에 묻은 8명의 주검 중에서 널관에 넣어 한복판에 묻은 것은 주요한 사람의 주검이며, 나머지 주검은 그들과 친속관계인 한 가족 사람들의 주검이었다고 볼 수 있다. 바꾸어 말하면 이 무덤은 가족 무덤인 것이다.

   무덤 주인의 머리 위와 다리 아래, 그리고 좌우 양측에 배장한 유골은 모두 죽은 사람의 시체를 먼저 임시로 다른 곳에 묻었다가 피륙(皮肉)이 썩은 다음, 해골만을 추려서 이 무덤 안에 다시 옮겨 묻은 2차장 골격이다. 옮겨 묻은 배장자 중에는 남녀노소가 다 있다. 예를 들면 화룡현 북대촌 M52호 무덤간의 동북쪽 모서리에 2개 체분의 해골이 무져져 있는데, 한 개체분은 남성 노인이고 다른 한 개체분은 여성 노인이다. M1호 무덤간 서북쪽 모서리에 있는 부실(횡조라고도 한다)에는 7개체분의 골격이 상하 두 층으로 한데 무져져있다. 제1층에는 5개체분의 골격이 있는데, 그 가운데서 한 개체분의 골격은 남성노인이고 두 개체분의 골격은 남성 장년이며 나머지 골격은 똑똑하지 않다. 제2층에도 2개체분의 여성 골격이 무져져 있다.[13] 이와 같이 남녀노소가 합장된 사실은 바로 가정과 가족의 매장습관을 체현하였다. 해골만을 추리는 것은 죽은 사람의 시체가 썩은 뒤에라야 가능하며 옮겨 묻는 이장은 시체를 매장한 1년 후에라야 가능하다. 그러나 일반적으로는 3년 후에 진행한다.

⑤ **지금까지의 고고학 발굴 자료에 의하면 발해 왕실무덤 가운데서 다인가족합장을 발견하지 못하였다.**

보편적으로 실시된 것은 1인장과 남녀쌍인장(男女雙人合葬)이다. 정효공주무덤 안의 유골은 도굴한 사람이 마구 옮겨 놓았기 때문에 형편없이 한데 뒤섞였고 제대로 있지 않았다. 무덤안길과 주검간을 정리하는 과정에 사람의 유골 도합 31점이 나왔다. 감정한 데 의하면 이 유골은 남녀 두 사람의 유골이었는데, 그 가운데서 여자의 유골이 5점이 있었다. 여자 유골로는 하악골(下顎骨), 정골(頂骨), 고골(股骨) 등이었다. 남자의 유골은 26점이었는데, 견갑골(肩胛骨), 하악골, 제골(骶骨), 경골(脛骨), 요추골(腰椎骨), 근골(跟骨), 비골(腓骨), 요골(橈骨), 지골(脂骨), 장골(掌骨), 늑골(肋骨), 굉골(肱骨) 등이 있었다. 골격에 대한 분석을 통해서 여자의 키는 약 1.56m, 남자의 키는 약 1.61m이며, 연령은 서로 비슷하였다고 추리하게 된다. 이빨이 닳은 정형으로 추단하면 남녀 두 사람은 나이가 비슷한 25~45살 전후 되는 장년이였다. 《정효공주묘지병서(貞孝公主墓志幷序)》에 기재된 유관 내용에 의해 추단한다면 여성 골격은 정효공주의 유골일 것이며 연령은 36세이다. 남성 골격은 정효공주 남편의 유골일 것이며 연령은 36세 전후이다. 상술한 정황에 의해 추단한다면 정효공주 무덤은 사실에 있어서 정효공주 부처 두 사람을 합장한 합장무덤이라는 것을 알 수 있다.[14]

마적달무덤탑지궁(馬滴達墓塔地宮)에서 사람의 아래턱뼈, 등뼈, 팔과 다리뼈가 발굴되었다. 이는 한 개 개체의 유골이었다. 감정한 데 의하면 이는 중년 사나이의 유골이라는 것이 증명되었다. 마적달무덤탑은 훈춘시 마적달향 마적달촌에서 약 1km 떨어진 마을 북쪽 산중턱에 있다. 『훈춘지』의 기재에 의하면 "옛 탑은 춘화향 탑자구 북쪽 산비탈에 있는데, 높이는 7층이며 서쪽은 산에 의지해 있고 동쪽은 강에 잇닿아 있다. 발해의 건축물이다.…… 민국 10년(기원 1921년)에 탑 기초의 벽돌이 70%나 없어졌기 때문에 탑이 무너졌다. 탑 꼭대기의 구리 깃대가 강 속에 떨어져 들어갔는데 지금까지 건져내지 못하였다."라고 하였다. 무덤탑은 전부 벽돌과 돌로 쌓았고 지상탑, 지하지궁, 무덤안길, 무덤길로 구성되었다. 탑의 기초 밑은 지궁(地宮)이다. 지궁은 평평한 땅에 5m 깊이로 웅덩이를 파고 그 밑바닥에 진흙을 한 벌 다지고 그 위에 판돌로 3층을 쌓았으며, 판돌 위에 또 진흙을 한 벌 다지었다. 지궁의 네 벽은 벽돌로 쌓았고 그 윗부분은 벽돌로 4단의 고임을 하고 마감에 큰 판돌 2개를 덮었는데, 판돌의 길이는 3.61m, 너비는 3.4m, 두께는 0.5~0.7m이다. 네 벽과 지궁 윗면은 백회를 발랐다. 그 밑부분은 이미 파괴를 받았고 거기에 붉은 칠을 한 백회, 가늘고 긴 나무 흔적, 깨진 벽돌이 많이 있는 것으로 보아 관대 같은 것들이 있는 것으로 짐작된다. 지궁 남쪽 벽 중간에 문이 있고 문은 정밀하게 쪼아 만든 큰 장방형의 사암판돌 2개를 같이 세운 것이다. 마적달무덤탑에는 묘비와 벽화가 없지만, 그 모양새와 짜임새, 유물, 유골 등이 화룡현 용두산(龍頭山) 발해 정효공주 무덤의 것과 대체로 같다. 그러므로 마적달탑을 무덤탑으로 보아야 한다. 마적달은 발해 동경용원부 자리인 훈춘시 팔련성에서 50㎞ 떨어진 곳이므로 근기(近畿－서울 근처) 범위 내에 속하는 곳이다. 이상의 여러 가지 조건으로 보아 마적달무덤탑 밑에 묻힌 사람은 발해왕족의 성원이었을 것임이 틀림없다. 마적달무덤탑 지궁에서 한 개체분의 유골이 발굴되었으니 이 무덤은 1인장 무덤으로 보아야 한다. 다시 말하면 무덤과 탑이 결합된 형식으로 된 발해왕실 귀족의 1인장 무덤이다. 돈화 육정산에서 발굴된 진릉(珍陵)과 정혜공주무덤(貞惠公主墓), 발해진 삼령둔에서 발굴된 삼령무덤(三靈墳) 등의 왕릉과 왕실 귀족들의 무덤도 모두 1인장이거나 2인장(雙人葬)이지 다인가족합장은 아니다. 이러한 사실은 발해국왕과 왕실 귀족들 가운데서 보편적으로 유행된 매장습관은 1인장이거나 부부합장이고 다인가족장제가 유행되지 않았다는 것을 표명한다. 이 계층에는 순장하는 습관이 더욱 없었다는 것을 설명한다. 발해 사회에서 유행된 다인2차 가족장제는 일반 귀족, 관료, 평민계층 가운데서 광범히 유행된 매장습관이었다. 예를 들면 육정산 묘지에는 80여 기의 무덤이 있는데, 이미 발굴을 거친 무덤이 도합 32기이다. 그중 25기의 무덤을 보면 대형 무덤, 중형 무덤, 소형 무덤 등 3가지 종류로 나눌 수 있다. 출토된 유물과 무덤의 규모에 따라 분석하여 보면 대형 무덤은 왕실 귀족들의 무덤이고 중형 무덤은 중, 하급 관리와 귀족들의 무덤이며 소형 무덤은 하급 관리와 일반 평민들의 무덤이다. 다인 2차합장한 인골은 중소형 무덤에서 많이 출토된다. 때문에 다인 2차합장제를 발해 귀족, 관리, 평민 계층 가운데서 광범히 유행된 일종 사회적인 매장습관이라고 볼 수 있다.

⑥ 발해 사회의 계급관계로 보아 다인 2차장은 가족장이다.

발해는 봉건국가이다. 봉건국가의 주요한 계급 관계는 지주계급과 농민계급이다. 사회의 주요한 모순은 지주계급과 농민계급 간의 모순이다.

발해 통치계급 가운데서 왕족 대씨(大氏) 집단의 지위가 제일 높고 권력이 제일 컸다. 그 버금가는 통치 계층으로는 우성망족(右姓望族)이 있었다. 기록에 의하면 고(高), 장(張), 양(楊), 두(竇), 오(烏), 리(李) 등 6대성(六大姓)이 있었다. 이를 역사에서 6우성망족이라고 한다. 6우성망족은 발해 정권의 주되는 기둥이었을 뿐만 아니라 경제상에서 밑천이 매우 튼튼하고, 정치상에서 대권을 장악하였다. 왕족과 우성망족 이외에 또 일반 귀족, 관료, 지주들이 있었다. 그들은 모두 편호(編戶), 부곡(部曲), 노예에 대해 잔혹하게 착취하고 압박하는 통치계급이었다. 『구당서·발해전』에 "……지역은 사방 2,000

리이고 편호는 10여 만이며 날랜 병사는 몇만 명이었다. ……"라고 하였다. 이로 보아 '편호'는 신분이 자유이고 호적(戶籍)에 편입된 평민이라는 것을 알 수 있다. 편호는 농민이 주된 성분이고 그 외 수공업자, 상인 및 기타 평민이 포함되었다. 그들은 부세와 요역, 병역을 부담하는 주요한 대상이었다. 『송막기문』에는 "발해의 부곡과 노비는 성(姓)이 없는 자들로서 모두 주인에게 예속되었다."라고 하였다. 부곡과 노비 가운데서 부곡은 신분이 자유롭지 못하였으나 그 지위는 편호보다는 낮고 노비보다는 좀 높았다. 그 다음 마음대로 주인을 떠날 수 없었고 주인과의 예속관계는 비교적 강하였다. 노비는 아무런 자유와 재산이 없는 남녀 노예이다. 그들의 사회적 신분지위는 제일 낮았는데, 착취와 압박을 가장 심하게 받는 한 개 피착취 계급이었다. 발해의 피착취 계급 가운데서 부곡과 노비의 수량은 그리 많지 않았다. 『구당서·발해전』에 "지역은 사방 2000리이고 편호는 10여 만이며 용맹한 병사는 몇만이였다."라고 한 내용이 바로 이것을 증명한다. 발해 사회에서 통치계급은 수적으로 소수이다. 수적으로 제일 많은 것이 편호이다. 그들이 발해 사회의 부세와 요역, 병역을 주로 부담하였다. 그들은 발해 사회의 주된 생산자였다. 편호 10여 만에서 몇만 명의 병사가 나오게 된 것이다. 때문에 『구당서·발해전』에 "편호 10여 만이고 병사 몇만이다."라고 하였지, 부곡 노비가 10여 만이고 병사가 몇 만 명이라고는 하지 않았다. 편호는 호적에 가입한 평민이며 발해 사회에서 주된 피통치 계급이었다. 평민 가운데서 수적으로 제일 많고 주되는 계층은 농민이었다. 편호의 수량은 발해의 강역이 확대

됨에 따라 점차 증대하였다. 대조영이 진국을 세우고 속말말갈과 백산말갈 지역을 핵심으로 하여 적극적으로 북부와 동부를 향해 세력을 확대할 때 '지방은 2000리이고 편호는 10여 만이며 병사는 몇만 명이었다.' [15] 이로 보아 발해 초기의 호수는 10여 만 호였다는 것을 알 수 있다. 중원지구 '5구지가(五口之家)'의 소농 가정 인구의 전통적인 방법으로 계산하면 50~60만 명이 된다. 그러므로 당시 병사는 50~60만 인구에서 몇 만 명이 징발된 셈이다. 제2대 무왕 대무예(武王大武藝) 때에 이르러 병사의 수는 10만 좌우로 증가되었다. 『신당서』권 219 「발해열전」기록에 의하면 문예(門藝)는 무왕에게 상소하여 말하기를 "흑수(黑水)가 관리를 청한 일로 하여 나에게 그들을 치라고 하나 이는 당나라를 배신하는 것입니다. 당나라는 대국으로 병사가 우리의 만 배나 됩니다. 그로 인해 원한을 내게 되면 우리가 또한 망할 것입니다. 옛날 고구려도 강성할 때 군사 30만으로 당나라를 대항해 싸울 때는 정말 웅장했으나 당나라 군사가 한번 임하매 모두를 휩쓸어 버렸습니다. 지금 나의 군사는 고구려에 비해 3분의 1에 불과합니다. 왕께서 장차 거스르려고 함은 옳지 못합니다."라고 하였다. 이 기록의 내용에 의하면 무왕 때의 병사 수는 건국 초기의 몇 만에 비해 근 1배나 증가되었으리라고 짐작된다. 그러므로 무왕 시기의 인구는 100만 내지 120만 좌우였을 것이다. 즉 편호는 20만에 달하였을 것이다. 상술한 사실이 표명하다시피 발해 사회의 주요한 모순은 왕족 대씨 집단을 위주로 한 통치계급과 농민을 위주로 한 평민 지간의 모순이다. 노예주 계급과 노예지간의 모순은 주되는 모순으로 될 수 없다. 때문에 발해 사회에서 노예주 계급의 순장제가 광범하게 유행될 수 없었다.

다. 발해 다인장의 유형

상술한 바와 같이 발해의 다인 2차장 유골은 순장에 속하는 인골이 아니라 동일한 가족 성원의 가족 합장이다. 지금까지 발견된 발해의 다인 2차 합장 무덤을 장례방식에 따라 대략 여덟 가지 유형으로 귀납할 수 있다.

첫째, 한 개 무덤 안에 1차장 유골과 2차장 유골이 함께 있는 것이다. 어떤 무덤 안에는 1차장 인골이 2차장 인골보다 많고 어떤 경우는 2차장 인골이 1차장 인골보다 더 많다. 1차장 인골은 일반적으로 남녀 두 사람이거나 혹은 세 사람인데, 그 골격은 무덤간 중심에 사지를 곧게 바로 눕혀 안장하였다. 2차장 인골은 무덤 주인의 주변에 펴놓거나 무져 놓았다.

둘째, 같은 무덤 안에 있는 2차장 유골을 무덤간 좌우 아래 벽에 바싹 붙여 놓거나 무덤 주인의 나무관과 무덤간 동서벽 사이에 안장하였다.

셋째, 어떤 2차장 인골은 무덤 주인의 머리 위와 다리 아래 위치에 질서정연하게 배열하여 놓았거나 무져 놓았다. 어떤 유골은 배열됨이 불규칙적이고 거칠다.

넷째, 어떤 2차장 유골은 몇개 층으로 쌓아졌는데, 위층의 유골이 밑의 층 유골을 누르고 밑층은 위층 유골에 깔리었다. 화룡현 팔가자진 북대촌 M1호

무덤의 다인 2차장이 그의 대표적인 실례가 된다.

다섯째, 어떤 2차장 유골은 1차장 유골의 위에 안장되어 1차장 인골을 누르고 있다. 예를 들면 훈춘현 양수향 과수원 발해 제7호 무덤에 안장된 2차장 여성 유골은 1차장한 원 무덤 주인 여성 유골 위에 질서정연하게 펴 묻었다.

여섯째, 어떤 무덤은 1차장을 한 무덤 위에 또 2차장 무덤을 하였다. 1990년 9월부터 10월 사이에 연변박물관 고고대의 동지들은 안도현 영경향 동청촌(安圖縣永慶鄕東淸村)에서 발해 옛 무덤을 발굴하여 정리하였다. 그중 한 개 무덤은 무덤간 중앙에 무덤 주인이 들어 있는 석관(石棺)을 안장하였다. 석관에는 두께 몇십㎝ 되는 매장토층(埋葬土層)이 있고 매장토층 위에 질서정연하게 배열된 3개체분의 유골이 있다. 그 위에 흙을 덮어 무덤을 만들었다. 무덤의 짜임새와 모양새로 보아 이 3개체분의 유골은 이장(移葬)하여 들어온 2차장 골격이다.

일곱째, 다인 2차 합장 무덤 가운데는 무덤 주인과 혈연관계가 있는 남녀노소가 모두 함께 배장되었다.

여덟째, 외부로부터 이장하여 들어온 2차장 인골은 일반적으로 수장품을 배치한 것이 없는데, 이는 아마 발해인의 매장 습관인 듯하다. 그러나 극히 개별적인 무덤에서는 적은 수량의 수장품이 출토된다. 예를 들면 흑룡강성 동녕현 대성자 M1호 무덤의 서북쪽 모서리에서 배가 긴 질단지 한 개가 출토되었다. 이 질단지는 횡조의 서쪽에 있는 두개골 위에 놓여 있었다.

1) 『문물고고공작 30년』 108쪽
2) 정영진 : 『발해무덤연구』 흑룡강문물총간 1984년 2기 12쪽
3) 왕인상 : 『우리나라 신석기시대의 2차합장 및 그 사회성질』 고고와 문물 1982년 3기 79쪽
4) 『위지 고구려전』
5) 간지경, 손수인 : 『흑룡강고대민족사강』 107~108쪽
6) 왕가빈 : 『녀진족국속』 280쪽
7) 『발해문화』 사회과학원출판사 71~73쪽
8) 『고고』 1982년 3기 276쪽
9) 『연변문화유물략편』 112~113쪽
10) 『고고』 1982년 3기 276쪽
11) 『연변문물자료휘편』 42쪽
12) 『연변일보』 1990년 6월 16일 제3면.
13) 『연변문물자료휘편』 42쪽
14) 연변박물관 : 『발해정효공주묘발굴보고』 등사본 19쪽
15) 『구당서』 권 199하 「발해말갈전」

4. 발해인의 매장습관과 그 특징

　발해인의 매장습관과 그 특징에 대한 연구는 목전 사학계에서 연구되고 있는 새롭고도 중요한 과제 가운데 하나이다. 본문은 주로 지금까지 발굴된 고고학 자료에 근거하여 새로운 고찰을 진행하려 한다. 정혜공주무덤과 정효공주무덤에 관계되는 내용은 「정혜공주묘와 정효공주묘에 대하여」에 이미 상세히 소개되었기 때문에 본문에서는 이를 부분적으로 추려서 설명하려고 한다.

가. 발해 무덤의 구조

발해는 그가 존속한 229년 사이에 빛나는 문화를 창조하였고 독특한 고분 건축 예술도 남겨 놓았다. 1949년부터 지금까지 발굴된 발해 무덤들을 모두 어 보면 길림성 내에 돈화시 육정산(六頂山) 무덤떼, 화룡현 팔가자(八家子) 무덤떼, 북대(北大) 무덤떼, 용수향(龍水鄕) 용두산(龍頭山) 무덤떼, 용해(龍海) 무덤떼, 하남둔(河南屯) 무덤떼, 명암(明岩) 무덤떼, 장인(張仁) 무덤떼, 청룡(靑龍) 무덤떼, 복동(福洞) 무덤떼, 장항(獐項) 무덤떼, 혜장(惠章) 무덤떼, 훈춘현 마적달묘탑(馬滴達墓塔), 밀강(密江) 무덤떼, 용정현 용천(龍泉) 무덤떼, 용암(龍岩) 무덤떼, 부민(富民) 무덤떼, 영성(英城) 무덤떼, 영성(英城) 무덤떼, 도문시 백룡(白龍) 무덤떼가 있고[1] 흑룡강성의 영안현 대주둔(大朱屯) 무덤떼, 삼령둔(三靈屯) 무덤떼[2], 해림현 합달둔(哈達屯) 무덤떼, 산저자(山咀子)[3] 무덤떼, 임구현 사하자(沙河子) 무덤떼, 두도하자(頭道河子) 무덤떼[4], 동녕현 대성자(大城子) 무덤떼 등이 있다. 이들은 주로 목단강과 해란강, 훈춘하, 수분하 유역에 분포되어 있다.

발해사를 연구하는 학자들 가운데 적지 않은 이들이 발해 무덤의 모양과 구조에 대해 깊이 연구하여 새로운 성과를 올리고 있다. 그 주된 것으로 다음과 같은 네 가지 설이 있다. 첫째는 대형적석묘(大型積石墓), 소형적석묘(小型積石墓), 방형적석묘(方型積石墓) 등 세 가지 종류이고[5], 둘째는 토갱묘(土坑墓), 석광봉토묘(石壙封土墓), 석관봉토묘(石棺封土墓), 석실봉토묘(石室

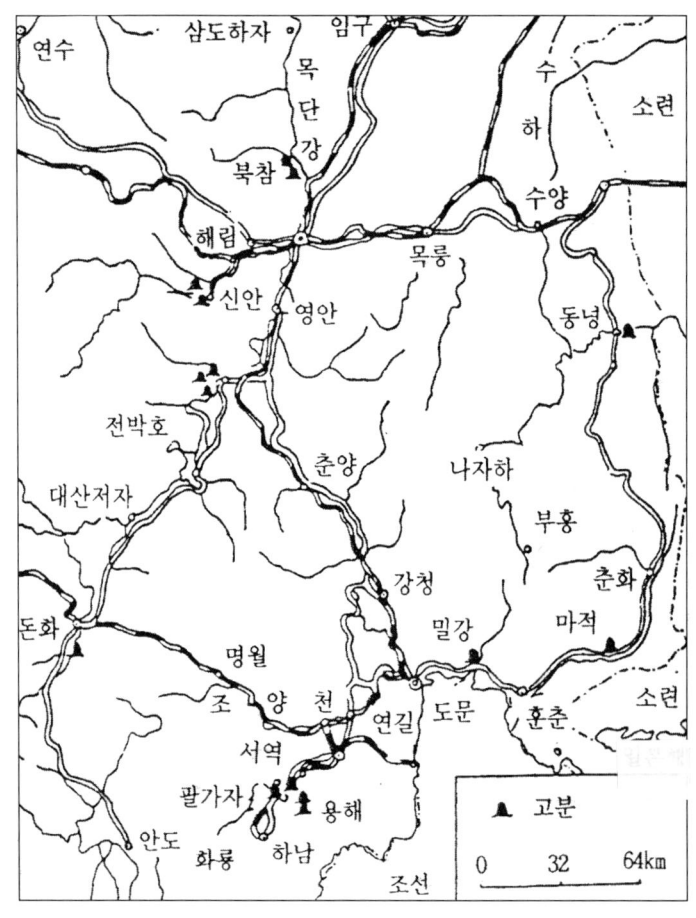

〈그림 1〉발해 묘장 분포도

封土墓), 전실석정봉토묘(磚室石頂封土墓) 등 다섯 가지 종류이며[6], 셋째는 큰 돌간흙무덤, 중간쯤 되는 돌간흙무덤, 작은 돌간흙무덤 등 세 가지 종류[7]이고, 넷째는 대체로 토갱(土坑), 석실(石室), 전실(磚室) 등 세 가지 종류가 있다[8]는 주장이다. 이 네 가지 설 가운데서 네 번째 설이 비교적 귀납이 잘 되었다.

흙구덩이무덤제[土坑封土墓制]는 발해 건국 초기에 있는 묘장제의 한 가지 형태로 연속된 기간이 길지 않다. 흙구덩이무덤제는 그의 짜임새에 따라 다시 흙과 돌로 벽을 쌓고 흙을 덮은 토석벽봉토묘(土石壁封土墓), 벽은 흙이고 천정은 돌로 덮어 봉토한 토갱석정봉토묘(土坑蓋石頂封土墓), 흙벽에 천정이 없이 봉토한 토갱수혈묘(土坑竪穴墓) 등으로 나뉜다. 지금까지 정리한 데 의하여 육정산 발해 무덤떼에서 4기, 동녕현 대성자에서 1기가 발견되었다. 육정산 발해 무덤떼 제2무덤구역에 있는 M209, M210호 무덤은 동·서·북쪽 세 면은 흙벽이고 남쪽은 돌을 쌓아 무덤벽을 만들었다. 천정은 판돌을 덮지 않고 직접 봉토한 토석봉토묘(土石封土墓)이다.

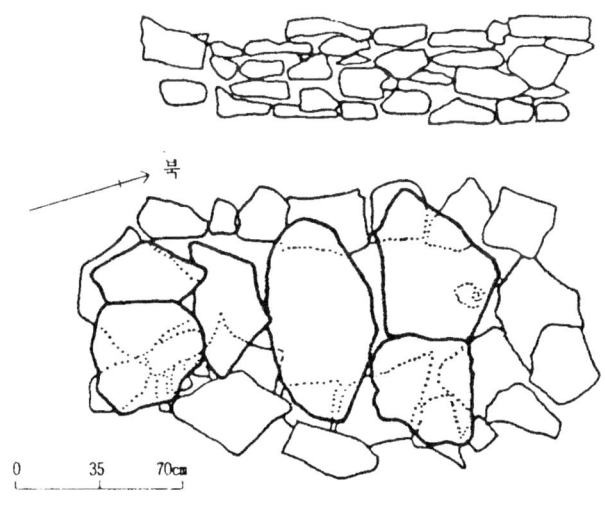

〈그림 2〉돈화 육정산 M 12

이 두 무덤의 모양과 짜임새는 비슷하다. 무덤간은 장방형으로 생겼는데 길이가 약 3m, 폭이 약 2m이다. M209호 무덤은 남쪽 벽 중간에 무덤길을 설치하였는데 길이 0.94m, 폭 0.90m이다. 무덤간에서 썩은 관목과 관못을 발견하였다. 부장품으로 도기, 동기(銅器), 철기, 마노주(瑪瑙珠) 등이 출토되었다. 이와 같은 사실로 보아 무덤 주인의 신분은 관리거나 일반귀족이었을 것으로 짐작된다. 그리고 또 네 벽이 모두 흙이고 시체를 넣은 다음 흙을 덮어 무덤을 만든 토갱수혈봉토묘(土坑竪穴封土墓) M208호, M214호 두 개를 발견하였다. M214호의 무덤간 길이는 250m, 폭은 1.64m, 깊이는 0.35m이다. 유골은 이미 화장하였기 때문에 부서진 뼈와 목탄만이 남아 있을 뿐이고 수장품이 별로 없다. 이는 평민 무덤이다.

흙구덩이무덤〔土坑封土墓〕은 육정산 발해 무덤 가운데서 매우 적은 수를

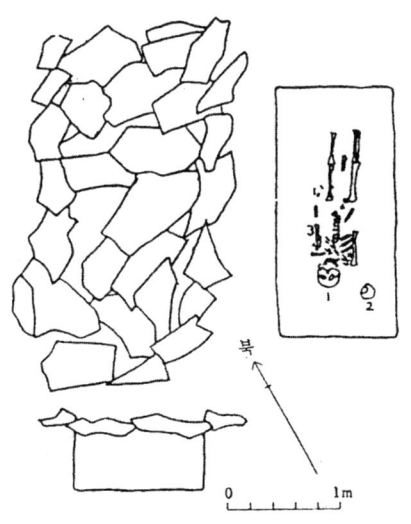

〈그림 3〉동령대성자 M4 토갱수혈봉토묘

차지한다. 육정산 무덤떼는 두 개의 무덤구역으로 나뉜다. 제1무덤구역에 30여 기의 무덤이 산기슭으로부터 산중턱까지 분포하고 있으며 제2무덤구역에 50여 기의 무덤이 있다. 모두 80여 기의 무덤이 있는데 이미 발굴한 무덤이 32기이다. 그 가운데서 흙구덩이무덤은 4기뿐이다.

동녕(東寧) 대성자(大城子)에서 흙구덩이무덤 1기(M4)를 발굴하였다. 길이 2.40m, 폭1.05m, 깊이0.60m로 파서 시체를 넣은 다음 흙을 덮었고 무덤은 돌을 덮은 다음 봉토하였다. 무덤간에서 관못 세 개와 질그릇 한 개, 철기 조각 한 개를 채집하였다. 이도 역시 평민층의 무덤이다.

이외에 중경현덕부와 동경용원부, 상경용천부 관할범위 내의 발해무덤들에서는 흙구덩이무덤이 아직 발굴된 것이 없다.

이상의 사실은 다음과 같은 세 가지 문제를 설명하였다. 첫째, 흙구덩이무

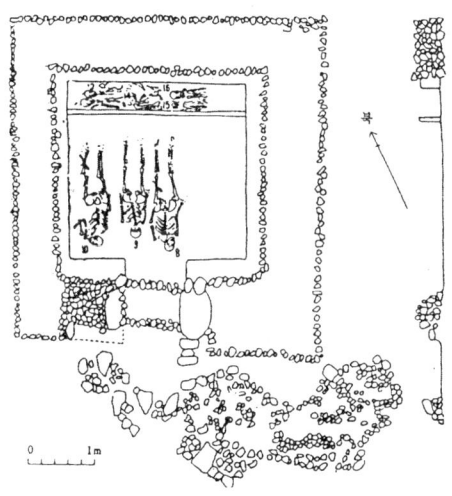

〈그림 4〉 동령 대성자 M1 토석벽봉토묘

덤은 발해 초기에 존재하였으나 중·후기부터는 보이지 않는다.

둘째, 발해 초기에 진행된 여러 가지 무덤 유형 가운데서 흙구덩이무덤은 매우 적은 수를 차지하며 주된 묘장형식이 아니었다.

셋째, 흙구덩이무덤은 일반관리, 일반귀족 혹은 평민들의 무덤이었다.

흙구덩이무덤제는 말갈족의 묘장 유습이 아닌가 생각된다. 『구당서』 말갈전에 말갈족은 "사람은 죽으면 땅을 파고 주검을 묻은 다음 흙을 덮어버리는데, 관을 만들지 않았고 타고 다니던 말을 잡아 주검 앞에 놓고 제사 지냈다."라고 하였다. 그리고 길림성 양둔(楊屯)에서 90여 기의 무덤을 발굴하였는데, 돌곽흙무덤〔石壙封土墓〕은 2기뿐이고 나머지는 모두 흙구덩이무덤이다. C_{14} 측정에 의하면 그 연대는 기원 510년 전후로 수나라 말기와 당나라 초기에 해당된다.[9]

무덤에서 톱니무늬로 장식한 쌍순장신관(雙脣長身罐)이 출토되었다. 쌍순장신관을 말갈 질그릇이라고도 한다. 흑룡강성 수빈현 동인(同仁)유지에서도 쌍순장신관을 많이 발굴하였다. 이는 C_{14} 측정에 의하면 지금부터 1,400년 전후에 속하는 유지이다. 때문에 동인유지를 조기(早期) 말갈유지라고 한다.

발해국은 고구려 유민과 말갈족이 연합하여 세운 나라이고 수도를 말갈족이 많이 거주하는 지역 내에 정하였으며 그 정치 중심도 이 지역내에 있었기 때문에 건국 초기의 한시기 묘장제도에서도 말갈족의 흙구덩이무덤제도가 어느 정도 반영되었을 것이다.

돌간흙무덤〔石室封土墓〕은 그 짜임새에 따라 천정을 평행고임을 한 돌간흙구덩, 큰 판돌로 천정을 덮은 돌간흙무덤, 돌곽흙무덤〔石壙封土墓〕으로 나뉜다.

　평행고임을 한 돌간흙무덤은 잘 다듬은 돌로 네 벽을 쌓고 남쪽 벽 중간에 무덤안길과 무덤길을 두었으며 천정은 판돌로 평행고임을 하였다. 무덤 위에 지면에 주춧돌과 벽돌, 기와 등 건축유물이 많이 산재해 있다. 이는 왕실귀족들의 무덤이며, 그 대표적 무덤은 정혜공주무덤이다.

　큰 판돌로 천정을 덮은 돌간흙무덤〔平頂石室封土墓〕은 네 벽을 돌로 쌓고 큰 판돌로 천정을 덮었다. 화룡현 팔가자 북대촌에 100여 기의 발해 옛무덤떼가 있다. 그 가운데서 지금까지 발굴한 것이 54기이다. 이 무덤들은 대부분이 돌간흙무덤으로 되었는데, 그 구조는 무덤길이 있는 것과 무덤길이 없는 것 등 두 가지이다. 무덤길이 있는 것은 14기이고, 무덤길이 없는 무덤은 40기로서 보통 규모가 작으며 길이는 2.00~2.90m, 폭은 0.76~1.10m, 높이는 0.40~1.00m이다. 무덤벽은 돌 혹은 돌덩이로 쌓았고 무덤 위는 큰 판돌로 덮었으며, 무덤문은 남쪽에 내고 돌덩이를 쌓아 봉하거나 판돌을 세워 봉하였다.[10]

　이러한 무덤은 일반관리나 일반귀족들의 신분에 속하는 무덤들이다.

　돌관흙무덤은 무덤벽을 돌로 쌓고 큰 돌덩이나 판돌로 천정을 덮었는데 그 모양이 돌관과 같았다. 이는 평민 혹은 어린이들의 무덤에 속한다.

　돌곽흙무덤〔石壙封土墓〕은 무덤벽을 돌덩이로 쌓고 천정은 판돌로 덮지 않고 직접 흙을 덮었다. 남쪽 벽 중간에 무덤길과 무덤문을 내었다. 이러한 무덤은 일반관리와 일반귀족 혹은 평민의 신분에 속하는 무덤이다.

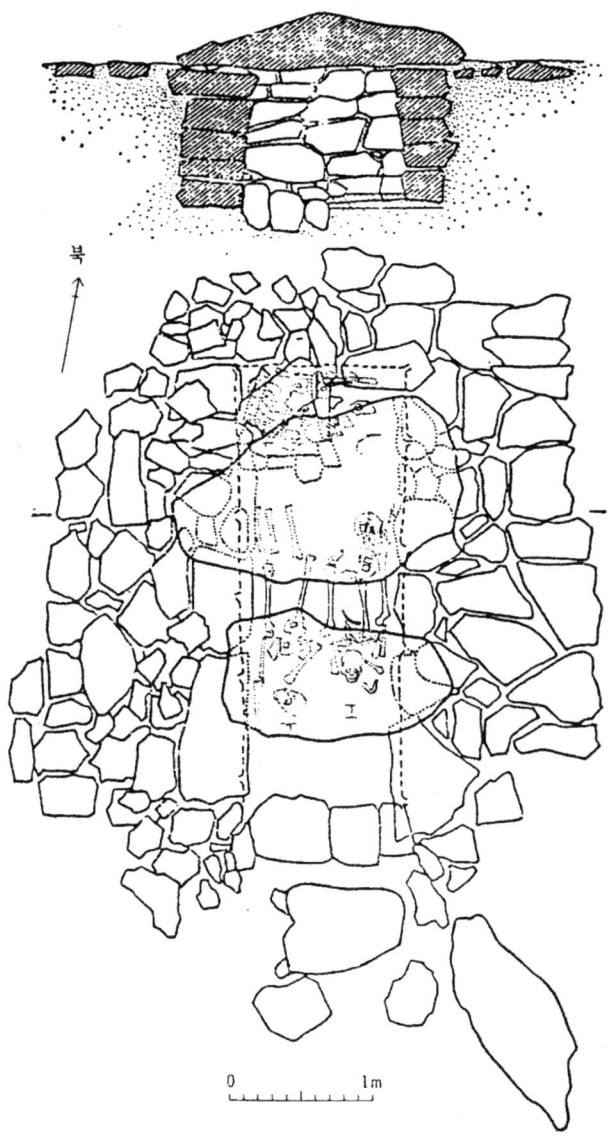

〈그림 5〉 석광봉토묘 평부면도(화룡북대지M34)

벽돌간흙무덤〔磚室封土墓〕은 무덤과 탑을 결합시켜 지은 벽돌간흙무덤과 능원(陵園) 건축식으로 지은 벽돌간흙무덤이 있다. 전자의 대표적 실례는 정효공주무덤이고 후자의 실례는 화룡현 팔가자 하남촌의 발해 무덤이다. 벽돌간흙무덤은 왕실 귀족의 무덤이다.

나. 매장습관과 그 특징

  발해사람들이 시체를 묻는 습관과 그 특징에 대해 다음의 여섯 가지 문제로 나누어 설명하려고 한다.
  첫째, 다인합장(多人合葬)은 발해 무덤제도 가운데 중요한 특징의 하나이다. 발해 사람들이 주검을 묻는 방법에는 1인장(一人葬), 2인장(二人合葬), 다인합장(多人合葬), 화장(火葬) 등 여러 가지 형식이 있었다. 1인장은 한 무덤간 안에 주검 하나를 묻는 것인데, 대부분이 1차장(一次葬)이고 몸을 반듯하게 눕히고 사지를 곧추 폈다. 2인 합장은 한 무덤간 안에 주검 둘을 묻는 것인데 일반적으로 남녀부부합장이다. 그 대표적인 예는 정효공주무덤이다. 1980년 정효공주무덤을 발굴할 때 무덤간과 무덤간 안길에서 사람의 유골 도합 31점이 나왔다. 감정에 의하면 남녀유골인데 여자유골 5점, 남자유골 26점이다. 이빨이 닳은 정형으로 추정하면 남녀 두 사람은 나이가 비슷한 25~45세 가량 되는 청장년이었다.[11]
  정효공주는 대흥 56년(792년) 여름 6월 9일 임진에 외제(外第)에서 36세를 일기로 사망하였다. 같은 해 겨울 11월 28일 기묘에 염곡의 서쪽 언덕에 배장(陪葬)하였다. 공주의 남편은 공주보다 먼저 죽었다. 그러므로 공주와 함께 묻힌 남자유골은 곧 공주의 남편일 것이다. 이리하여 정효공주무덤은 실제로 정효공주 부부의 2인 합장묘이다.

다인합장은 여러 사람의 주검을 함께 묻는 것인데 일반적으로 가족합장묘라고도 한다. 이미 발굴한 보고자료에 의하면 1964년 육정산 발해 무덤떼에서 무덤 20기를 발굴하였는데, 1인무덤 3기, 2인합장무덤 1기, 다인합장무덤 9기, 판명불가능한 무덤 7기였다. 1973년 연변박물관과 화룡현문화관이 연합하여 북대촌 발해 무덤 54기를 정리하였는데 다인합장무덤이 11기였다.[12]

용수향 용해 무덤떼에서 7기를 발굴하였는데, 그 가운데 2인합장무덤이 6기, 다인합장무덤이 1기였다.[13]

대성자(大城子) 무덤 4기 가운데는 1인장이 1기이고 나머지 셋은 다인합장이었다. 산저자(山咀子) 무덤떼에서 무덤 21기를 발굴하였는데, 그 가운데 1인무덤이 6기, 2인합장무덤이 3기, 다인합장무덤이 12기였다.

다인합장무덤 가운데 대표적인 무덤은 육정산 M206호 무덤과 대주둔 M1무덤, 북대 무덤이다.

육정산 M206호 무덤에서는 한 무덤간 안에 5명의 주검을 묻었다. 그 중 2명은 무덤간 복판 남북향으로 펴 묻었고, 나머지 3명은 서북쪽에 묻어 놓았다. 무덤간 복판의 2명은 관에 넣어 동서 순서로 나란히 묻었다. 복판에 묻은 2명은 1차장이고 서북쪽에 묻은 3명은 2차장이다.

대주둔(大朱屯) M1호 무덤에서는 8명의 주검을 묻은 것이 발견되었다. 그 중 4명은 무덤간 복판에 남북으로 엇바꾸어 가면서 펴 묻었고 나머지 4명은 북쪽에 묻었다. 복판에 묻은 4명 가운데 중앙에 묻은 둘만을 관에 넣어 묻고, 그 양쪽에 눕힌 둘은 관에 넣지 않고 옆으로 펴 묻었다. 그리고 나무 널에 넣은 두 사람은 바닥에 눕혔다. 양쪽의 두 사람은 무덤간 바닥에서 옆으로 놓이게 하였다. 1971년 팔가자(八家子) 하남촌(河南村)에서 발해 왕실 귀족 부부의 합장무덤을 발견하였다. 무덤 위에는 능원이 있었고 둘레에는 담장이 쌓여져 있었던 흔적을 발견하였다. 이 무덤에서도 다인합장을 한 흔적을 찾을 수 없었다.

둘째, 발해 사람들은 사람이 죽으면 화장하는 방법도 채용하여 매장하기도 하였다. 화장한 흔적은 육정산 발해 제2무덤지역에서만 찾아볼 수 있고 다른 곳에 있는 무덤에서는 찾아볼 수 없다. 육정산 제201호, 제202호, 제206호, 제211호 등 여러 무덤은 시체를 화장하여 묻은 무덤들이다.[14] 이 무덤들은 땅 위에 돌로 쌓은 돌간흙무덤인데, 무덤간과 무덤안길로 구성되어 있다. 판돌로 천정을 덮지 않고 바로 흙을 덮었다. 화장하지 않은 무덤들은 모두 판돌로 천정을 덮었으나 화장한 무덤은 모두 판돌로 천정을 덮지 않았고, 무덤간에 있는 뼈는 불에 태워졌으며 불에 타고 남은 관목(棺木)과 목탄이 있었다. 이러한 사실은 발해 사회에 화장하는 습관이 있었음을 증명한다. 화장하여 묻는 습관은 발해 건국 초기에 존재하였으나 중·후기부터는 점차 소실되었다.

셋째, 2차장(두 벌 묻기) 방법은 주검을 묻는 발해 사람들의 주요한 습관 가운데 하나였다. 2차장은 사람이 죽으면 먼저 매장하였다가 후에 그의 친인 혹은 그와 혈연관계가 있는 주요한 성원이 죽으면 다시 유골을 추려서 옮겨다가 함께 묻는 것이다. 이러한 매장방법은 발해 사회에서 널리 유행하였다. 정효공주의 남편은 정효공주보다 먼저 죽었다. 그 후 공주가 죽어 매장할 때 공주 남편의 유골을 옮겨다 공주와 함께 합장하였다. 따라서 공주는 1차장이지만 공주의 남편은 2차장이다. 용해(龍海) 발해 무덤 7기 가운데서 2인장이 6기이고 4인장이 1기이다. 2인장이건 4인장이건, 그들이 동시에 죽어 합장한 것은 아니고 그 가운데서 한 사람 또는 세 사람은 먼저 죽어 매장하였다가 후에 옮겨 합장한 2차장이다.

 2차장 습관은 발해가 존속한 전 기간에 줄곧 계속되었다. 국왕무덤이 있는 중경(中京)은 발해가 수도를 구국(舊國)에서 서고성(西古城)으로 옮겨온 때의 정치·경제·문화의 중심지였다. 때문에 육정산 발해 무덤떼를 발해 초기의 무덤지역이라고 한다면 화룡현 북대, 하남, 용해, 용두산 무덤떼는 발해 중기에 속하는 무덤들이다. 이 정황은 발해 초기에 유행하던 돌곽흙무덤 묘장제는 발해 사회의 발전과 함께 점차 소실되기 시작하였고 그 대신 큰 판돌로 천정을 덮는 돌간흙무덤제가 주요한 자리를 차지하였음을 설명한다.

 흑룡강성 산저자(山咀子), 대주둔(大朱屯), 두도하자(頭道河子) 등지에서 발굴된 발해 무덤들도 큰 판돌로 천정을 덮은 돌간흙무덤이 절대다수였다. 영안현 삼령둔 무덤도 평행고임을 한 돌간흙무덤과 큰 판돌로 천정을 덮은 돌간흙무덤이 절대다수를 차지한다.

화룡현 팔가자 북대 무덤이 발해 중·후기에 속하는 무덤이라고 인정하는 근거는 무덤의 짜임새와 수장품이다. 무덤들 가운데서 다수의 무덤은 연속시간이 제일 긴 큰 판돌로 천정을 덮은 돌간흙무덤이다. 출토된 수장품 가운데서 쌍순장신관(雙脣長身罐:발해 초기의 질그릇)이 적고 쌍이유도관(雙耳釉陶罐), 고경절순관(高頸折脣罐), 반구병(盤口甁), 장경병(長頸甁), 장경관견호(長頸寬肩壺), 단경고복호(短頸鼓腹壺) 등이 많이 나왔다. 그리고 북대 M10호 무덤에서 보상화문경(寶相花紋鏡)이 출토되었는데, 이는 정주(鄭州) 상가구(上街區)에서 출토된 당나라 현종(玄宗) 연간에 유행하던 동경(銅鏡)과 비슷하다.[15]

이러한 이유로 팔가자 북대, 하남, 용해 등 발해 무덤을 발해의 중·후기에 속하는 무덤들이라고 인정한다.

다섯째, 발해는 무덤 위에 무덤집을 짓고 능원을 만드는 습관이 있었다. 그 대표적인 사실로 화룡현 팔가자 하남둔 무덤과 흑룡강성 영안현 삼령둔 무덤을 들 수 있다. 1971년 하남촌에서 발해 왕실의 귀족부부 합장묘를 발견하였다. 무덤은 동서로 나란히 있고 흙으로 봉하였으며, 주검간 네벽은 장방형 검은 벽돌로 쌓고 회로 틈을 발랐으며 무덤간 바닥은 장방형 벽돌을 깔았다. 두 무덤은 크기가 대체로 같은데 길이 2.40m, 폭 1.4m, 높이 0.47m이다. 당시의 사람들에 의하면 원래 이 무덤은 천정을 8개의 큰 판돌로 두 층으로 덮고, 그 위를 동서 너비 약 28m, 남북 너비 약 20m, 높이 약 2m 되게 흙을 봉하고, 그 위에 30여 개의 큰 기초돌(20여 개라고 하는 사람도 있었다)이 동서 방향으로 질서정연하게 줄지어 있었다고 한다. 이 무덤을 정리할 때 무덤 앞 동남쪽으로 약 2m 떨어진 곳에 기초돌 한 개가 남아 있었고 땅 위에는 기와조각들이 많이 널려 있었다. 무덤 주위에는 길이 500m되는 방형담이 둘려 있었고 남쪽 담장 복판에 대문 자리가 있었다.[16] 이 정형은 무덤 위에 능원이 있었고 둘레에는 담장이 쌓여 있었음을 증명한다. 삼령둔 무덤 위에는 지금도 잘 다듬은 주춧돌이 동서로 길게 줄지어 각각 4개씩 있고 그 가까이에 기와조각이 널려 있는 것을 볼 수 있다. 무덤 둘레에는 흙담을 네모나게 쌓아 무덤구역(墓域)을 정하였다. 무덤구역은 동서의 길이 123m, 남북의 너비 121m이다. 흙담이 남아 있는 높이는 약 1m이다. 무덤구역 안에는 녹색 유약을 바른 기와와 보통 기와조각이 많이 널려 있다. 이는 무덤구역 안에 여러 채의 화려한 집을 건축한 능원이 있었음을 설명한다. 용두산 M10호 무덤 앞 동서 양쪽에 주춧돌이 세워져 있는데, 이도 무덤 위에 건축물이 있었음을 알려 준다.

　지금까지의 고고학 발굴자료에 의하면 발해 초기의 무덤 위에 집을 짓거나 능원을 꾸몄다고 할 만한 충분한 실물 근거가 없다. 그러나 중경을 수도로 정한 시기부터는 무덤 위에 집을 짓고 능원을 꾸민 실례가 있다. 그러므로 무덤 위에 무덤을 짓고 능원을 꾸미는 묘장습관은 발해 중기부터 시작하였다고 보는 것이 옳다. 발해의 왕실 귀족들은 생전에 호화로운 생활을 하였을 뿐만 아니라 사후에도 생전과 같은 호화로운 생활을 할 것을 도모하며, 저들의 권세와 신분지위의 높음을 과시하기 위해 능묘를 호화롭게 건설하였다.

여섯 번째, 무덤과 탑이 결합된 묘탑장(墓塔葬)은 발해 매장제도에서의 한 가지 특징이다. 화룡현 용두산 정효공주묘탑과 훈춘현 마적달묘탑(馬滴達墓塔), 장백현 영광묘탑(永光墓塔)은 그의 좋은 실례이다.

1980년 화룡현 용수향 용해촌 용두산에서 발해 제3대 문왕 대흠무의 넷째 딸 정효공주의 무덤을 발굴하였다. 무덤은 네 벽을 검은 벽돌로 쌓고 판돌로 천정을 고였다. 무덤안간과 무덤안길 위에 벽돌로 지상묘탑을 쌓았다. 탑신은 이미 무너지고 기초만 남아 있다. 무덤간에서 남녀유골을 채집하였는데 이는 정효공주와 그의 남편의 유골이다. 그러므로 정효공주무덤은 정효공주 부부를 합장한 묘탑장(墓塔葬)이다.

마적달무덤탑은 훈춘시 마적달향 마적달촌에서 약 1km 떨어진 마을 북쪽 산중턱에 있다. 탑은 이미 무너지고 지금은 벽돌무지만 보인다. 『훈춘현지(琿春懸誌)』에 다음과 같은 기록이 있다. "옛탑은 춘화향(春化鄕) 탑자구(塔子溝) 북쪽 산비탈에 있는데, 높이는 7층이며 서쪽은 산에 의지하고 동쪽은 강에 닿았다. 발해 건축물이라고 전해지고 있는데, 벽돌에 새긴 글자는 희미하여 알아보기 힘들다. 벽돌은 두 가지가 있다. 하나는 장방형으로 된 것인데 두께가 5cm, 면의 길이가 30cm이다. 다른 하나는 장방형 벽돌인데 두께가 5cm, 길이 32cm, 폭이 12cm이며, 숫돌처럼 단단하여 당시의 사람들은 그 벽돌에 칼을 갈아 썼다. 민국(民國) 10년에 탑기초의 벽돌이 70%나 없어져 탑이 무너졌다. 탑 꼭대기의 구리 깃대(銅幢)가 강에 떨어져 들어갔는데 지금까지 건져내지 못하였다." 무덤탑의 지궁(地宮)은 이미 도굴당하여 심한 파괴를 입었다. 무덤간에 쌓은 탑기초의 남북 길이는 4.95m, 동서 너비는 4.80m이며 탑기초의 두께는 0.7m, 땅 위에 나온 기초벽의 높이는 약 6.0m이다. 기초벽 사면에는 호위벽이 있다. 탑기초가 방형인 것으로 보아 탑신도 방형으로 지어졌으리라고 생각된다. 탑기초 밑은 무덤간이다. 무덤간을 일명 지궁이라고도 한다. 지궁의 밑바닥은 진흙을 한 벌 다진 다음 그 위에 판돌로 3층을 쌓고 판돌 위에 또 진흙을 한 벌 다졌다. 지궁의 네 벽은 벽돌로 쌓고 천정은 먼저 벽돌로 4단 고임을 한 다음 큰 판돌 두 개를 덮었다. 판돌은 길이 3.61m, 너비 3.40m, 두께 0.50~0.70m이다. 지궁의 네 벽과 천정에는 회를 발랐다. 지궁 밑바닥에 붉은 칠을 한 백회, 가늘고 긴 나무 흔적, 깨진 벽돌이 많이 있는 것으로 보아 관대(棺床)가 있는 것 같다. 지궁 안에서 또 사람의 아래턱뼈, 팔·다리뼈를 얻었다. 과학적 감정에 의하면 뼈는 중년 남성 한 사람의 유골이다. 지궁의 중심은 높이가 2.30m, 길이가 2.70m, 너비가 1.86m였다.

　지궁 남쪽 벽 중간에 무덤안길로 통하는 문이 있다. 무덤안길은 대체로 지궁을 쌓은 것처럼 되어 있고 밑바닥은 벽돌을 깔았다. 무덤안길을 이어서 남쪽을 향해 무덤길이 있다. 무덤길은 북쪽이 좁고 남쪽이 넓으며 경사지게 층계를 쌓았는데 길이 10m, 남쪽 너비 2.60m, 북쪽 너비 1.50m이다. 무덤길 바닥은 장방형 벽돌을 일곱 줄로 깔았다. 벽돌은 깔지 않은 곳은 흙을 펴서 다졌다. 무덤길 좌·우 두 벽은 장방형 벽돌로 엇갈려 쌓았는데, 벽돌을 쌓지 않은 곳도 있었다.

지궁을 정리할 때 금칠한 구리못 3개, 쇠빗장고리 1개 그리고 쇠못, 붉은 칠을 한 벽이 얇고 작은 질단지 조각 등의 유물을 발견하였다.

무덤탑에서는 장방형 벽돌, 큰 적벽돌, 꽃무늬벽돌, 사면벽돌, 이빨형 벽돌, 삼각형 벽돌, 규형 벽돌, 구름과 연꽃무늬가 새겨진 벽돌, 해면처럼 생긴 구멍 벽돌, 사람 얼굴을 양각한 벽돌, 글자를 새긴 벽돌, 연꽃과 그물무늬가 새겨진 벽돌 등 많은 종류의 벽돌이 발굴되었는데, 대다수가 흙으로 된 진한 회색 벽돌이며 간혹 흙으로 만든 붉은 벽돌도 있었다.[17]

마적달 무덤탑에는 묘비와 벽화가 없다. 그러나 그 형태나 짜임새, 유물, 유골 등으로 보아 용두산 정효공주무덤탑과 비슷하다. 그러므로 마적달탑은 순수한 불교탑이 아니라 무덤 위에 탑을 세운 무덤탑이다. 이 탑은 언제 세워졌는가? 지금까지 그 연대를 확정하지 못하였다. 정효공주무덤탑은 공주가 대흠무 56년(792년) 여름 6월 9일에 죽고 같은 해 겨울 11월 28일에 염곡의 서쪽 언덕에 배장하였으니 대흥 56년에 세워진 것이다. 대흥 56년은 공주의 부왕(父王) 문왕 대흠무가 동경용원부에 있을 때이다. 대흥 57년(793년)에 문왕이 죽자 수도를 상경으로 옮겼다. 마적달무덤탑은 문왕이 동경용원부에 수도를 정하고 있을 때에 지은 것이 아닌가 추측된다. 즉 정효공주무덤탑을 세운 시기를 전후로 한 때일 것이다. 무덤 주인이 누구인가에 대해서는 아직 확인하지 못하였다. 어떤 이는 문왕 대흠무의 맏아들 대굉림(大宏臨)이 문왕보다 먼저 죽었으니 그가 마적달무덤탑에 매장되었을 것이라고 하는데 이는 충분한 근거가 없는 추측에 불과하다. 어쨌든 마적달 무덤탑에는 용두산 정효공주무덤탑과 마찬가지로 발해 왕족의 성원이 무덤간에 안장되어 있다는 것만은 부인하지 못한다.

장백현(長白懸)에는 지금까지도 발해 시기의 탑인 영광탑(靈光塔)이 하늘 높이 우뚝 솟아 있다. 용두산 정효공주무덤탑과 마적달탑이 모두 무덤탑으로 되어 있는 정황으로 보아 영광탑도 무덤탑일 것이라고 추측된다.

이상의 사실을 통해 다음과 같은 네 가지 문제를 알 수 있다. 첫째, 발해 사회에서 무덤과 탑을 결합시켜 시체를 매장하는 방식을 취한 것은 제3대 문왕 대흠무 말기부터이다. 정효공주는 대흥56년(792년)에 사망하고 정효공주의 부왕 대흠무는 대흥 57년(793년)에 사망하였으니 정효공주무덤탑은 대흠무가 사망하기 전 해에 세워졌다. 마적달탑은 대흠무가 동경용원부를 서울로 정한 시기, 즉 785~793년 사이에 세워진 것이다. 그러므로 정효공주무덤탑과 마적달탑은 모두 대흠무 말년에 세워진 것이라고 보아야 한다. 육정산 발해 왕실무덤떼에는 무덤탑이 없다. 그러므로 발해 초기 오동성(敖東城)을 서울로 정한 통치시기에는 무덤탑 장례방식이 없었다고 할 수 있다. 둘째, 발해 사회 내에서 무덤탑 장례방식을 취하여 시체를 매장한 것은 발해 왕실 귀족들이다. 일반 귀족, 관리, 평민은 취할 수도 없거니와 그런 장례방식을 취하여 매장한 실례가 없다. 셋째, 발해 사회에서는 무덤탑 장례방식이 성행하기 시작하였다는 것은 발해 왕실귀족들이 불교를 상당히 깊게 믿었다는 것을 설명한다. 그리하여 대흠무는 자기의 존호를 금륜성법대왕(金輪聖法大王)이라고까지 하였다. '금륜(金輪)'은 불교에서 말하는 '3륜(三輪)' 가운데 하나이다. '3륜'은 풍륜(風輪), 수륜(水輪), 금륜(金輪 : 혹은 지륜(地輪)이라고도 한다)이다. 『구사론12(俱舍論十二)』에 의하면 금륜은 금륜전륜성왕(金輪轉輪聖王)이 감득(感得)한 7보 가운데 하나이다. 이 윤보(輪寶)는 금·은·동·철 등 네 가지가 있는데 금륜의 전륜성왕(轉輪聖王)을 금륜왕(金輪王)이라고 하였다. 이 윤(輪)이 굴러가는 곳에서는 모두 귀순하고 항복하였다고 한다. 존호에다 금륜성법(金輪聖法)을 덧붙인 것은 대흠무가 불교를 숭배하고 그로써 백성을 다스리며 저들의 통치를 유지하려는 데 그 목적이 있다는 것을 설명한다. 넷째, 발해 왕실 귀족들은 당나라 무덤탑 장례방식을 본받아 대흠무 후기부터 무덤탑 장례방식을 취하여 장례하였다. 그러나 그들에게는 자기들의 독특한 무덤탑 장례방식이 있었다. 당나라 때 중원지구에서 무덤탑은 불교신자들의 무덤으로 되고 있는데, 일반적으로 유골을 불에 사르고, 골회를 무덤간(혹은 지궁) 안에 넣었다. 그러나 정효공주무덤탑과 마적달 무덤탑 무덤간 안에 묻힌 사람의 유골은 불에 사르지 않았으며 시체를 직접 무덤간 밑바닥 관대에 놓았다. 이것은 발해 왕실 귀족들의 특수한 풍습일 뿐만 아니라 발해가 당나라 묘장제도의 좋은 면을 본받아 자기 나라의 실정에 맞는 무덤탑 장례제를 만들어 실시하였다는 것을 설명한다.

정리해 보자면 발해는 고구려 유민과 말갈족이 연합하여 세운 나라이기 때문에 건국 초기의 매장제도에는 고구려의 매장방법과 말갈족의 매장방법이 함께 존재하였다. 특히 국왕, 귀족, 관료들의 대형 무덤과 중형 무덤은 주로 고구려의 매장방법인 돌간 흙무덤제를 계승하여 장례하였다. 그후 발해 사회가 발전됨에 따라 화장제도, 다인합장, 2차장제는 점차 변화하여 소실되기 시작하였다. 또한 당나라 묘장제도를 본받아 자기 나라의 실정에 알맞게 왕실 귀족들 가운데서 무덤탑, 능원 등의 장례제도를 실시하였다. 그러나 건국 초기부터 후기까지 발해 무덤형태 가운데서 줄곧 주요한 자리를 차지한 것은 돌간흙무덤이었다.

1) 돈화시, 화룡현, 훈춘현, 용정현, 도문시의 『문물지』를 참조.
2) 흑룡강성박물관(黑龍江省博物館), 「목단강중하유고고조사간보(牡丹江中下游考古調査簡報)」, 『고고(考古)1960年 第4期』 손수인(孫秀仁), 「약론해림산저자발해묘장적형제(略論海林山咀子渤海墓葬的形制), 전통화문물적특정(傳統和文物的特征)」, 『중국고고학회제일차년회논문집(中國考古學會第一次年會論文集)』, 문물출판사(文物出版社), 1979年
4) 여준록(呂遵祿), 「흑룡강녕안(黑龍江寧安), 임구발현적고묘장군(林口發現的古墓葬群)」, 『고고(考古)』1962年 第11期
5) 손수인(孫秀仁), 같은 글.
6) 이전복(李殿福), 「이고고학상간당대발해문화(以考古學上看唐代渤海文化)」, 『학습여탐색(學習與探索)』, 1981年 第4期
7) 사회과학원, 『발해문화』1971년
8) 정영진, 『발해묘장연구(渤海墓葬研究)』 黑龍江文物叢刊1984年 第2期
9) 진가괴(陳家槐), 「길림성영길대해맹고유지삼차고고발굴개황(吉林省永吉大海猛古遺址三次考古發掘槪況)」 『길림성고고학회통신(吉林省考古學會通訊)』1982年 第2期
10) 연변박물관, p.112·113.
11) 같은 책, p.104.
12) 같은 책, p.112.
13) 같은 책, p.114.
14) 『고고(考古)』1962年 第11期
15) 「정주상가구당묘발굴보고(鄭州上街區唐墓發掘報告)」『고고(考古)』1960年 第1期
16) 연변박물관, 같은 책, p.112.
17) 『훈춘문물지·고건축지』

5. 발해시기의 묘상건축

가. 일반 정황

발해는 698년부터 926년까지 229년간 존속하였다. 그는 사회 경제와 문화가 발전하고 국력이 강화되어 《해동성국(海東盛國)》이라 세상에서 불리웠다. 그가 남겨놓은 문화유적과 유물은 아주 많다. 그 가운데서 세상에 널리 알려지고 사람들의 이목을 끄는 무덤으로는 육정산(六頂山) 발해무덤떼, 하남둔무덤, 북대무덤떼, 용두산무덤떼, 동청무덤떼, 삼령둔무덤떼, 대주둔무덤떼, 두도하자무덤떼, 마적달무덤탑, 영광무덤탑 등등이 있다. 특히 1990

년부터 1993년 사이에 새로 발굴된 동청무덤떼와 홍존어창장(紅鱒魚場) 발해무덤떼는 국내외 사학계의 각별한 중시를 일으키고 있다. 이외 발해시기의 무덤이 화룡현 경내에서 9개 곳, 용정현 경내에서 4개 곳, 도문시 경내에서 1개 곳, 안도현 경내에서 1개 곳, 연길시 경내에서 5개 곳, 훈춘시 경내에서 5개 곳, 해림현 경내에서 4개 곳, 영안현 경내에서 2개 곳, 임구현 경내에서 3개 곳, 왕청현 경내에서 3개 곳, 무송현 경내에서 1개 곳, 영길현(永吉縣) 경내에서 1개 곳, 유수현 경내에서 1개 곳, 동녕현 경내에서 1개 곳 등 에서 발견되었다.

그리고 길림시 모아산(帽兒山)에서 발해시기의 무덤을 발견하였고, 통화시 강남촌 스키장(滑雪場)에서도 발견하였으며 화전현 마안석(馬鞍石)에서도 두 기의 발해무덤을 발견하였다.[1]

조선 함경북도 회령군, 청진시, 화대군, 함경남도의 이원군, 북청군, 신포시, 홍원군 등지에서도 수백 기의 발해무덤이 떼를 지어 분포되어 있다는 것을 발견하였다.[2]

러시아 연해주 일대의 마체산(馬蹄山) 동쪽 기슭과 행산(杏山) 서쪽 비탈에서도 발해시기의 무덤들이 발견되었다.[3]

이상의 사실로 보아 발해 경내에 넓은 지역범위 내에서 발해시기의 무덤이 많이 발견된다는 것을 알 수 있다. 특히 길림성과 흑룡강성 경내에서 몇천 개의 무덤을 발견하고 몇백 개의 무덤을 발굴하였다. 지금까지 조사하고 발굴한 데 의하면 주로 발해 상경 부근의 목단강 중하류 유역과 구국(오늘의 돈화시) , 중경(中京-오늘의 화룡현 서고성), 동경(東京-오늘의 훈춘시)이 있었던 연변지구에서 보다 많이 발견되고 발굴되었으며, 통화지구와 길림지구, 수분하(綏芬河) 중하류 유역, 조선 함경북도와 남도, 러시아의 연해주일대 등 지역에서도 분포범위가 넓지 않고 수량이 많지 않으나 발해시기의 무덤들이 간혹 발견된다.

지금까지 발해시기의 무덤이 많이 발견되고 발굴되어 고고학상에서 중대한 성과를 거두었지만 무덤 위에 집을 지었던 묘상건축유지(墓上建築址)가 있는 무덤이 세상에 알려진 것은 그리 많지 않다. 고고학발굴보고서에 의하면 묘상건축유지가 있는 무덤으로는 삼령둔 제1호무덤과 제2무덤, 정혜공주무덤, 하남둔무덤, 복동무덤, 장항무덤, 용암무덤, 북대무덤, 용호무덤, 정효공주무덤탑, 마적달무덤탑, 영광무덤탑, 정효공주무덤 동쪽에 있는 큰 무덤, 육정산무덤 중의 토갱봉토묘 등 15기의 무덤뿐이다.

『용정현문물지(龍井縣文物志)』에 의하면 영성옛무덤(英城古墓)구역 내에서 손가락무늬 암키와 한 건이 채집되었으나 무덤 위에 건축물이 있었다고는 할 수 없다. 왜냐하면 첫째, 영성무덤에서 손가락무늬 암키와 조각이 하나만 채집된 것이다. 만약 무덤 위에 기와를 덮은 집이 있었다면 무덤구역 내에서 기와조각이 오직 하나만이 채집될 수 없는 것이다. 둘째, 무덤구역에서 동쪽으로 1리 좀 못되는 산언덕에 발해시기의 건축유지가 있다. 건축유지에 회색 혹은 적갈색 건축용 기와조각이 많이 널려 있다. 그 가운데는 연꽃봉오리 막새 기와조각, 완정한 수키와, 손가락무늬 암키와, 천무늬 암키와 등이 있다. 무덤구역에서 남으로 100m 떨어진 곳에 영성 발해평지성 북쪽성벽이 있다. 성벽은 흙을 다져 쌓았는데 지금 남은 높이는 0.3~0.5m이고 기초 너비는 약 4m이고 동쪽 성벽의 길이는 각기 644m이고 서쪽성벽과 남쪽성벽의 길이는 각기 644m이며 북쪽성벽의 길이는 640m이고 둘레의 길이는 각기 2,496m이다. 성내의 건축유지에서 건축용 기초돌, 질그릇 조각, 회색손가락무늬 암키와, 갈색 암키와, 회홍색 밧줄무늬 암키와 등이 많이 널려 있다. 영성 무덤구역 내에서 채집된 손가락무늬 암키와 조각은 영성 평지성이 아니면 영성 건축유지에서 온 것이 아닌가 의심된다. 셋째, 영성 무덤구역 내에서 무덤 위에 집을 지은 기둥초석을 발견하지 못하였다. 이상의 세 가지 원인으로 하여 비록 무덤구역 내에서 한 점의 기와조각이 채집되었으나 영성무덤은 묘상건축이 있는 무덤의 범주에 넣지 않는다.

정혜공주무덤(貞惠公主墓)은 육정산 발해무덤 제1구역 내에 있고 육정산 토갱봉토묘(土坑封土墓)는 육정산 제2무덤구역 내에 있다. 육정산 발해옛무덤떼는 돈화시(敦化市)에서 남쪽으로 약 5㎢ 떨어진 돈화시 강동향 승리촌(江東鄕勝利村) 육정산(六頂山)에 위치해 있다. 이 무덤떼에는 서쪽으로 약 800m의 거리를 두고 목단강(牡丹江)에 면해 있고 동쪽으로 소황구하에 면해 있다.

육정산은 동서주향으로서 기복을 이룬 6개의 봉우리가 솟아있는데, 서쪽으로 두 번째 봉이 주봉으로서 그 높이는 해발 603m터이다. 육정산 주봉의 동남쪽에는 산갈림이 있다. 이 산갈림의 동서 양쪽에 남향을 한 평지가 두 곳이 있는데 여기에 무덤들이 분포되어 있다.

무덤떼는 두 개 무덤구역으로 나뉜다. 산 서쪽 평지의 무덤구역을 제1무덤구역이라 부르는데, 여기에는 30여 기의 무덤이 산기슭부터 산중턱까지 분포되었다. 그중 이미 15기의 무덤을 발굴정리하였다. 산 동쪽 평지의 무덤구역을 제2무덤구역이라 부른다. 이 구역에는 50여 기의 무덤이 있는데, 이미 17기의 무덤을 발굴정리하였다.

지난날 사학계에서는 육정산 발해 옛무덤떼를 통틀어 발해 왕실 귀족의 묘지라고 하였다. 그러나 무덤떼의 규모와 무덤에서 나온 문화유물을 보면 제1무덤구역은 왕실귀족의 무덤일 것이고 제2무덤구역은 중, 하급 관리와 일반 평민들의 무덤으로 짐작된다.

육정산 무덤떼 제1무덤구역 내의 제2호 무덤은 발해 제3대왕 대흠무의 둘째딸 정혜공주(貞惠公主)의 무덤이다. 이 무덤에서 아주 진귀한 묘비와 돌사자가 발굴되었다.

육정산 발해무덤떼에서 묘상건축유물이 발견된 것은 정혜공주무덤과 제2무덤구역 내의 일부 무덤의 봉토에서 채집된 것이다. 때문에 정혜공주무덤과 제2무덤구역 내의 일부 무덤 위에 묘상건축이 있었다고 인정하게 된다.

정혜공주무덤의 비문에는 "진릉의 서원에 매장하였다(培葬於珍陵之西原)"라는 기재가 있는데, 학술계에서는 진릉이 바로 육정산 발해 옛무덤떼에 있다고 인정하고 있다. 제1무덤구역 내의 제6호 무덤은 정혜공주무덤에서 동쪽으로 30m 떨어진 곳에 자리잡고 있는데 봉토를 많이 하였다. 그 직경은 22m에 달했다. 이 무덤을 정리할 때 주검간의 감탕흙에서 마사진 돌사자귀,

벽화조각, 꽃무늬 벽돌과 질그릇 손잡이가 나왔다. 이로 보아 제1호 무덤구역 내의 제6호 무덤이 진릉이고 곧 발해 제2대 무왕 대무예의 무덤이라고 인정하게 된다.

진릉은 정혜공주보다 높은 급인 국왕의 무덤이다. 때문에 정혜공주무덤 위에 묘상건축이 있었다면 마땅히 대무예의 무덤 위에도 묘상건축이 있어야 한다. 그러나 파괴된 정도가 너무나 심하여 묘상건축물을 찾아볼 수 없다.

하남둔무덤(河南屯墓)은 길림성 화룡현 팔가자진(八家子鎭)에서 동으로 약 8리 떨어진 하남촌 서쪽 논밭 가운데 있다. 무덤의 북쪽은 해란강(海蘭江)에 임하였고 동, 서, 남 3면은 하남고성(河南古城)에 의해 둘러쌓였다. 하남고성을 일명 '허래성(虛萊城)'이라고도 한다. 하남둔무덤에서 북으로 9리 떨어진 곳에 발해 중경현덕부 소재지였던 서고성(西古城)이 있다.

정효공주(貞孝公主)무덤과 그 동쪽에 위치하여 있는 큰 무덤은 화룡현 용수향 용두산(和龍縣龍水鄕龍頭山)에 있다. 용두산 산정에는 남쪽으로부터 북쪽으로 뻗어나간, 남쪽이 높고 북쪽이 낮은 완만한 산언덕이 있다. 이 산언덕 중부에는 서쪽으로부터 동쪽으로 작은 산갈림이 뻗었는데, 그 산갈림의 남쪽 비탈은 인공적으로 된 면적이 약 2,000㎡ 되는 작은 평지로 되어 있다. 이 평지 복판에 정효공주의 무덤이 자리잡고 있다. 정효공주무덤 위에는 벽돌탑이 있었다. 정효공주무덤에서 동쪽으로 약 70m 떨어진 산언덕에 10여 기의 큰 무덤이 있다. 그중 일부 무덤 위에는 묘상건축유물이 발견된다. 이로 보아 이런 무덤 위에는 묘상건축물이 있었다고 인정할 수 있다. 용두산무덤떼에는 발해 왕실, 귀족들의 공동묘지로서 정효공주무덤 외 10여 기의 큰 무덤이 있다. 정효공주의 비문에는 "아아, 대흥 56년 여름 6월 9일 임진시에 외제에서 사망하였는데 당시의 나이는 36세였다. 이에 시호를 정효공주라고 하였다. 이해 겨울 11월 28일 기묘시에 염곡의 서쪽 언덕에 배장하였다. 이것은 예의에 맞는다(粤以大興五十六年夏六月九日壬辰終於外第, 春秋三十六, 諡曰貞孝公主. 其年終十一月卄八日己卯, 陪葬於染谷之西原, 禮也.)"라고 하였다. 대흥56년 기원 792년이고 '外第'는 궁정 밖의 주소이며 '染谷'은 지명으로서 정효공주묘지 동쪽 산 아래에 있는 하천곡지(河川谷地)이다. 정효공주의 시체를 염곡의 서쪽 언덕에 배장하였다고 하였으니 '염곡'에는 정효공주보다 신분이 높은 즉 그 어떤 손윗사람이 매장되었다. 그는 누구인가? 정효공주는 왕릉을 배동하여 매장된 것이 아니고 염곡의 서쪽 언덕에 배장되었다. 그러므로 염곡에는 왕릉이 없고 왕보다 한 급 아래, 공주보다 위급에 속하는 귀족이 매장되었을 것이다. 그가 정효공주의 백부(伯父-큰아버지)가 아닌가 생각된다. 『발해국지장편(渤海國志長編)권3. 세기(世紀). 제1편』에 의하면 대흠무는 대무예의 가운데 아들이며 형이 있었다고 한다. 대흥57년에 대흠무가 죽으니 세자 굉림(宏臨)이 일찍 죽고 없어 세자가 왕위를 계승하지 못하였다. 차자들도 통치계급 내부에서 치열하게 벌어진 권력다툼으로 계위하지 못하였다. 나중에 대흠무의 족제(族弟-대씨왕족으로 동생벌 되는 사람) 대원의(大元義)가 왕위를 계승하였다. 왕이 죽으면 적계장자가 계승하고 적계장자가 계승하지 못하면 차자가 계승하며 왕자가 계승하지 못하면 왕의 형제들 가운데서 누군가가 계승해야 한다는 것은 발해 왕실이 엄격히 지켜오던 종법제도이다. 그런데 대흠무가 죽은 후 족제 대원의가 계승한 것으로 보아 그때 대흠무에게는 동생이 없었던 것 같다. 이로 인해 정효공주는 그의 백부와 배장되지 않았는가 하고 추리하게 된다. 과연 그런가는 앞으로의 유물 출토로써 실증되기를 기다려야 한다.

　복동무덤떼는 화룡현 복동진 중심촌(福洞鎭中心村) 서북쪽 산언덕에 위치하여 있다. 동쪽으로 약 100m 떨어진 곳에 복동진소학교가 있고 북쪽을 산에 의지하였고 남쪽은 비교적 평탄하며 1리 떨어진 곳에서는 복동하가 서남으로부터 동북쪽을 향해 흘러간다. 이 무덤구역 내의 비교적 큰 무덤 위에 기와조각이 많이 널려 있다.

　장항무덤(獐項墓)은 화룡현 서성향 장항촌(西城鄕獐項村) 서북쪽의 석회채석장 산기슭에 위치하여 있다. 장항무덤은 북으로는 산에 의지하고 남쪽에는 2도하(二道河)가 흐른다. 무덤과 하류 사이는 하곡분지(河谷盆地)로 되어 있는데, 이 분지 내에 장항옛성(獐項古城)이 있고 북쪽 성벽에서 10여m 떨어진 속에 장항무덤이 있다. 장항무덤은 주기인데 무덤봉토 주변에 기와조각이 많이 널려 있다.

　용암무덤떼(龍岩墓群)는 용정현 덕신향 용암촌(龍井縣德新鄕龍岩村)에서 서남으로 300m 떨어진 곳에 있다. 용암무덤떼구역 내에는 모두 26기의 무덤이 있다. 이 무덤구역 내의 지면에서 암키와, 수키와, 건축용 장식품 등을 채집하였다.

북대무덤떼는 화룡현 팔가자진 북대촌(北大村)에 있다. 이 무덤떼에는 100여 기의 무덤이 있는데, 1973년도에 연변박물관과 화룡현 문화관이 합작하여 무덤구역 동부에 보다 온전히 보존되어 있는 무덤 54기를 발굴 정리하여 아주 많은 과학적 자료를 얻었다. 북대무덤떼의 서남쪽에 위치한 석곽봉토무덤 위에서 소량의 물결무늬기와를 채집하였다.[4]

부근에 같은 유형의 무덤이 있지만 기와는 발견되지 않았다.

용호무덤떼는 전국중점문화유물보호단위인 용두산 발해무덤구역 내에 속하는 한 개 무덤떼이다. 이 무덤은 1987년 5월에 발견하고 조사정리사업을 진행하였다. 용두산(龍頭山)은 화룡현 현성에서 동북쪽으로 25km 떨어진 두도하곡평원(頭道河谷平原) 남쪽 끝에 자리잡고 있다. 산은 남쪽으로부터 굴곡을 이루면서 북쪽 방향으로 미연하게 뻗었는데, 북쪽 끝머리는 마치 용의 대가리모양처럼 생겼다고 하여 이 산을 '용두산(龍頭山)'이라고 하였다. 용두산의 남북의 총길이는 7.5km 남짓하다. 용호무덤떼(龍湖墓群)는 용두산 북단 동쪽기슭에 분포되어 있다. 용호무덤떼에는 동북쪽으로 1.5km 떨어진 곳에 용호촌이 있고 남쪽으로 1km 떨어진 곳에 정효공주무덤이 있다. 용호무덤떼 가운데의 한 석실봉토무덤의 둘레에 흙담을 쌓았던 흔적을 발견하였다. 이는 무덤의 주의에 흙담이 있었음을 증명한다.

마적달무덤탑은 훈춘시 마적달향 마적달(琿春市馬滴達鄕馬滴達村)에서 약 1km 떨어진 마을 북쪽 산중턱에 있다. 훈춘강은 이 산기슭에서 북으로부터 남으로 흘러가고 훈춘으로부터 춘화(春化)에 이르는 도로가 이 산기슭 아래에서 훈춘강과 평행으로 뻗었다. 지면에서 약 50m 높은 이 산 남쪽 비탈에 동서의 길이가 40m, 남북의 너비가 28m, 면적이 약 1,000㎡되는 자연적으로 이루어진 말발굽처럼 생긴, 윗면이 평평한 둔덕이 있다. 무덤탑은 이 둔덕 복판에 있는데, 탑은 무너지고 지금 벽돌무지만 보인다.

『훈춘현지』에는 다음과 같이 기재되어 있다. "옛탑은 춘화향 탑자구 북쪽 산비탈에 있는데, 높이는 일곱 층이며 서쪽은 산에 의지해 있고 동쪽은 강에 잇닿아 있다. 발해의 건축물이라고 전해지고 있는데, 벽돌에 새긴 글자는 희미하여 알아보기 힘들다. 벽돌은 두 가지가 있다. 한 가지는 방형으로 된 것인데 두께가 5㎝, 명의 길이가 3㎝이다. 다른 하나는 장방형인데 두께가 5㎝, 길이가 32㎝, 너비가 12㎝이며 숫돌처럼 단단하여 당지의 사람들이 그 벽돌에다 칼을 갈아 썼다. 민국 10년에 탑기초의 벽돌이 70%나 없어졌기 때문에 탑이 무너졌다. 탑꼭대기의 구리 깃대가 강 속에 떨어져 들어갔는데 지금까지 건져 내지 못하였다."

영광 무덤탑(靈光墓塔)은 길림성 장백현(長白縣) 현성에서 서북으로 1km 떨어진 탑산(塔山)의 서남 끝 평탄한 둔덕에 있다. 이 탑은 지금에 이르기까지 무너지지 않고 하늘 높이 우뚝 솟아 있는 오직 하나밖에 없는 발해시기의 탑이다. 북으로 200m 떨어진 곳에 해발 820m 되는 높은 산봉우리가 있다. 이 산을 일람봉(一覽峰)이라고 한다. 영광탑은 일람봉을 등지고 있기에 일람봉은 자연스럽게 영광탑의 병풍이 되었다. 탑산의 남쪽으로 약 2리 떨어진 곳에서는 압록강이 동쪽으로부터 서쪽을 향해 흐른다. 탑은 압록강 수면보다 약 100m 높다. 압록강과 탑산 사이에는 동서의 길이가 약 4리, 남북의 너비가 약 2리 되는 분지가 있다. 이를 탑전(塔甸)이라고 불렀는데 지금은 주민들의 거주지와 경작지로 변하였다. 서쪽은 골짜기로 되었는데 작은 시냇물이 북으로부터 남을 향해 흘러 압록강에 들어간다. 탑산에 올라 멀리 바라보면 장백진(長白鎭)의 거리와 그 대안에 있는 조선민주주의인민공화국의 혜산시(惠山市)가 한눈에 안겨 든다. 영광탑은 1,000여 년이란 오랜 역사가 흐르는 가운데서 엄청난 손상을 입었다. 길림성 인민정부는 영광탑을 보호하기 위해 1984년에 한 차례 전면적인 수리를 진행하도록 하였다. 수리한 후의 영광탑은 원래의 옛모습을 그대로 보존하면서 압록강변에 거연히 서 있다.

나. 무덤 위의 건축 유형

고고학계에서 지금까지 발해무덤에 대해 조사하고 발굴한 데 의하면 다음과 같은 몇 가지 유형의 묘상건축이 있다.

① 능원이 있는 묘상건축

능원이 있고 무덤 위에 건축유지가 있는 무덤으로는 삼령둔무덤과 하남둔무덤 두 개의 무덤뿐이다. 그 중에서 삼령둔무덤이 대표적인 실례가 될 수 있다.

삼령무덤은 상경용천부(上京龍泉府-오늘의 흑룡강성 영안현 발해진)에서 북으로 8리 떨어진 삼령촌(三靈村) 동쪽 끝, 목단강(牡丹江) 북쪽 연안 언덕 위에 있다.

삼령무덤에 대해 100여 년간 조사, 발굴, 정리사업을 진행하는 가운데서 지금은 삼령무덤의 기본적인 윤곽과 내용, 무덤 위의 건축물의 정황을 대체로 알 수 있게 되었다. 이는 앞으로 발해의 무덤과 묘상건축을 연구하는 데 많은 도움이 될 것이다.

 삼령무덤에는 지금도 잘 다듬은 주춧돌이 동서로 길게 줄지어 각각 4개씩 있고 그 가까이에 기와조각이 널려 있다. 무덤 둘레에는 돌담벽을 쌓아 무덤구역(墓域)을 정하였다. 무덤구역은 동서의 길이 120m, 남북의 길이 약 130m이다. 담벽 흔적이 남아 있는 높이는 약 1m이다. 무덤구역 안에는 녹색 유약을 바른 기와와 그 밖의 발해 기와조각이 많이 널려 있었다. 이는 무덤구역 안에 여러 채의 화려한 집이 있었음을 말해 준다.

 삼령무덤은 무덤 위에 흙을 덮어 봉토(封土)로 하고 그 위에 기와를 덮은 집을 지었고 무덤 둘레에는 벽담을 쌓아 무덤구역을 만들었다.

 무덤구역 내에 화려한 집이 있었다고 느껴지는 것은 첫째, 무덤구역 내에서 유약을 바른 녹유기와조각이 많이 널려 있고 둘째, 무덤 둘레에 잘 다듬은 주춧돌이 있기 때문이다. 주춧돌은 세 계단으로 다듬어졌는데, 주춧돌의 원래 밑 부분의 직경은 약 80㎝이고 기둥을 세우는 윗부분은 원형으로 다듬어졌는데 그의 직경은 약 42㎝이다. 주춧돌이 잘 다듬어진 것으로 보아 그 위에 세워진 기둥은 주춧돌 못지 않게 잘 다듬고 화려했을 것이고, 기둥 위에 놓여진 건물과 지붕도 주춧돌과 기둥에 상응되고 조화가 되며 화려했을 것이다. 셋째, 삼령무덤에서는 또 존좌식(踆坐式-주저앉은 모양)돌사자 세 개와 입자식(立姿式) 돌사자 한 개 도합 네 개가 출토되었다.

　최근에 발표된 논문에 의하면 '삼령 제1호무덤 주인은 공주보다 한 급 높고 국왕보다 한 급 낮은 왕실 귀족무덤이다.' [5]라고 주장하는 견해가 있다. 이외 또 왕릉이라고 주장하는 재래의 관점이 있다. 이 두 가지 견해 가운데서 왕릉이라고 보는 견해가 믿음직하다. 그 주요한 근거는 다음과 같다.

　첫째, 무덤의 모양과 짜임새로 보아 왕릉이라고 할 수 있다. 삼령 1호무덤은 장방형으로 생겼는데 무덤간 남북의 길이 4m, 동서의 너비 2.10m이고 높이 2.4m이고 무덤안길의 길이는 4m이며 무덤길 길이는 10m 좌우이다. 삼령 제1호 무덤은 정혜공주무덤과 정효공주무덤에 비해 규모가 제일 크고 무덤안길의 길이도 제일 길다. 삼령 제1호 무덤과 정혜공주무덤은 모두 석실봉토묘이다. 이런 의미에서는 두 무덤이 같다. 그러나 현무암을 잘 다듬어서 무덤 간의 네 벽을 정밀하고도 아름답게 돌과 돌을 서로 빈틈없이 맞물려서 튼튼하게 쌓은 것은 정혜공주 무덤이 삼령 제1호 무덤에 비할 바가 못된다.

　둘째, 삼령제1호 무덤 주변에는 돌담벽을 쌓은 무덤구역과 무덤구역 내에 화려한 건물이 없다. 정효공주무덤 둘레에도 담벽을 쌓아 무덤구역을 만든 것이 없고 무덤 위에 탑을 세웠을 뿐이다. 이러한 사실은 삼령 제1호 무덤이 공주무덤보다 훨씬 높은 급, 즉 왕급에 해당되는 무덤이라는 것을 입증한다.

　셋째, 1988년 9월 16일 삼령제1호무덤 위의 퇴적 물건 가운데서 돌사자

(石獅) 하나를 발견하였다. 돌사자는 뒷몸 부분이 손상을 받아 완전하지 못하다. 머리, 목, 몸체 앞부분은 기본적으로 잘 보존되었다.

머리 앞부분은 더듬어 졌고 두 눈은 부릅뜨고 앞으로 돌기하였으며 입은 넓게 좀 벌리고 목덜미 부분은 강굴강굴한(곱슬곱슬한) 갈기를 썼다. 앞가슴은 평탄하고 넓다. 입과 눈의 조형은 발해 상경용천부유지에서 출토된 이수(螭首)의 입, 눈과 매우 유사하다. 그 풍격은 정혜공주무덤에서 출토된 돌사자와 비슷하지만, 조형이 같지 않은 점이 있고 조각공예는 더욱 정밀하고 아름답다.

과거 이곳에서 돌사자 세 개가 출토되었다. 이 세 개의 돌사자는 모두 엉덩이를 땅에 붙이고 머리를 쳐들고 입을 짝 벌리고 이마 뒤로는 갈기가 강굴강굴하며 앞은 힘있게 곧추 벋디디고 엉덩이를 땅에 붙이고 앉은 모양이다. 그러나 이번에 새로 발견된 돌사자의 조형은 그와 같지 않다.

머리를 쳐들고 입을 벌린 것은 발해 존좌식(蹲坐式-주저앉은 모양) 돌사자에서 보는 자세이다. 앞가슴이 돌기하고 목과 등이 평탄하고 거의 곧게 된 것은 앞다리를 곧추 벋디디고 뒷다리를 굽혀 주저앉았기 때문이다. 그와 달리 머리가 앞을 향하고 가슴 부분이 평탄하고 목과 등의 굴곡도가 큰 것은 사지가 곧추섰기 때문이다. 그러므로 이번에 발견한 돌사자를 처음 발현한 발해 입자식(立姿式) 돌사자라고 한다. 정혜공주무덤에서는 존좌식 돌사자 두 개가 출토되었으나 정효공주무덤에서는 돌사자가 출토되지 않았다. 이상과 같은 사실은 삼령제1호무덤이 공주무덤보다 훨씬 높은 급의 위치에 있는 무덤이었다는 것을 설명한다.

넷째, 삼령제1호무덤이 삼령무덤구역 내에서 차지한 위치로 보아 왕릉이라고 긍정할 수 있다. 19991년 삼령제1호무덤에서 동쪽으로 30m 북에 치우친 곳에 위치해 있는 왕릉 하나를 새로 발견했다. 그 후 또 조사 측량한 데 의하면 제1호 무덤에서 서쪽으로 30m 떨어져 북에 치우친 곳에 제2호무덤과 같은 규모의 무덤이 있다는 것을 발견하였다. 제2호 무덤은 현무암을 잘 다듬어서 쌓은 석실봉토무덤이다. 무덤 간의 네 개 벽과 천정, 무덤안길의 양측엔 정채로운 벽화가 그려져 있다. 삼령제1호무덤, 제2호무덤, 제3호무덤은 그들 간의 위치로 보아 제1호무덤을 주되는 무덤으로 하고 그 좌우에 각각 30m씩 동, 서로 떨어져 북으로 치우친 곳에 안장되었다. 제1호무덤은 3개 무덤 가운데서 가장 주되는 위치에 놓여 있다. 그러므로 제1호무덤을 왕릉(王陵)이라고 보는 것이 틀리지 않을 것이다. 제2호무덤에 벽화가 있는 것으로 보아 제1호무덤도 벽화무덤이었을 것이다. 제1호무덤을 현무암을 잘 다듬어서 정밀하고도 아름답게 하여 무덤을 쌓았고 그 위에 회를 발랐다. 벽화조각도 나왔다.

    위에서 서술한 바와 같이 삼령제1호 무덤은 왕릉이다. 그러나 문헌에 남긴 기재가 없고 묘비(墓碑)가 출토되지 않았기 때문에 제 몇대 왕에 속하는 무덤인가 하는 것은 확인하기 어렵다. 그렇지만 삼령제1호 무덤은 발해 매장제도와 발해무덤의 연구에 대해 중대한 가치를 제공하고 있다. 특히 제2호 무덤과 제3호 무덤의 발견과 발굴로 하여 그 의의는 더욱 크다.

    하남둔무덤도 능원(陵圓)이 있고 묘상건축이 있은 무덤이었다. 1971년에 화룡현 팔가자진 하남촌에서 발해 왕실의 귀족부부의 합장무덤을 발견하였다. 동, 서로 나란히 있는 두 기의 무덤은 흙으로 봉하였다. 군중들의 반영에 의하면 원래 이 무덤은 8개 큰 판돌로 두 층으로 위를 덮고 그 위를 동서 약 28m, 남북 약 20m, 높이 약 2m 되게 흙으로 봉하였고 그 위에 30여 개의 큰 기초돌(20여 개라고 하는 사람도 있다)이 동서방향으로 정연하게 줄지어 놓여 있었다고 한다. 이 무덤을 정리할 때 무덤 앞 동남쪽으로 약 2m 떨어진 곳에 기초돌 한 개가 남았고 땅 위에는 기와조각들이 많이 널려 있었다. 무덤 주위에는 길이 500m(화룡현 문물지에는 120m라고 기재하였다)되는 방형담이 둘러 있었고 남쪽 담장 복판에 대문 자리가 있었다.[6]

  이상의 사실로 보아 하남둔무덤 위에 묘상건물이 있었고 그 둘레에 담장이 있는 즉 능원도 있고 묘상건축도 있는 무덤이었다는 것을 알 수 있다.

  능원이 있는 묘상건축무덤을 또 화려한 능원묘상건축과 화려하지 않은 능원묘상건축으로 나누어 볼 수 있다. 삼령무덤은 전자에 속하고 하남둔무덤은 후자에 속한다. 삼령둔 무덤구역 내에 유약 바른 녹유기와가 많이 널려 있고 잘 다듬은 주춧돌이 있으며 존좌식(蹲坐式) 돌사자와 입자식(立姿式) 돌사자가 발견되었다. 정혜공주무덤의 정황에 의하면 존좌식 돌사자는 무덤안길에서 출토되었다. '입자식' 돌사자를 무덤안길에 배치하지 않았을 것이라고 짐작된다. 때문에 삼령둔무덤은 아주 화려하고 웅장한 능원이었겠다고 생각된다. 그러나 하남둔무덤은 무덤 둘레에 흙담벽이 있고 무덤 위에는 보통기와를 덮은 집이 세워진 능원이었을 것이다. 때문에 하남둔무덤의 능원과 묘상건축은 삼령둔무덤의 능원과 묘상건축에 비할 바가 못 된다.

② 능원이 없는 묘상건축

능원이 없고 묘상건축 유지만 있는 발해 무덤으로는 정혜공주무덤, 용암무덤, 용두산큰무덤, 복동무덤, 장항무덤, 북대무덤 등 6개 무덤이 있다.

정혜공주무덤은 돈화시 강동촌 육정산 발해무덤떼의 제1무덤구역 내에 있다. 정혜공주는 발해 제3대 문왕 대흠무의 둘째 딸이다. 이 무덤에서 아주 진귀한 묘비와 돌사자가 발굴되었다.

위존성(魏存成) 선생은 『발해왕실귀족무덤』이란 문장에서 "정효공주무덤의 봉토 내에서 기와조각이 출토되었다."[7]라고 하였고 왕승례(王承禮)선생은 《돈화 육정산 발해무덤 청리발굴기》라는 발굴보고기 문장에서 "1959년 다시 청리(淸理)할 때 무덤의 봉토 내에서 암키와 조각이 매우 많이 출토되었다."[8]라고 하였으며 장상렬 선생은 『발해의 건축』이라는 논문에서 "……무덤 위에서는 기둥밑받치개를 돌친 주춧돌이 여러 개 발견되고 기와조각들이 발굴되었다."[9]라고 하였다. 위의 기록에 의하면 정혜공주무덤 위에서 주춧돌과 기와조각이 출토되었다는 것을 알 수 있으며, 주춧돌과 기와조각이 출토되는 것으로 보아 무덤 위에 기와집이 있었다는 것도 알 수 있다.

연변 박물관 『연변문화유물략편』집필소조에서 편찬한 『연변문화유물략편』97페지에는 "돈화 육정산발해옛무덤떼의 일부 무덤의 봉토에서 기와조각, 막새기와 같은 유물을 적잖게 발견하였다." 라고 하였고, 왕승례와 조정

용선생도 『길림 돈화 육정산 발해옛무덤』이란 논문에서 육정산 발해무덤떼 중의 일부 무덤에서 암키와, 수키와, 기와막새 등이 출토되었다."[10]고 지적하였으며, 이전복(李殿福) 선생은 《고고학 방면으로부터 본 당나라 때의 발해문화》라는 논문에서 "육정산발해토갱묘(土坑墓) 봉토에서 암키와가 깔려 있는 것을 발견하였다."[11]라고 하였다. 이상의 정황으로 보아 육정산 발해 제2무덤구역내의 일부 무덤 위에 기와집이 있었다는 것을 알 수 있다."

출토된 막새기와는 3점이 있는데 그것은 모두 회색이 나는 조각이며 원형으로 새기었고 주변에 변두리를 하였고 돋을 무늬를 새겼다. 꽃무늬에는 두 가지 종류가 있었다. 그 하나는 젖꼭지모양 무늬로서 꽃무늬는 안쪽 테두리와 바깥 테두리로 나뉘었다. 바깥 테두리는 능형 꼭지무늬로 이루어지고 안 테두리는 네 개의 원형꼭지무늬와 네 개의 방형 꼭지무늬가 사이사이 배열되어 있다. 다른 하나는 '십(十)'자형 꽃무늬로서 꽃잎이 십자형인 꽃 4떨기가 대칭적으로 배열되었다. 그 중 2개의 꽃잎이 길고 2개의 꽃잎은 좀 짧다. 그리고 길이가 44㎝이고, 너비가 30㎝ 되는 비교적 큰 암키와가 발굴되었는데, 적갈색, 토황색, 회색, 및 검은색을 띤 것들이었다. 이런 기와는 겉면에 무늬가 없는 것도 있고 굵은 새끼무늬, 바둑판무늬 등이 새겨진 것도 있었다. 암키와는 봉토에서 많이 나왔지만, 봉토가 파괴를 심히 받아 원래 놓여 있는 정황을 알 수 없었다.

육정산 발해 제1무덤구역 내에는 정혜공주, 진릉(珍陵)을 비롯한 30여 기의 무덤이 산기슭부터 산중턱까지 분포되어 있고 제1무덤구역은 왕실 귀족의 무덤들인데 무엇 때문에 능원 담벽이 없는가 하는 의문이 난다. 그러나 이는 제1무덤구역이 위치한 자연지리 위치와 관련된다고 인정된다.

육정산은 동서주향으로서 기복을 이룬 6개의 봉우리가 솟아 있는데, 서쪽으로부터 두 번째 봉이 주봉으로서 그 높이는 해발 603m이다. 육정산 주봉의 동남쪽에는 산갈림이 있고 이 산갈림의 서쪽에 남향을 한 평지가 있는데, 여기에 정혜공주무덤을 위수로 한 30여 기의 왕실 귀족 무덤이 분포되어 있다. 이 무덤 평지의 서쪽에서 북에서 남을 향해 뻗은 낮으막한 산줄기가 있다. 정혜공주무덤은 북으로 육정산 주봉을 등지고 남으로 활짝 틔운 광활한 목단강 충적평원을 바라보고 있다. 즉 북으로는 육정산 주봉을 등지고 동, 서 양쪽에는 북으로부터 남을 향해 뻗은 산갈림이 있고 복판은 남향을 한 평지로 되었고 앞은 활짝 틔운 광활한 평원이다. 그러므로 마치 튼튼한 의자에 평온히 앉아 활짝 틔운 광활한 앞을 멀리 내다보는 것만 같다. 그야말로 동청룡, 서 백호, 남작, 북현의 '상길지지(上吉之地)'이다. 이상에 본 바와 같이 육정산 제1무덤구역은 북, 동, 서 3면이 산으로 둘러싸이고 남은 확 틔워 마치 한 무덤구역의 능원 남쪽 담벽에 대문을 낸 것과도 같다. 때문에 제1무덤구역주변에 담벽을 쌓아 능원을 만들 필요가 없이 자연지세를 잘 이용하였겠다고 보여진다.

용암무덤(龍岩墓葬)은 용정현 덕신향 용암촌에서 서남으로 300m 떨어진 곳에 있다. 이 무덤구역 내에서 회색 손가락무늬 암키와, 바줄무늬 암키와, 수키와, 회황색과 회색 막새기와 등이 출토되었다.

용두산 정효공주무덤 동쪽 산비탈에 위치한 큰 무덤에서도 주춧돌과 기와쪽이 널려 있다. 『연변문화유물략편』에는 정효공주묘를 정리할 때 "무덤 동쪽 산꼭대기로부터 산기슭에 이르는 사이에 있는 200m 되는 산비탈에서 보다 잘 보존되어 있는 무덤 10기를 발견하였다…… 돌무지 위에서 벽돌, 기와 등 유물이 보다 많이 발견되었다. 여기에서 본래의 무덤 위의 지면에 집을 지었다는 것을 추측할 수 있다."[12]라고 하였고 『화룡현 문물지』에는 "……5기의 무덤 위의 돌무지에서 보다 많은 벽돌과 기와 등 유물을 발견하였다. 이로 보아 무덤 위에 건축물이 있은 듯하다."[13]라고 하였다.

이상의 사실에 의하면 무덤 위에 기와집이 있었다는 것을 긍정할 수 있다. 그런데 벽돌의 내력이 문제로 제기된다. 이 벽돌은 정효공주 무덤탑이 무너진 곳에서 온 것이 아닌지? 아니면 무덤 위의 기와집과 어떠한 관계가 있는지? 지금까지의 발해 고고학 발굴자료에 의하면 무덤 위의 기와집을 벽돌로 지었다고 할 만한 자료는 없다. 이는 앞으로 고고학의 새로운 발전을 기다릴 수밖에 없다.

복동무덤은 화룡현 복동진 중심촌의 서북쪽 산비탈에 위치해 있다. 무덤 위에 보다 많이 천무늬 기와와 손가락무늬 암키와가 널려 있다. 무덤 주위에도 기와조각이 많이 널려 있다.[14]

장항무덤(獐項墓葬)은 화룡현 서성향 장항촌에 위치해 있다. 이 무덤 위의 봉토와 그 주변에 천무늬 기와조각과 방형 벽돌조각이 널려 있다.

북대무덤은 화룡현 팔가자진에 있다. 『1979년 길림성 고고학습반조사기록』에는 "무덤은 석곽봉토무덤이다. 그 면적은 길이 약10m, 너비가 5m 좌우인데 엄중하게 파괴되었다. 무덤 위에서 소량의 물결무늬기와를 채집하였다."[15]라고 씌어 있다. 이 무덤은 북대무덤떼 서남부에 위치하고 있었다. 부근에 같은 유형의 무덤들이 있기는 했으나 기와는 발견하지 못했다. 무덤봉토 위에 기와를 편 무덤으로는 돈화 육정산 발해무덤떼, 화룡현 용두산 발해무덤떼와 화룡현 복동무덤떼에서 몇 기 발견되었다."[16]

이상은 사실로 보아 발해시기 일부 무덤 위에 기와집이 있었다는 것을 알 수 있다. 그런데 무덤구역 내에서 주춧돌과 기와를 발견했다면 더 의론할 것도 없이 그 무덤 위에 기와집이 있었다고 단언되나, 주춧돌은 발견되지 않고 기와만 출토되는 무덤에 대해서는 그 무덤 위에 기와집이 있었느냐 아니면 무덤 위, 즉 본토 위에 집을 짓지 않고 기와만 덮었느냐 하는 것이 의논된다. 이는 앞으로 고고학의 새로운 성과를 기다려야 한다.

③ 담벽만 있고 묘상건축이 없는 것

담벽만 있고 무덤 위에 집이 없는 무덤으로는 화룡현 용수향에 있는 용호(龍湖) 발해 석실봉토무덤 하나뿐이다. 무덤의 둘레에는 흙담을 쌓았던 흔적이 남아 있다. 흙담은 무덤 서북쪽 20m되는 산과 언덕이 맞붙은 지경에서 시작하여 언덕의 남쪽 변선을 따라 곧추 무덤의 앞 부근까지 연속된 후 가파른 경사지에 이르면서 점차 소실되었다. 흙담은 대체로 갈지자(之)모양으로 무덤의 서, 남부를 둘러쌌는데 전체 길이는 30m이고 밑너비는 3m이며 남은 높이는 약 0.5m이다.

④ 무덤 위에 탑을 쌓은 건물

무덤 위에 탑을 쌓은 건물로는 정효공주무덤탑과 마적달무덤탑, 장백현영광탑 등 3개 무덤탑이 있다.

정효공주무덤은 1980년 10월부터 1981년 6월까지 연변조선족자치박물관에서 책임지고 발굴정리사업을 진행하였다. 발굴과정에서 탑은 이미 무너지고 탑 기초 밑에 있는 지궁(地宮)은 일찍 도굴당해 손상을 입었다는 것을 알게 되었다. 그러나 파괴된 면이 크지 않아 기본상 완전한 형태를 보존하고 있다. 정효공주무덤탑의 발견은 발해사 연구에 있어서 자못 중대한 의의를 가지고 있다.

정효공주무덤탑이 자리잡고 있는 용두산은 당시에 발해 중경현덕부의 관할구역 범위 내에 속하였다. 정효공주무덤탑은 중경현덕부의 소재지였던 서고성에서 동남으로 13리(직선거리 13리, 일반적으로 20리 된다고 한다)되는 곳 용두산 위에 있다.

정효공주무덤탑 기초는 무덤안길과 무덤간 천정 위에 장방형 벽돌로 쌓았다. 탑 기초는 방형(方形)에 가까운데 남북의 길이 5.65m, 동서의 너비 5.5m이다. 탑 기초의 복판은 비었다. 탑 기초의 복판은 약간 방형으로 생겼는데, 남북의 길이 2.7m, 동서의 너비 2.6m이고 탑 기초 담벽의 두께는 1.5m이다. 탑 기초를 쌓을 때 먼저 무덤안길과 무덤안간 천정 위를 고르게 평하고 그 위에 장방형 벽돌을 대칭되게 깔았다. 대칭되게 깐 벽돌 위를 회를 발라 평하게 하고 바른 위로부터 시작하여 탑 기초벽을 쌓았다. 기초벽은 0.76m 높이로 쌓고 기초벽 안의 빈 공간에는 진흙과 돌을 섞어서 채우고 평하게 하였다. 그런 다음 또 진흙과 돌을 섞어 0.22m 높이로 쌓고 장방형 벽돌로 기초를 올려 쌓았다. 점토층 상하 탑 기초 내벽의 남북 두 벽은 서로 대치하고 있으나 동서 두 벽은 고르지 않다. 윗부분의 안벽(內壁)은 동쪽을 향해 각각 0.1m가량 기울어졌다. 이것은 탑신(塔身)이 무너질 때 중력이 집중되어 내리누르는 압력에 의해 이루어진 것 같다. 탑 기초의 벽돌이 경사진 방향을 보아 탑은 동남 방향으로 무너진 것으로 짐작된다.

정효공주무덤탑은 일찍 무너졌고 또 남겨놓은 문헌기재도 없기 때문에 탑의 층수와 높이를 알 수 없다. 그러나 마적달무덤탑과 영광탑의 기초 면적과 서로 비교하여 추리하면 정효공주무덤탑 기초의 남북의 길이는 5.65m이고 동서의 너비는 5.5m이니 그의 면적은 22.3㎡일 것이다. 이 면적은 마적달무덤탑 기초 면적보다 2.8㎡가 더 큰 셈이고 영광탑 기초 면적보다는 9.3㎡가 더 큰 셈이다. 영광탑이 5층, 마적달무덤탑이 7층으로 된 것으로 보아 정효공주무덤탑 기초 면적에는 7층 이상 쌓을 수 있을 것이다. 그러므로 정효공주무덤탑은 7층 혹은 그 이상, 높이는 18m 좌우 혹은 그 이상 되는 웅장한 탑이었을 것이다. 당시 발해 사회의 국력과 재력, 기술수준으로 보아 이만한 정도의 불탑은 능히 지을 수 있었다. 그때 중원지구(中原地區)에서 쌓은 탑은 단층탑, 다층탑 등 여러 가지 형태가 있었는데, 탑의 층수는 1층으로부터 15

층까지 있었다. 즉 제일 높이 쌓은 것이 15층이다. 발해에서 쌓은 7~8층탑 층수를 중원지구에서 쌓은 15층탑 층수에 비긴다면 절반밖에 되지 않는다. 그러나 당시 발해의 형편으로 본다면 이만한 정도도 대단한 성과였을 것이다.

 탑신과 탑찰의 형태와 짜임에 대해 알기 어려우나 그러나 지금도 하늘 높이 우뚝 솟아 있는 영광탑의 탑신과 탑찰로 미루어 보아 정효공주무덤탑의 탑신과 탑찰의 정황을 대체로 추리할 수 있다.

 영광탑의 탑신은 탑기초 위에 장방형 벽돌과 규형 벽돌(圭形磚), 다각형 벽돌로 쌓았다. 높이는 12.86m이다. 탑신의 평면은 방형이고 높이는 5층인데, 위층으로 올라감에 따라 점점 안으로 좁혀졌다. 매 층의 꼭대기 부분은 벽돌로 난간을 쌓았다. 난간 부분은 평형고임을 하였다. 제1층의 한 변의 길이는 3.3m이고 높이는 5.07m이다. 제일 밑층의 둘레에는 석좌(石座)를 쌓은 것이 있는데, 높이는 0.8m이다. 제2층의 한 변의 길이는 3m이고 높이는 1.65m이다. 제3층의 한 변의 길이는 2.4m이고 높이는 1.5m이다. 제4층은 한 변의 길이는 2.1m이고 높이는 1.2m이다. 제5층의 한 변의 길이는 1.9m이고 높이는 1.44m이다.

 탑찰(塔刹)은 탑신 위에 있는 호로형(葫蘆形)이고 높이는 1.98m이다.

 탑신의 제1층 정면(正面-즉 남쪽면)에는 아치형 문이 하나 있는데, 지면에서 80㎝ 높이에 있고, 너비는 0.9m, 높이는 1.65m이다. 제2, 제3, 제5층 정면(즉 남쪽)에 방형 벽감(壁龕)을 각기 하나씩 설치하였다. 벽감이란 부처를 놓아 두는 자그마한 집을 가리킨다. 벽감을 감실(龕室)이라고도 한다. 벽감의 길이나 너비는 각기 약 20㎝이다. 탑신의 정면 제4층과 동서 양측의 제2층으로부터 제5층까지에 모두 방형 직릉창(直楞窓)이 있다. 직릉창은 수격식(竪格式)으로 되었는데 한 변의 길이는 20㎝이다. 탑 안은 비었고 매 층의 탑정(塔頂)은 모두 궁륭식(穹隆式)으로 되었다. 탑의 난간을 외부에서 보면 삼각형으로 보인다. 제1층 아치형 위의 양측과 제1층 다른 3면의 난간 아래 가운데(正中)에는 문자와 유사한 갈색꽃무늬 벽돌을 쌓았다.

정효공주무덤탑의 건탑 연대는 정효공주 매장 연대와 비슷할 것이다. 정효공주 묘지병서에는 다음과 같은 기재가 있다.

"粵以大興五十六年夏六月九日壬辰終於外第, 春秋三十六. 謚曰貞孝公主。其年冬十一月廿八日己卯, 陪葬於染谷之西原, 禮也." 라고 하였다.

'大興'은 발해 제3대 문왕 대흠무의 연호이다. '대흥 56년(大興五十六年)'은 당나라 덕종 정원 8년, 신라 원성왕 8년, 기원 792년이다. "염곡(染谷)"은 지명으로서 정효공주묘지 동쪽 산 아래에 있는 하천곡지(河川谷地)이다. 이 단락을 번역하면 "아, 대흥 56년 여름 6월 9일 임진시에 외제에서 사망하였는데 당시의 나이는 36세였다. 이에 시호를 정혜공주라고 하였다. 이해 겨울 11월 28일 기묘시에 염곡의 서쪽 언덕에 배장하였다. 이것은 예의에 맞는다."이다. 이로 보아 정효공주는 대흥 56년 즉 792년 여름 6월 9일에 죽었고 동년 11월 28일에 장례하였으며 염곡의 서쪽 언덕에 배장하였다는 것을 알 수 있다. 염곡은 오늘의 화룡현 용수향 용해촌 용두산 아래의 골짜기이며, 염곡의 서원은 용두산 정효공주묘지이다. 그러므로 정효공주의 시체는 792년

11월 28일에 염곡의 서쪽 언덕에 배장하였다. 정효공주무덤탑을 지은 연대도 바로 이 시기라고 짐작된다.

마적달 무덤탑은 훈춘시 마적달향 마적달촌에서 약 1km 떨어진 마을 북쪽 산중턱에 있다. 무덤탑은 전부 벽돌과 돌로 쌓았고 지면의 탑, 지하의 지궁, 무덤안길, 무덤길로 구성되었다. 기재에 의하면 이 탑은 7층으로 되고 꼭대기에 구리 깃대가 있었는데 민국 10년(1921년)에 무너졌다고 한다.

탑 기초벽의 평면은 약간 방형을 이루었으며, 그 기초의 남북의 길이는 4.95m, 동서의 너비는 4.80m이며 벽의 기초는 '지궁'(즉 주검간) 윗부분의 판돌 위에 진한 재색 장방형 벽돌로 쌓았는데, 땅 밑에 들어간 기초벽의 두께는 0.7m, 땅 위에 나온 기초벽의 높이는 약 0.6m이다. 기초벽 사면에는 호위벽이 있다. 기초벽 중심은 길이와 너비가 각 2.2m 되는 두드러진 방형으로 생겼는데, 진흙과 갈색흙에 돌을 섞어 15층으로 다졌다. 탑 기초는 방형이었을 것으로 추측된다.

마적달 무덤탑에서는 장방형 벽돌, 큰 붉은 벽돌, 꽃무늬 벽돌, 사면벽 돌, 이방형 벽돌, 삼각 벽돌, 규형 벽돌, 사람 얼굴을 돋을새김한 벽돌, 해면처럼 생긴 구멍 벽돌, 사람 얼굴을 돋을새김한 벽돌, 글자를 새긴 벽돌, 연꽃과 그 물눈 무늬가 새겨진 벽돌 등 많은 종류의 벽돌이 발굴되었다.

마적달무덤탑의 모양새와 짜임새, 유물, 유골, 등은 정효공주무덤의 것과 대체로 같다. 마적달은 발해 동경용원부 자리인 팔련성에서 약 50km 떨어진 곳이므로 서울 근처에 속하는 곳이다. 마적달무덤탑을 쌓은 상세한 연대에 대해서는 자료가 없기 때문에 고증할 방법이 없다. 그러나 당시의 정황에 따라 고려하여 보면 발해 제3대 문왕 대흠무가 동경용원부에 수도를 옮기고 통치하던 시기 특히는 그가 중후기에 쌓은 것이 아닌가 생각된다.

영광탑은 길림성 장백현 장백진에 있는 발해시기의 무덤탑이다. 이 탑은 유일하게 남아 있는 발해시기의 탑이다. 영광탑은 지궁, 무덤안길, 무덤길, 무덤 위의 탑으로 구성되었고 탑은 기초, 탑신, 탑찰로 이루어졌는데, 지금까지 무너지지 않고 하늘 높이 우뚝 서있다. 그러나 영광탑의 구체적 연대에 대해서는 알 길이 없다. 이는 앞으로 새로운 고고학 발전성과를 기다릴 수밖에 없다.

이상과 같이 무덤 위의 건물에 대해 네 가지 유형으로 나누어 살펴보았다. 이외 초가(草家) 유형의 묘상건물이 있지 않겠는가 하는 짐작도 나지만, 아직까지 그러한 유물을 발견하지 못하였다.

다. 무덤 위의 건축에 대한 몇 가지 문제

위에서 발해무덤 위의 건축의 개황과 유형에 대해 서술하였다. 필자는 위의 서술에 근거하여 몇 가지 생각을 말하려 한다.

① **발해 왕실 공동묘지의 주요한 무덤에는 묘상건물이 있었다.**
지금까지 고고학발굴에 의해 실증된 발해왕실 공동묘지는 육정산 발해무덤떼의 제1무덤 구역과 용두산(龍頭山) 발해 왕실 귀족무덤떼, 삼령둔 발해

왕실 귀족무덤구역이다. 이외 마적달무덤탑유지가 발견되었으나 그 주변에서 왕실귀족의 무덤으로 인정받을 만한 무덤이 발견되지 않기 때문에 마적달무덤유지를 발해 왕실 귀족들의 공동묘지라고 인정할 수 없다.

육정산발해무덤떼의 제1무덤구역 내의 정혜공주무덤에서 묘상건축유물이 출토되었고 용두산의 정효공주무덤 위에는 무덤탑이 있고 그 주변에 있는 무덤 위에도 건물유지가 발견되었으며, 삼령둔무덤 구역 내에는 능원과 건물유지가 있다. 삼령둔 제1호 무덤은 그중에서도 대표적이고 전형적인 무덤이다.

정혜공주무덤과 용두산무덤에서는 유약 바른 기와, 잘 다듬은 주춧돌, 네 발을 버티고 선 사자 등이 이미 출토되고 능원과 건물유지는 삼령둔무덤에서만 발견되는 것으로 보아 발해의 초기와 중기에 있어서 묘상건물은 화려한 것은 아니었고 후기에 이르러 묘상건물이 매우 화려하고 장엄하게 조형되었겠다고 짐작된다.

② **무덤 위에 건물이 있는 무덤은 서고성 주변에 더욱 많이 분포되어 있다.**

구국(舊國-오늘의 돈화시 일대) 지역 범위 내에서 묘상건축물이 발견된 무덤은 육정산 발해무덤떼 내의 정혜공주무덤과 제2구역 내의 토갱무덤이다. 서고성을 중심으로 한 중경현덕부의 관할 범위 내에서 묘상건축유물이 발견된 무덤은 정효공주무덤탑과 하남둔 귀족부부합장묘를 비롯하여 모두 8기의 무덤이 발견되었다. 그 외 동경용원부의 소재지였던 팔련성 주변에서 1기가 발견되었고 서경압록부 범위 내에 속하였던 장백현에 1기가 있으며, 상경용천부에서 8리 떨어진 삼령둔에 능원과 화려한 묘상건물이 있는 삼령무덤떼 하나가 있다.

③ 무덤 주인의 신분고하에 따라 무덤 위 건물의 규모와 화려한 정도가 달랐다.

삼령둔 발해귀족무덤떼 가운데의 제1호 무덤은 왕릉이다. 이 무덤은 발해 무덤들 가운데서 묘상건물이 제일 화려하고 규모가 보다 큰 무덤이다. 제1호 무덤에는 능원(陵園)이 있었다. 능원의 동서 너비는 120m이고 남북의 길이는 약130m 둘레는 돌로 담벽을 쌓았다. 능원의 중부에는 능원 담벽과 사이를 띄워 동서향(東西向)으로 쌓은 한 갈래의 담벽을 쌓은 것이 있는데, 이는 바로 능원 남문과 대치되는 격장문(膈墻門)이다. 이곳에는 규격을 정연하게 잘 다듬어 만든 돌층계가 있다. 능원 내의 격장(隔墻) 부근에서 일찍 유약을 바른 녹유기와조각이 많이 출토되었다. 무덤 위에는 잘 다듬은 주춧돌이 있고 1988년에는 파손된 돌사자를 발견하였다. 이 돌사자의 남아 있는 높이는 32cm이고 길이는 45cm이다. 머리꼭대기와 앞부분은 완전하나 사지와 몸체의 뒷부분은 없다. 돌사자는 백색 화강암을 조각하여 만들었다.[17]

삼령 세1호 무덤은 지금까지 알고 있는 무덤들 가운데서 규모가 제일 크고 능원이 있고 화려한 건물이 있는 발해 능묘이다.

하남둔무덤은 발해 왕실의 귀족부부의 합장무덤이다. 무덤 둘레에는 약 500m(화룡현 문물지에는 120m라고 하였다.) 되는 방형 담이 있고 무덤 위에 기와집이 있었다. 그러나 이곳에서 녹유기와와 잘 다듬은 주춧돌, 돌사자와 같은 것이 출토되지 않았다. 그러므로 하남둔무덤 위의 건물은 삼령둔 제1호무덤 건물에 비길 바가 못 된다.

육정산 발해무덤떼 내의 제1무덤 구역에 있는 정혜공주무덤의 묘상건축물도 삼령둔 제1호무덤과 비길 바 못 된다. 정혜공주무덤 위에서 기와조각과 주춧돌이 발견되었으나 그에는 능원이 없고 녹유기와가 출토되지 않으며 주춧돌도 삼령둔 제1호무덤 위의 주춧돌처럼 잘 다듬지 못하였다.

④ 능원(凌園) 담벽은 흙담벽과 돌로 쌓은 돌담벽으로 나누어 볼 수 있다.

삼령둔 제1호 발해왕릉의 둘레의 능원 담벽은 돌로 쌓았다. 능원 내의 격장문(隔墻門)도 돌로 쌓았다. 지금까지 조사한 데 의하면 수천 기에 달하는 발해 무덤들 가운데서 무덤 둘레에 돌로 쌓은 능원 담벽과 석축격장문(石築隔墻門)이 있는 무덤은 삼령둔 제1무덤 구역뿐이다. 무덤 주위에 흑으로 담벽을 쌓아 능원 담벽을 만든 것은 하남둔무덤과 용호무덤 2기이다.

⑤ 능원문은 남쪽에 내었다.

능원으로 출입하는 출입문은 능원 남쪽 담벽에 설치하였다. 이는 무덤의 방향과 맞는다. 하남둔무덤 남쪽 담장 복판에 대문 자리가 있었다.[19]

삼령둔 제1호무덤 능원의 중부에는 능원 담벽과 사이를 띄워 동서향으로 돌로 쌓은 격장(隔墻)이 있는데, 격장은 바로 능원의 남문과 바로 마주하고 있다. 때문에 삼령둔 제1호무덤 능원 담벽의 문은 남쪽 담벽에 설치되어 있었다는 것을 알 수 있다. 그 외 능원 담벽의 동쪽과 서쪽, 북쪽에서는 대문 자리를 아직 발견하지 못하였다.

⑥ 무덤의 규모에 따라 그 위에 지어진 묘상건축의 대소가 달랐다.

지하 지궁과 지상탑은 그의 좋은 실례이다. 무덤탑은 무덤안길과 무덤간 지상에 장방형 벽돌로 쌓았다. 무덤간을 지궁(地宮)이라고도 한다.

정효공주무덤안길의 길이는 1.9m, 남쪽 너비 1.6m, 북쪽 너비 1.7m이며 높이는 1.56m이다. 무덤안길 뒤에 이어서 무덤간이 있다. 무덤간 바닥은 남북길이 3.1m, 동서너비 2.1m, 높이 1.4m, 북쪽벽 높이는 1.6m, 남쪽벽 높이는 1.66m이다.[20]

마적달무덤탑 지궁의 길이는 2.7m, 너비는 1.86m, 중심높이는 2.3m이다. 영광탑 지궁의 길이는 1.9m이고 너비는 1.42m이며 높이는 1.49m이다.[21]

이상의 세 무덤탑 지궁 가운데서 제일 큰 것이 정효공주무덤탑 지궁이고 두 번째는 마적달무덤탑 지궁이며 세 번째는 영광탑지궁이다.

무덤탑은 무덤안길과 무덤간 지상에 쌓았으므로 무덤안길과 무덤간의 크기에 따라 무덤탑 기초의 면적의 대소가 달랐다. 그러므로 정효공주무덤탑 기초는 방형에 가까운데 남북의 길이 5.65m, 동서의 너비 5.5m이고 마적달무덤탑 기초의 남북길이 4.95m, 동서의 너비가 4.80m이며 영광탑 기초는 마적달무덤탑 기초보다 더 작다.

탑신과 탑찰은 탑의 기초 위에 쌓았다. 기초의 크기와 견고한 정도에 따라 그 위에 쌓아지는 탑신과 탑찰의 크기가 달라졌다. 그러므로 영광탑은 5층 탑이고 마적달탑은 7층이었다. 정효공주무덤탑은 몇 층이었는지 기재된 것이 없고 너무나 일찍 무너졌기 때문에 잘 알 수 없으나, 영광탑과 마적달탑의 정황에 따라 추리한다면 7층이 아니면 9층탑이었겠다고 생각된다.

⑦ **무덤 위에 탑이 있는 무덤탑 둘레에는 능원 담벽이 없었다.**
 발해시기의 무덤탑으로는 정효공주무덤탑, 마적달무덤탑, 영광탑 등 3개가 있다. 이 탑들은 둘레에 능원 담벽을 쌓은 것이 없다.

⑧ **발해시기의 일부 무덤 위의 건물에는 불교건축예술이 반영되고 있다.**
 무덤 위의 건물에 반영된 불교건축예술의 주요한 표현은 무덤탑이다. 탑은 종교건축물이다. 중국에서 탑을 짓기 시작한 것은 불교가 중국에 전파되면서부터이다. 불교는 원래 인도의 석가모니에 의해서 기원전 6세기로부터 5세기에 이르는 사이에 창립된 종교이다. 석가모니가 죽은 후 불교도들은 그의 골회(骨灰)를 각지에 나누어 '스투파(stupa)'에 분산하여 보존하였다. '스투파'는 무덤이라는 뜻이다. 이 무덤은 비교적 간단한데 그리 크지 않은 자그마한 기단 위에 반원형(半圓形)의 무덤을 만들고 무덤 윗부분을 뾰족하게 하였다. 기원 1세기를 전후하여 불교가 중국에 전파되자 중국의 건축사들은 중국 고대 원유의 고층건축을 바탕으로 하고 인도 무덤탑의 건축형식을 흡수하여 중국 풍격을 가진 새로운 건물, 즉 탑을 창조하였다.

탑은 처음에는 불교교도들이 '사리(舍利)'를 모시는 곳이었으나 후에는 불상이거나 불교경전을 모시고 보관하는 곳으로 되었다. 그리고 또 명망높은 스님의 유골이나 유물을 보존하는 데 쓰인 것도 있다. 위진 남북조시기에 불교가 널리 유행되자 불교를 숭상하는 '숭불(崇佛)' 열조가 일어났다. 숭불 열조는 수당시기에 와서 고봉에 이르러 비교적 큰 불교사원 부근에는 거의 다 탑원(塔院)이 있게 되었다. 탑원은 실제로 불교 스님들의 집체묘지였다.

중국 옛탑 건축양식은 다종다양하지만 그의 구조양식을 큰 범위에서 본다면 실심탑(實心塔)과 누각식탑(樓閣式塔) 두 가지로 나뉜다. 탑의 평면형식은 4각형, 6각형, 8각형, 12각형, 원형 들이 있으며 층수는 1층으로부터 15층까지 있는데, 다수는 단층이다.

발해의 통치자들은 백성들의 반항의식을 마비시키고 저들의 통치질서를 유지하기 위하여 대대적으로 사원과 불탑을 짓고 불교를 숭상하였다. 발해의 불교는 고왕 대조영과 무왕 대무예 시기에도 성행하였으나, 널리 전파되고 성행한 것은 제3대 문왕 대흠무 시기부터이다. 정혜공주와 정효공주의 비문에 의하면 대흠무는 자기의 존호마저 《대흥보력효감금륜성법대왕(大興寶曆孝感金輪聖法大王)》이라고 칭하였다. 무측천은 자기의 존호를 '금륜성신황제(金輪聖神皇帝)' 또는 '금륜대성황제(金輪大聖皇帝)' 라고 하였다. 문왕 대흠무는 '금륜성법대왕'이라고 하였다. 이와 같이 문왕 대흠무는 당나라 무측천과 마찬가지로 자기를 최대의 권위를 가지고 있는 불법의 수호자로 자칭하였다. 이리하여 불교는 발해에서 더욱 성행하게 되었고 승려의 수도 많이 증가되었다. 불교가 성행함에 따라 불탑도 세워지게 되었다. 지금까지 발굴된 데 의하면 무덤탑으로는 정효공주무덤탑과 마적달무덤탑, 영광탑 등 3개가 있다. 무덤탑 지궁안에는 왕족 대씨 집단의 주요한 성원들이 시체를 안장하였다고 볼 수 있다. 정효공주무덤탑 지궁안에는 정효공주와 그의 남편을 매장하였다. 이점은 중원지구 무덤탑 장례 방식과 다르다. 중원지구에 있어서는 불교신자들의 무덤으로 되고 있는데, 일반적으로 유골을 불에 사르고 골회를 지궁 안에 넣는다. 그러나 발해 무덤탑의 정황은 그와 다르다.

맺는 말

발해의 무덤 위에 건축유지가 있는 무덤은 도합 15기뿐이다. 그 유형은 능원이 있는 묘상건축과 능원이 없는 묘상건축, 담벽만 있고 묘상건축이 없는 것, 무덤 위에 탑을 쌓은 건축 등 5종이 있었다.

이미 알고 있는 수천 기의 무덤 가운데서 묘상건축이 있는 무덤이 15기만 발견된 것으로 보아 발해 소유의 무덤마다에 묘상건축이 다 있는 것이 아니라 주로 왕실귀족과 우성망족(右姓望族), 기타 귀족들의 묘상에 있었고 하급 관리거나 평민들의 무덤 위에는 건축물이 적거나 없지 않았는가 생각된다. 또 이것이 사실과 맞지 않는가 생각한다.

지금까지 발해의 묘상건축에 대해 전문 연구하여 발표한 문장은 없다. 본문은 필자의 미천한 지식에 근거하여 서술한 문장이므로 적지 않은 결점이 있으리라고 생각된다. 학계 여러분들의 사심 없는 지적이 있기를 삼가 바란다.

발해의 묘상건축을 연구하는 것은 발해의 건축과 무덤을 연구함에 있어서 중요한 의의가 있다.

1) 『길림시시구문물지』『통화시문물지』『화전현문물지』
2) 『연변대학조선학국제학술회의논문집』1989년 8월편, 292쪽
3) 중국사회과학원 민족연구소 역사연구 실자료조『민족사역문집』(13)59쪽
4) 연변박물관자료 : 화룡현문화유물서류(1979년), 연변대학출판사 출판:『발해사연구』(2) 62쪽
5) 유호동, 부화『북방문물』1992년 1기. 34쪽
6) 『연변문화유물략편』112쪽
7) 『발해사론저휘편』822쪽, 『돈화시문물지』40쪽
8) 『발해사론저휘편』857쪽
9) 『발해사론문』274쪽
10) 『발해사론저휘편』870쪽
11) 이전복『고고학방면으로부터 본 당나라때의 발해문화』『학습과 탐색』1981년 4기 275쪽
12) 『연변문화유물략편』111쪽
13) 『화룡현문물지』26쪽
14) 『화룡현문물지』40~41쪽
15) 연변박물관자료『화룡현문화유물서류(1979)』
16) 엄장록, 박룡연『북대발해무덤연구』『발해사연구』(2), 62쪽
17) 방학봉 주편『발해사연구』(3), 234~236쪽
18) 『연변문화유물략편』, 112쪽
19) 『연변문화유물략편』, 112쪽
20) 『연변문물간편』제98쪽
21) 『장백현문물지』제71쪽

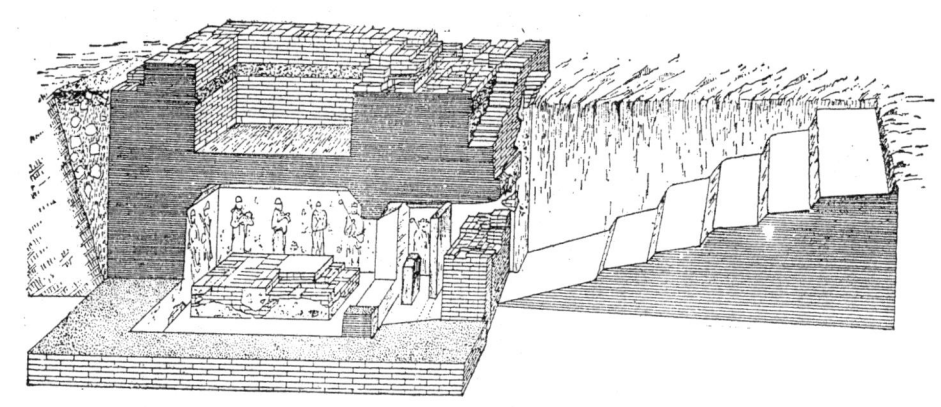

정효공주묘 해부도

영광탑

마적달탑 복원도

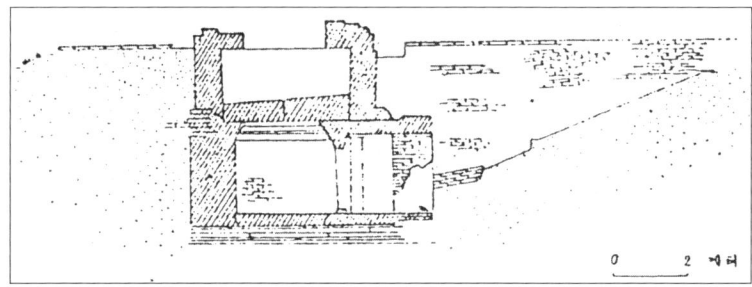

마적달탑 기초 단면도

6. 발해의 옷차림

　발해의 옷차림에 관련되는 문헌자료와 고고학자료가 매우 적기 때문에 발해의 옷차림에 대해 전면적으로 계통 있게 해석하기가 매우 어렵다. 그러나 지금 세상에 점점이 남아 있는 자료로 발해의 옷차림 모습을 찾아 보려고 한다.

가. 발해 건국 전과 후의 옷차림

말갈족(靺鞨族)의 조상(祖上)들인 숙신(肅愼)과 읍루(挹婁) 때에는 돼지가죽으로 옷을 만들어 입었는데, 여름이면 벌거벗고 작은 천을 행주치마처럼 만들어서 몸의 주요한 부분을 앞뒤로 가리었다.[1)]

또 물길(勿吉)의 습속에는 남자들은 돼지가죽으로 옷을 만들어 입고 부인(婦人)들은 마포(麻布)로 치마를 만들어 입는 습관이 있었다.[2)]

수당시기에 이르러 사회생산력과 문화가 크게 발전함에 따라 특히 고구려의 선진적인 옷차림의 영향을 많이 받아 옷차림 생활에 큰 변화가 일어났다. 말갈족 가운데서도 속말말갈(粟末靺鞨)과 백산말갈(白山靺鞨)은 생산력이 크게 발전하고 고구려의 영향을 깊이 받았다. 그리고 당나라 선진 생산기술과 선진문화, 발전한 옷차림의 영향 하에 한인(漢人) 옷차림과 서로 비슷한 수준에 이르렀다.

고구려의 옷차림은 상당히 발전한 수준에 이르렀다. 옷차림은 일상생활에서 입는 것, 명절 때에 입는 것, 생산 활동과 군사 활동 때에 입는 여러 가지 형식의 복장이 있었다. 또 계급신분 차이에 따라 입는 옷차림이 각각 달랐다.

남자 옷은 바지, 저고리, 겉옷 등으로 구성되었다. 바지에는 통이 좁은 것과 넓은 것이 있는데 통이 좁은 것은 주로 평민들이 입었다. 그러나 사냥 혹은 전투 때에는 계급·신분·계층에 관계없이 좁은 바지를 입었는데, 그것은 행동의 민활성을 보장하기 위해서였다.

저고리 길이는 짤막하여 양복 저고리만하고 앞은 완전히 터졌으며 곧은 깃을 달고 소매끝과 깃에 선을 달았으며 허리에는 허리띠를 둘렀다. 옷섶은 왼섶, 오른섶이 다 있었다. 저고리에는 또한 팔소매의 통이 좁은 것과 넓은 것, 선이 단조로운 것과 화려한 것 등의 구분이 있었다. 평민들은 주로 통이 좁은 팔소매에 단조로운 선을 단 저고리를 입었다. 왕, 공귀족과 관리들, 부자들은 통이 넓은 소매를 달고 선이 화려한 저고리를 입었다.

겉옷은 두루마기 같이 긴 것과 저고리만한 덧저고리를 입었는데, 긴 겉옷은 흔히 예절을 차릴 때 입었고 덧저고리는 아무 때나 입었다. 겉옷을 입을 때에는 반드시 허리에 띠를 맸다. 띠는 흔히 천, 색실, 가죽으로 만들었는데, 지배계급과 부유한 층은 위엄을 나타내기 위하여 가죽띠 위에 금속장식을 붙였다.

고구려 남자들의 머리꾸밈에서 중요한 것은 머리 트는 방법이었다. 머리 트는 형식은 두 가지인데, 하나는 큼직하게 하나로 묶는 외상투이고 다른 하나는 쌍상투이다. 그 중 쌍상투는 보기 드물고 외상투가 많았다.

머리쓰개는 머릿수건, 절풍(折風), 책, 관 등 여러 가지가 있었다. 머릿수건은 대체로 검은 색의 천으로 머리를 완전히 싸고 뒤에다 동여매었다. 그것은 머리쓰개로서는 가장 간편한 것이었으며 주로 사냥꾼들, 심부름꾼들, 평민들이 썼다. 귀족, 관리들도 머릿수건을 쓰는 경우가 있었는데, 그것은 사냥할 때, 활쏘기 경기를 할 때 가장 편리하였기 때문이다.

절풍은 머릿수건을 쓴 위에 검은색의 천 또는 가죽으로 된 테두리를 만들고 테두리와 같은 재질로 만든 두 개의 기둥을 세워 상투를 고정시키고 양 옆에 달린 끈으로 묶도록 한 것이다. 지배계급은 절풍에 새깃을 2개 또는 그 이상 꽂아서 장식하였다. 이것이 꿩깃 등 날짐승의 것인가 그렇지 않으면 금동판으로 그 모양을 따서 만든 것인가에 따라 지위의 차이를 구분하였다.[3]

책(幘)은 관모의 한 종류로서 절풍보다 윗부분의 장식을 더 단것이다. 달리 말하면 비교적 높은 모자테에다 윗부분을 덧댄 것이다. 뒷부분이 삼각형으로 솟아오르게 한 것은 주로 무관들이 쓴 것으로 인정된다. 뒷부분이 뻗어 올라가되 두 가닥으로 갈라진 것은 주로 문관들이 쓴 것이다. 『삼국지』 「고구려전」에는 소가(小家) 즉 귀족신분 가운데서 지위가 낮은 자들이 절풍을 쓰고 대가(大家) 즉 신분이 높은 자들은 책을 쓴다고 하였다.

관은 국왕이나 대신 등 고위급 귀족들이 쓰는 화려하고 정중하게 장식한 머리쓰개였다. 『구당서』〈권 199상 고려(고구려)전〉에 의하면 국왕은 백라관을 썼고 벼슬이 높은 자는 청라관(靑羅冠)을, 그 다음은 비라관(緋羅冠)을 쓰고 두 개의 새깃과 금, 은으로 장식한다고 하였다.

고구려의 남자신은 목이 달린 것과 달리지 않은 것이 있다. 이 신들은 코가 두드러져 나온 것이 특징이다.

고구려의 여자 옷차림의 기본 구성요소는 바지, 치마, 저고리, 겉옷이었다. 띠머리쓰개, 신발 등도 옷차림에 있어서 중요한 부분을 이루었으며 머리치장, 옷이나 모자, 신발의 장식 등도 옷차림과 몸단장의 한 부분이었다.

치마에는 선을 두른 것, 주름을 잡은 것, 바지처럼 두 가닥으로 된 것 등이 있었다. 그리고 치마 가운데는 무릎 아래까지 오는 것, 발까지 내려간 것, 발을 완전히 덮는 것 등 여러 가지가 있었다. 주름치마와 선을 댄 옷을 계급신분을 크게 가리지 않고 모든 여성들이 입었다. 다만 천의 질이 높고 낮음에 따라 신분을 가렸고 또 치마 길이가 길수록 높은 신분임을 표시하였다.

여자의 저고리가 남자의 저고리와 비슷하였다. 다만 여성들의 기호에 따라 색, 무늬가 다른 것을 입었다. 평민의 여성들은 주로 짧은 저고리를 입었다.

고구려 여성들은 앞치마도 입었다. 앞치마는 부엌일, 집안일을 하는 데 편리하고 옷이 더럽혀지는 것을 막을 수 있었다.

고구려 여성들은 두루마기와 같은 길이가 매우 긴 겉옷을 입었다. 긴 겉옷은 깃이 곧고 소매끝, 깃, 아랫단에 선을 댔으며 허리에는 띠를 두르게 하였다. 겉옷의 섶은 초기에는 왼섶이던 것이 점차 오른섶으로 변하였다. 겉옷은 색깔, 무늬 장식을 아름답게 하려고 애썼다. 신분이 높고 부유한 계층일수록 화려하고 복잡한 짜임새의 무늬를 놓은 옷을 입었다.

여성들의 머리 꾸밈새는 크게 올린 머리와 내린 머리가 있었다. 머리장식은 신분에 따라 서로 달랐다. 왕후나 귀족 여성들은 금으로 만든 값진 비녀와 머리꽂이를 여러 개 꽂았다. 신분이 낮은 여자들은 싼 값의 보잘것없는 비녀와 머리꽂이를 조금씩 썼다.

고구려의 여성들은 머릿수건을 썼다. 머릿수건에는 머리를 거의 다 덮은 것과 일부만 덮는 것이 있었다.

고구려 여성들의 신은 코가 높은 것이 많았으며 크기가 작고 곱게 만든 점에서 남자들의 신과 달랐다. 띠 역시 여러 가지 색깔의 천이나 가죽, 금속으

로 만들어 씀으로써 활동하기에 편리하게 하면서도 옷차림을 아름답고 단정하게 보이도록 하였다.[4]

고구려의 옷차림 풍속은 고구려가 망한 후 발해에도 이어졌을 것임을 의심할 바 없다. 발해의 옷차림은 고구려의 옷차림을 토대의 중요한 한 부분으로 하여 발전하였다.

668년 고구려가 나당연합군의 침공에 의해 망하게 되자 당나라 통치자들은 걸걸중상, 대조영, 걸사비우를 위시한 말갈족과 고구려유민들을 영주지방으로 대량으로 강제 이주시켜 영주도독의 관할 하에서 감시를 받으면서 살게 하였다. 당시 영주(營州-오늘의 조양(朝陽))는 당나라가 동북의 각족 인민을 통제하는 군사거점인 동시에 당시 동북의 정치, 경제, 문화의 중심이며 당나라 풍속습관이 가장 많이 전파되고 성행한 곳이다. 대조영을 위시한 발해의 지배층은 영주에서 근 30년간 살면서 당나라 문화, 옷차림 습관의 영향을 많이 받았다. 698년 발해국이 건립된 초기에 영주 일대에서 받은 옷차림의 영향은 발해초기의 옷차림 제도에 적지 않는 영향을 주었을 것이다.

발해는 고구려의 옷차림풍 속습관과 말갈 특히 속말말갈과 백산말갈의 옷차림 습관을 기초로 하고 당나라의 옷차림 문화를 적극적으로 받아들여 새롭고도 독특한 자기의 옷차림 문화를 창조하였다.

북방의 흑수말갈(黑水靺鞨)과 변원지구(邊遠地區)에 거주하는 말갈족의 옷차림은 여전히 낙후한 수준에 처해 있었다.

여진인의 옷차림을 아는 것은 발해의 옷차림 풍속을 밝히는 데 있어서 적지 않은 도움이 된다. 여진인들은 포(布)와 피(皮)로 옷을 만들어 입었다. 포(布)는 삼베로 짠 마포(麻布)를 가리키고 피(皮)는 잘 이긴 가죽을 말한다. 마포와 가죽으로 옷을 만들어 입는 사회적 계층은 주로 평민(平民)이었다. 가죽의 종류로 소, 말, 돼지, 양, 개, 고양이, 노루, 사슴, 물고기 등의 가죽이 있는데, 그것으로 바지, 적삼, 버선, 신 등을 만들었다. 여진인들은 머리에는 수건을 쓰고 허리에는 띠를 둘렀으며 발에는 검은 가죽신을 신는 것을 즐겼고 겉옷으로는 깃을 둥그렇게 만든 도포를 입었다. 짧은 도포를 많이 입었는데, 이는 말타기와 생산노동에 편리했기 때문이라 본다. 옷색깔은 흰색을 좋아했고 옷깃은 왼쪽으로 덮었다.

부유한 사람들은 봄과 여름에는 모시(苧)와 비단(錦) 옷을 입었고 가을과 겨울에는 돈피(貂), 여우, 담비(貉), 양, 혹은 비단옷을 입었다. [5]

지배계급들은 그들이 위치한 품급(品級)에 따라 쓰고 입고 신는 복식제도(服飾制度)가 구체적으로 규정되어 있었다.

나. 발해의 옷차림

① 발해의 옷차림 제도와 관련된 자료

발해에는 국왕을 비롯하여 관리들과 기족들이 등급에 따라 입는 옷차림과 부자들이 입는 옷차림, 평민(平民)들이 입는 옷차림, 남자들이 입는 옷차림,

여자들이 입는 옷차림 등이 있었다. 그러나 이러한 정황을 충분히 설명할 수 있는 자료가 없어 발해 옷차림 제도 연구에 막대한 어려움을 겪고 있다. 하지만 일부 단편적으로 산재한 점점의 자료에 의해 발해 옷차림 제도를 해석해 보려고 한다. 발해의 옷차림과 관련되는 자료로 문헌자료(文獻資料)와 고고학자료(考古學資料) 두 가지가 있다.

㉮ 문헌자료로 『신당서』 발해전(新唐書 渤海傳)에 기재된 내용을 먼저 들 수 있다. 『신당서』 발해전에는 발해 관리들이 품급(品級-등급)에 따라 입는 옷차림의 색깔, 홀(笏), 어대(魚袋) 등이 명확히 규정되어 있다. 그리고 김육불(金毓黻)선생은 자기의 저서 『발해국지장편(渤海國志長編)』에서 당나라 관리들의 옷차림 제도를 열거하면서 발해는 당나라의 옷차림을 본받아 본국 관리들의 옷차림 제도를 제정하였다고 말하면서 다소 차이는 있어도 대체로 당나라 제도와 같다고 지적하였다. 이외 당나라 및 5대(五代), 일본 등 나라들과의 사절단 왕래를 통해 오고 간 물품 가운데 보이는 복식(服式)과 직물(織物) 등이 관련 나라들의 사서(史書)에 기재되어 있다.

㉯ 고고학자료로 먼저 들 수 있는 것은 발해 제3대 문왕 대흠무(文王大欽茂)의 넷째 딸 정효공주(貞孝公主)의 무덤벽화이다. 정효공주는 대흥(大興) 20년(756년)에 태어나 대흥56년(792년) 6월 9일 임진(壬辰)에 외제(外第)에서 사망하였으며 그때의 나이는 36세였다. 같은 해 11월 28일 기묘(己卯)에 길림성 화룡현(吉林省和龍縣) 서고성(西古城-발해 중경현덕부 소재지)에서 13리 떨어진 용수향 용해촌 용두산(龍水鄕 龍海村 龍頭山) 발해 왕실가족 무덤

지에 안장되었다.

　1980년 10월 정효공주무덤을 발굴할 때 무덤안길(甬道) 북쪽 동, 서 두 벽과 무덤안간에서 벽화를 발견하였다. 건국 이래 돈화시 육정산(敦化市六頂山) 발해 왕실귀족무덤떼 가운데 진릉(珍陵)과 화룡현 하남둔(河南屯) 발해 무덤들에서 벽화조각이 나왔다. 그러나 그것은 단지 벽화조각에 불과하였을 뿐 완전한 것이 아니었다. 정효공주 무덤벽화가 나옴으로써 완전한 발해 벽화를 처음으로 볼 수 있게 되었다. 정효공주 무덤벽화도 도굴한 사람들에 의해 적지 않게 파손되었고 또 오랫동안 풍화의 침습을 받아 어떤 곳은 누기가 들어 그림이 희미해졌지만 지금도 의연히 비교적 완전하게 보존되어 있다. 또한 정효공주 무덤벽화는 그림을 그린 기술이 비교적 뛰어나서 그 선조(線條), 색채, 인물현상, 옷차림, 물건, 기구 등을 분명히 볼 수 있다. 이 중대한 발견은 발해의 역사, 회화예술, 복장, 생활 그리고 풍속을 연구하는 데 아주 중대한 의의를 지닌다.

　정효공주무덤의 벽화는 무덤간(墓室)과 무덤안길(甬道-羨道)내에 12명의 인물화가 그려져 있다. 12명의 인물화를 그 직분에 따라 무사(武士), 시위(侍衛), 악기(樂伎), 시종(侍從), 내시(內侍), 등의 부류로 나누어 볼 수 있다.

　정효공주무덤벽화는 선조가 미끈하고 색깔이 아름다우며 형상이 생동하여 입체감이 난다. 벽화는 먼저 종이에 초고를 작성하고 그 작성한 초고를 무덤벽화에 붙이고 바늘 같은 물건으로 찔러 벽에 묘사한 다음 먹으로 윤곽을 그리고 다홍색, 붉은색, 적갈색, 푸른색, 검은색, 흰색 등을 칠하고 다시 먹으로 선(線)을 올렸다. 지금도 침 같은 물건으로 초고를 찔러 벽에 묘사한 흔적이 남아 있다.

12폭의 인물화는 공주가 생전에 호화로운 생활을 했음을 반영한 것이다. 즉 호화로운 궁전에서 무사가 대문을 지키고 시위들이 철퇴와 검을 가지고 뜨락을 지키고 노복들이 둘러서서 시중을 들며 악기(樂伎)들이 노래와 연주로 즐겁게 하고 있다. 시종(侍從)들은 권장(權杖) 또는 양산을 들고서 따라다녔다. 무사, 시위, 악기, 시종, 내시 등의 옷차림은 발해의 복식(服飾) 연구에 있어서 중대한 의의가 있다.

1991년 9월과 10월 사이에 흑룡강성 영안시 삼릉향 삼령둔(黑龍江城寧安市三陵鄕三靈屯)에서 발해시기의 벽화무덤을 발견하였다. 무덤은 무덤길, 무덤안길(甬道), 무덤간(墓室) 세 부분으로 이루어졌다.

무덤간과 무덤안길의 바닥, 벽과 천정은 석회석으로 현무암 규격석을 두툼히 쌓아 발랐고 네 개의 벽과 천정 그리고 무덤안길의 양측엔 정미로운 벽화가 그려져 있다. 무덤간 동, 서 두 벽에는 각기 4명의 인물을 그렸고 북쪽 벽에는 3명, 남쪽 벽에는 2명을 그렸으며 무덤안길 동, 서 두 벽에 각기 무사 1명씩을 그렸다. 벽화는 모두 15명으로 된 인물화이다. 무덤간의 인물화는 정효공주 무덤벽화의 인물화 같은 풍격으로서 얼굴이 포동포동하고 풍만하며 무사, 시위, 내시, 악사 등 무덤 주인을 섬기는 시종들의 인물화이다.[6]

벽의 그림과 선명히 대조되는 것은 천정의 그림이다. 천정은 몽땅 화려한 꽃무늬로 단장하였다. 흰색을 밑색으로 하고 황금빛 노란색으로 꽃잎이 여섯 잎인 꽃들을 그려 놓았다. 복판엔 3층 6옆으로 된 큰 꽃을 그렸고 둘레에는 여섯 송이의 2층 6엽꽃으로 싸여 있으며 사이사이엔 꽃잎이 불완전한 꽃으로 공간을 채워 놓았다. 커다란 현무암 규격식 하나에 이런 꽃판을 두 개씩 그려 놓았다.[7]

삼령둔 벽화무덤은 정효공주 무덤벽화가 발견된 후 두 번째로 발견한 벽화무덤이다. 삼령둔 무덤벽화 중의 인물화는 발해의 궁중복식(宮中服飾)을 연구함에 있어서 중대한 의의가 있다.

1998년 길림성 화룡시 용수향 석국촌 석국무덤(石國村石國墓)에서 발해시기의 삼채여용(三彩女俑) 2점이 발굴되었다. 여용이 입은 옷차림이 비교적 또렷이 보인다. 이들이 입은 옷차림으로 미루어보면 발해 귀족 부녀의 모양이라고 단정할 수 있다. 이외 또 러시아 연해주 지역 끄라스끼노 마을 부근에서 발해시기의 청동 관리상(青銅官吏像-필자가 보기에는 보살상 같다.) 1점이 발견되었다고 한다. 상경용천부 터에서 벼루에 음각한 복두를 쓴 인물상이 발견되었다. 벽화는 정면 한 면으로만 옷차림을 관찰할 수 있지만 용(俑)은 앞면, 뒷면, 측면 등 3면으로 볼 수 있어 옷차림 제도 연구에 각별한 의의를 부여한다.

무덤과 건축유지에서 단편적으로 발견된 옷차림과 관련되는 유물로 갑옷류, 직물류, 장신구 등이 있다. 갑옷류로는 주로 투구와 쇠갑옷쪽(札甲片)이며 직물류는 견직물과 마직물이고 장신구로는 띠, 머리꽂이, 귀걸이, 목걸이,

구슬, 팔찌, 반지 등이다.

② 왕의 옷차림

　발해의 왕들도 주변 국가의 왕들과 마찬가지로 옷차림에 대한 제도가 있었을 것이다. 발해의 중앙행정기구로 3성(省) 6부(部), 1대(台) 7시(寺), 1원(院), 1감(監), 1국(局)이 있었다. 7시 가운데의 하나인 전중시(殿中寺)는 왕의 승여(承輿-왕이 타고 다니는 수레)와 복식(服飾-옷차림)에 관한 일을 담당하였다. 전중시가 설치되어 있는 것으로 보아 발해에도 왕의 옷차림 제도가 있었다는 것을 알 수 있다. 그리고 738년 문왕 대흠무(文王大欽茂)는 사신을 당나라에 파견하여 당례(唐禮)를 필사해 오게 하였다. '당례'는 당나라의 의복(衣服) 제도를 포함한 각종 예의제도이다. '당례' 가운데의 의복조(衣服條)에 의하면 황제, 황후, 황태자, 왕자, 황태자비, 시종, 시비 등이 입는 의복 제도가 구체적으로 명확히 규정되어 있다. 발해는 '당례'를 본받아 국왕을 비롯한 궁전 내의 인원들에 대한 옷차림 제도를 제정했을 것이라는 것은 의심할 바가 없다. 『신당서』 발해전에 의하면 발해는 관리들의 등급에 따라 옷차림 제도를 제정하였다는 기재가 있다. 이는 더욱 국왕과 왕실귀족들이 입는 옷차림에 대한 구체적인 제도가 있었다는 것을 확신케 한다.

　그러면 발해왕은 어느 정도의 존대를 받는 옷차림을 하였을까? 이에 대한 기재는 없다. 그러나 그들이 처한 위치, 권력, 존엄을 살펴보면 알 수 있다. 정혜공주비문과 정효공주비문에는 발해 국왕의 존호와 지위를 나타내어 분명하게 기재하였다.

비문에는 발해 제3대 문왕 대흠무를 '대왕(大王)'이라고 새겼다. '대왕'이라는 어휘는 일반적으로 선왕(先王)의 존칭 혹은 훌륭하고 뛰어난 임금에 대한 존칭으로 쓰였다. 국왕과 대왕은 한 나라의 군주(君主-임금)라는 의미에서는 그 뜻이 같다. 그러나 '대왕'은 늘 한 급 높은 존칭으로 불렸다. 제후국의 국왕들은 사회가 안정된 정상적인 조건하에서 자기를 높여 '대왕'이라고 자칭하지는 않았다.

비문에는 또 대흠무를 '성인(聖人)'이라고 썼다. '성인'은 '성왕(聖王)'이라는 뜻이다. 그러므로 발해 귀족들은 조회 때 국왕을 '성왕'이라고 불렀다.[8] '성왕'은 지덕을 구비한 천자(天子), 혹은 지덕을 구비한 훌륭한 제왕(帝王)에 대한 존칭이다. 때문에 발해 귀족들이 조회 때 '성왕'이라고 불렀거나 정혜, 정효 두 공주의 비문에 '성인'이라고 새긴 것은 부왕 대흠무를 지덕을 구비한 훌륭한 천자 혹은 제왕으로 존대한 것을 의미한다.

비문에는 대흠무를 '황상(皇上)'이라고 쓴 것이 있다. '황상'의 기본 뜻은 '황제' 혹은 '천자'이다.

이상과 같이 발해국에서 국왕을 '대왕', '성인', '황상'이라고 한 것은 비록 명의상으로 '황제'라는 '제(帝)'자 한 자를 아니 불렀을 뿐이지 실제로는 나라의 모든 권력을 주재하는 '황제'와 같이 대권을 좌우하는 '대왕'이라는 뜻이다.

정혜공주와 정효공주 비문에 발해전기의 왕들은 3황 5제(三皇五帝), 성탕,

문, 무, 강왕을 본보기로 따라 배우고 그들과 비교하였다고 기재한 것으로 보아 발해 국왕들은 그 위치, 그 위망에 해당하는 옷차림을 했을 것이라는 것을 짐작할 수 있다.

③ 관리들의 옷차림

발해도 주변 국가들과 마찬가지로 관리들의 등급이 높고 낮음을 표시하는 복식제도(服飾制度-옷차림 제도)가 있었다. 『신당서 · 발해전(新唐書 · 渤海傳)』에 의하면 "품(品)을 질(秩)로 삼았다. 3질(秩) 이상은 자색(紫色-자줏빛) 옷을 입고 상아홀(象牙笏)을 들고 금어대(金魚袋)를 차고, 5질 이상은 비색(緋色-짙은 붉은 색)옷을 입고 상아홀을 들었으며 은어대(銀魚袋)를 찼다. 6질, 7질은 천비의(淺緋衣-연한 비색)의 옷을 입었고 8질은 녹의(綠衣-녹색 옷)옷을 입었는데 이들의 홀(笏)은 다 나무홀(木笏)이다." 라고 기재하였다.[9]

이를 표격으로 표시하면 다음과 같다.

등급	1	2	3	4	5	6	7	8	9
옷색	자색(紫)			비색(緋)		천비(淺緋)		녹색(綠)	
홀	상아홀					나무홀			
어대	금어대			은어대					

『신당서 · 발해전』에 기재된 발해 관리들의 등급별 복식 규정

발해는 관리들을 1급(一級)부터 9급까지 나누어 9품제(九品制)를 실시하였고 매 등급에는 또 정(正)과 종(從)을 두었다. 일본에 파견한 발해사신 양성규(揚成規)와 배정(裴頲)은 정4품이고 이여성(李輿晟)과 고주봉(高周封)은 정5품이었다. 이와 같이 발해는 9품(九品) 18계(十八階)를 실시하고 품급에 따라 입는 옷색, 손에 드는 홀, 몸에 차는 어대의 차가 있게 하였다.

복색(服色-옷색)으로는 자색(紫-자줏빛), 비색(緋-짙은 붉은빛), 천비색(淺緋-연한 비색), 녹색(綠-푸른색) 등 네 가지 색의 구분이 있었다.

홀(笏)은 원래 신하들이 왕을 만날 때 그의 말을 언제나 적을 수 있도록 하기 위하여 만든 장방형으로 된 글 쓰는 받침개 물건이었는데, 후에는 완전히 의례적인 휴대품이 되었다. 발해 관리들이 드는 홀은 상아로 만든 홀과 나무로 만든 홀 두 가지가 있었다. 상아홀은 5품(5등급) 이상의 관리들이 들었고 나무홀은 6품(6등급) 이하의 관리들이 휴대하였다.

어대(魚袋)는 원래 군대 지휘권을 상징하는 각종 자료로 만든 물고기모양의 표식물인 '어부(魚符)'를 넣는 자루였는데, 후에 단순히 형식화된 관복(官服)의 장식품으로 되면서 실지 어부는 넣지도 않고 그저 빈 자루만 차게 되었다. 금어대(金魚袋)는 자루의 표면을 금으로 장식한 것이고 은어대(銀魚袋)는 은으로 장식한 것이다. 금어대는 3품이상의 높은 관리들만 찰 수 있었고 은어대는 4품, 5품 관리들이 찰 수 있었다.

관리로서 복색(服色-옷색)의 규정이 있더라도 홀을 가지지 못하는 경우가 있고 홀을 가지더라도 어대를 차지 못 할 수도 있었다. 8품관(八品官)은 규정에 따라 녹색옷을 입을 수는 있어도 홀과 어대는 휴대할 수 없었고, 6품관과 7품관은 옅은 비색옷을 입고 나무홀을 들 수는 있어도 어대를 할 수는 없었다.

또 발해의 관리들이 외국에 사절로 파견되어 가거나 직(職)이 품급보다 높은 경우 원래의 품급보다 더 높은 품급의 관복(官服)을 사여받아 입는 경우도 있었다. 현석왕 1년(玄錫王 一年; 872년) 일본에 파견한 발해대사 양성규(楊成規)의 직명은 정당성 좌윤 정4품 위군상진장군으로 발해 조정으로부터 자색복과 금어대를 받았고, 부사 이여성의 직명은 정5품 우맹분위소장으로 자색복과 금어대를 사여받았다.(……渤海國……大使政堂省左允正四品慰軍上鎭將軍賜紫金魚袋楊成規副使右猛賁衛少將正五品賜紫金魚袋李與晟)[10]

현석왕 12년(883년) 일본에 파견된 대사 배정의 직명은 문적원소감 정4품으로 자색복과 금어대를 사여받았고, 부사 고주봉의 직명은 정5품으로 비색복과 은어대를 사여받았다. (……大使文籍院少監正四品賜紫金魚袋裵頲……副使正五品賜緋金魚袋高周封)[11]

대인선왕 19년(925년) 후당(後唐)에 파견된 배구는 정당성 수화부소경으로 자색복과 금어대를 사여받았다.(……入朝使政堂省守和部少卿賜紫金魚袋裵璆)[12]

이외 또 문왕 대흥 26년(762년) 일본에 파견한 사신 일행 중에는 품관 착비(著緋) 달능신(達能信)이라는 이름이 보이며, 문왕 대흥 36년(772년) 일본에 파견된 발해 사신 일행 중에는 착록(著綠) 품관이하 인원들도 포함되어 있는 기재가 있다.

사자(賜紫), 사비(賜緋)는 자줏빛과 짙은 붉은색 옷을 사여받았다는 말이고 착비(著緋), 착록(著綠)은 비색(짙은 붉은색) 옷과 녹색 옷을 입었다는 뜻이다.

위의 사실에서 '사자(賜紫)'와 '금어대'를 수여받은 것은 정4품 양성규와 배정 정5품 이여성, 그리고 배구 등이다. '사비'와 '은어대'를 수여받은 것은 정5품 고주봉이다.

이 기록들은 마지막 정5품 고주봉의 '사비', '은어대'를 제외하고는 다 『발해전(渤海傳)』에 기재된 복장규정과 맞지 않는다. 즉 복장규정에는 3품(3品) 이상만이 자색옷과 금어대를 사여받게 되어 있는데, 여기서는 4품, 5품 등이 그것을 받은 것으로 되었다. 이것은 그들에게 국왕의 특혜가 적용되었던 것으로 추측된다.

다른 나라들의 복장규정에도 원래 벼슬등급이 낮지만 국왕의 특혜 또는 특수한 일부 벼슬에 대하여서는 그 벼슬등급보다 높은 복장을 주는 수가 있었던 것만큼 발해의 경우에도 일본과 후당에 파견하는 사신들에게 그 항해의 수고와 대외적 위신을 고려하여 4품 또는 5품에까지 특별히 자색옷과 금어대를 수여하였을 수 있다.[13]

④ 정효공주묘 벽화 인물상의 옷차림

발해 관리들의 모습을 보여주는 자료로는 문헌자료 외 또 고고학적 자료가 있다. 그들로는 무덤벽화와 선각인물화(線刻人物畵), 용(俑), 기마인물상(騎馬人物像) 등이다. 무덤벽화로는 1980년 10월에 발굴된 발해 제3대 문왕 대흠무(大欽茂)의 넷째 딸 정효공주무덤벽화(貞孝公主墓壁畵)와 1991년 가을 흑룡강성 영안시 발해진 삼령둔(黑龍江省寧安市渤海鎭三靈屯)에서 발견된 삼령둔 2호 무덤이 있다.[14]

선각인물화로는 1964년 발해의 서울자리 상경용천부(上京龍泉府) 유지에서 발견된 벼루에 묘사된 것이 있다.[15]

용(俑)으로는 1998년 길림성 화룡현 용수향 석국촌(吉林省和龍縣龍水鄕石國村) 발해무덤에서 발굴된 삼채여용(三彩女俑)이 있다.

삼령둔 2호 무덤벽화에 그려진 인물화에 대해서는 2호 무덤벽화 발굴보고서가 아직 세상에 공개되지 않았기에 구체적인 정황은 알 수 없다.

이상의 자료들 가운데서 옷차림을 한 인물들의 전신(全身)을 제대로 고찰할 수 있는 것은 정효공주묘벽화에 그려진 12명의 인물과 석국에서 출토된 삼채여용 2점, 러시아 연해주에서 발견된 청동용 1점으로 도합 12명이다. 본문에서는 먼저 정효공주묘벽화 인물상의 옷차림을 살펴보기로 하겠다.

정효공주 무덤벽화에 그려진 인물은 그 직분에 따라 무사(武士), 시위(侍衛), 악기(樂伎), 시종(侍從), 내시(內侍) 등의 부류로 나누어 볼 수 있다.

무덤안길 뒤켠에는 무덤간 문을 지키는 무사 2명이 그려져 있는데 동쪽과 서쪽에서 서로 마주하고 있다. 키는 약 0.98m이다. 그들은 붉은 술을 단 투구를 쓰고 전포(戰袍: 갑옷 위에 입는 웃옷, 즉 전쟁 때 입는 군복)를 입고 옷깃을 마주 여미고 검은색 허리띠를 동이고 붉은 옷 가장자리에 검은 이삭장식을 한 고기비늘무늬 갑옷을 걸치고 왼쪽 허리에 검을 차고 왼손으로 잡았으며 오른손으로 철퇴(鐵槌: 무기의 일종)를 잡아 어깨에 메고 우뚝 서서 경계를 하고 있는 모양이다. 몸체의 중간 이하는 색칠이 벗겨져 잘 알 수 없으나 목이 긴 검은 신을 신은 것은 똑똑히 보인다.[16]

  무덤안간 동쪽 벽에는 키가 1.13~1.17m 되는 사람 넷이 그려져 있다. 남쪽으로부터 첫 번째 사람은 머리를 빗어 쪽지고 말액(抹額: 머리띠)으로 머리를 둘렀고 얼굴은 희게, 입술은 붉게 칠하였다. 목 둘레가 둥근 적갈색 도포를 입고 가죽띠를 하고 있으며 어깨에는 철퇴를 메고 있다. 두 번째 사람은 두 날개를 교차시킨 복두(幞頭)를 쓰고 있고 둥근 얼굴을 희게 칠하였다. 흰색 바탕에 붉은색 꽃무늬로 장식된 목 둘레가 둥근 도포를 입고 가죽띠를 하고 손에는 구리거울을 들고 있다. 세 번째 사람은 두 날개를 교차시킨 복두를 쓰고 얼굴은 희게, 입술은 붉게 칠하였다. 진한 푸른색 꽃잎무늬로 장식된 목이 둥근 도포를 입고 선에는 흰색 봇짐을 들고 있다. 네 번째 사람은 두 날개를 교차시킨 복두를 쓰고 둥근 얼굴에 흰색을 칠하였다. 붉은색 바탕에 꽃잎장식의 목둘레가 둥근 도포를 입고 가죽띠를 하고 붉은 봇짐을 들고 있다. 첫 번째 사람은 공주를 보호하는 직책을 담당한 시위(侍衛)이고, 두 번째, 세 번째, 네 번째 사람은 공주의 시중을 드는 내시(內侍)들이다.[17]

  서쪽 벽에도 키가 약 1.13~1.17m되는 사람 넷이 그려져 있다. 첫 번째 사람은 머리를 빗어 쪽지고 말액을 둘렀고 둥근 얼굴을 희게, 작은 입술을 붉게 칠하였다. 가죽띠를 하고 도포 섶을 걷어 올려 허리띠에 끼우고 왼쪽 허리에는 활통을 달고 오른쪽 허리에는 검과 화살주머니를 찼다. 오른손으로 검을 잡고 왼손으로는 철퇴를 쥐어 어깨에 메었다. 두 번째 사람은 머리에 두 날개를 교차시킨 복두를 쓰고 얼굴은 희게, 입술은 붉게 칠하였으며 얼굴이 풍만하다. 흰색 바탕에 꽃잎무늬가 있는 목둘레가 둥근 도포를 입고 허리에는 가죽띠를 하고 발에는 삼(麻)으로 엮은 신을 신고 두 손은 갈색 비단주머니를 안고 손에 박판(拍板)처럼 생긴 것을 들었다. 세 번째 사람은 머리에 복두를 쓰고 둥근 얼굴을 희게 칠하였으며 입술은 붉고 눈썹은 가늘다. 짙은 푸른색 바탕에 꽃잎무늬가 그려진 목둘레가 둥근 도포를 입고 비단주머니를 안고 손에 공후(箜篌: 현악기의 일종) 같은 물건을 들었다. 네 번째 사람은 머리에 복두를 쓰고 작은 입에 입술을 붉게 칠하였으며 얼굴은 아름답고 흰 바탕에 꽃잎무늬가 돋친 도포를 입고 갈색 비단주머니를 들었는데, 비단주머니의 밑부분이 아래로 향해 있으며 손에 비파(琵琶) 같은 물건을 들었다. 이들 가운데 첫 번째 사람은 보호하는 직책을 담당하는 호위병이고 두 번째, 세 번째, 네 번째 사람은 공주를 시중드는 악기(樂伎)들이다.

 북쪽에는 두 사람이 그려져 있는데 몸을 옆으로 돌려 서로 바라보고 있다. 키는 약 1.17m이다. 서쪽 사람은 날개를 교차시킨 복두를 쓰고 노란색 바탕에 꽃잎무늬로 장식된 목둘레가 둥근 도포를 입고 있으며 허리에는 가죽띠를 하고 있다. 왼쪽 어깨에는 화살통을 메고 등에는 활을 지고 두 손은 쌍대가리 지팡이를 가슴 앞으로 들고 있다. 발에는 삼으로 엮은 신을 신고 있다. 동쪽 사람은 두 날개를 교차시킨 복두를 머리에 쓰고 있고 얼굴을 희게, 입술을 붉게 칠하였다. 자색 바탕에 꽃잎무늬가 그려진 목둘레가 둥근 도포를 입고 있다. 왼쪽 허리에는 화살통을 차고 왼쪽 어깨에는 활을 멨다. 두 손을 양산 같은 물건을 들고 있으며 그 형상이 화개(華蓋) 같다. 이들은 공주를 보살펴 주는 시종(侍從)들이다.[18]

화가는 사실주의적 기법을 응용하여 단선과 전면적으로 칠하는 방법으로 여러 인물들의 성격을 그대로 그려냈다. 무사들은 위엄있고 호위병들은 영준하며 내시와 악기들은 공손하고 겸허하게 표현하였으며, 시종들에게는 공경과 조심성을 부여한 것 같다. 그림의 구성과 배치에도 좌우가 대칭되고 전후가 조응되게 하는 등 화가의 독특한 지혜를 발휘하였다.

정효공주무덤벽화에 그려진 인물들의 옷차림은 머리에 복두를 쓰거나 말액을 둘렀고 몸에는 붉은색, 푸른색, 자색, 흰색의 목둘레가 둥근 도포를 입었으며 허리에는 가죽띠를 하고 발에는 가죽신이나 삼으로 엮은 신을 신었다. 이들 인물들의 얼굴 모습은 둥글고 살이 졌는데 얼굴은 흰색으로, 입술은 붉은색으로 칠하였다. 눈썹은 가늘고 눈은 작으며 코가 낮고 입이 작다.

지금 사학계에는 발해 관리들의 복식제도(服飾制度)는 당나라의 복식제도를 모방하여 만든 것으로 대체로 당나라의 복식제도와 같다고 보는 견해와 발해의 복식제도는 당나라의 복식제도를 모방하였을 뿐만 아니라 완전히 일치하다고 보는 서로 다른 견해가 있다. 저명한 사학가 김육불(金毓黻) 선생은 자기의 저서 『발해국지장편(渤海國志長編)』권15, 직관고(職官考), 품질 및 장복(品秩及章服)에서 발해의 복식제도는 대략 당나라 것과 같다고 하였는데 이 견해는 『신당서』 발해전에 기재된 견해와 같다. 발해의 복식제도와 당나라의 복식제도는 대체로 같은가? 완전히 같은가? 발해 복식제도의 특징은 무엇인가? 좀 더 살펴 볼 필요가 있다. 발해는 원유의 기초 위에서 당나라의 선진적인 복식문화(服飾文化)를 적극적으로 받아들여 본 지구, 본 민족의 실제 정황에 알맞게 결합시켜 독창적인 복식문화를 창조였다고 보는 것이 객관 실제와 부합될 것이다.

정효공주무덤의 벽화는 그 풍경, 배용, 인물 모습, 옷차림, 휴대한 물건 등 여러 가지 면에서 섬서성(陝西省) 건현(乾縣)에 있는 당나라 고종(高宗)과 그의 처 무측천(武則天)의 건릉(乾陵) 앞에 배장(陪葬)된 영태공주묘(永泰公主墓)와 의덕태자묘(懿德太子墓), 장회태자묘(章懷太子墓) 등에 그려진 벽화의 풍격, 인물모습, 옷차림, 휴대한 물건들과 비슷한 점이 많다. 이는 발해의 회화예술이 당나라 회화예술 가운데서 우수한 점을 많이 본받았다는 것을 의미한다. 정효공주 무덤안간 서쪽 두 번째 사람은 두 손으로 갈색 비단주머니를 안고 손에 박판처럼 생긴 것을 들었다. 박판은 중원지구에서 유행되던 악기이다. 고구려나 말갈족들 사이에서는 박판이 유행되지 않았다. 그러므로 이는 당나라 악기의 일종인 박판을 본받았음을 의미한다. 그리고 서쪽 벽 세 번째 사람과 네 번째 사람은 '공후'와 '비파' 같은 물건을 들었다. 공후와 비파는 고구려 사회에서 많이 유행되던 중요한 악기이다. 고구려에는 공후, 비파, 쟁, 생, 젓대, 소, 피리, 긴저 등 우아하고 부드러운 음조를 내는 악기가 있었고 그밖에도 요고(腰鼓), 제고(齊鼓), 첨고(檐鼓) 등의 북이 있었다. 발해는 중앙에 음악과 무용을 관리하는 전문기구인 교방(敎坊)을 설치하고 당나라의 우수한 악기와 음악을 받아들여 본국의 실제에 알맞은 음악을 창조하고 발전시켰다.

정효공주무덤의 벽화는 당나라의 벽화와 비슷한 점도 있지만 또 발해 사람으로서의 독특한 풍격을 나타내는 점도 있다. 이제 그 독특한 풍격을 다음의 다섯 가지로 나누어 보기로 하겠다.

첫째, 정효공주무덤에 그려져 있는 12명의 인물은 모두 남자 차림을 한 인물이며 여자 차림을 한 인물은 하나도 없다. 그러나 자세히 살펴보면 무사, 시위, 시종은 남자이고 악기와 내시는 여자라는 것을 알 수 있다. 그것은 ㄱ. 공주는 여자이기 때문에 문을 지키고 보위를 담당한 무사, 시위, 시종은 남자가 그 직책을 짊어졌을 것이고 공주의 시중을 드는 내시와 악기는 마땅히 여자가 그 직무를 담당하였을 것이다. ㄴ. 악기와 내시는 모두 여자를 남자로 차림하였다. 그들은 머리를 빗어 높이 쪽지고 얼굴을 희게, 입술은 붉게 칠하였으며 얼굴과 뺨은 포동포동하고 눈썹과 눈이 가느스름하며 코가 낮고 입이 작고 후두(喉頭)가 앞으로 돌기(突起)하지 않았고 몸맵시가 아름답고 옷차림이 화려하였다. 이러한 사실은 여자들에게만 구비되는 특징으로 여자를 남자로 차림하였음이 틀림없다. 특히 공주가 여자라는 것을 생각할 때 그의 시중을 드는 내시는 여자로 선정하여 시중을 들게 하였을 것이다.

둘째, 정효공주무덤벽화는 관대 남쪽 주변에 있는 상서도를 제외한 나머지 벽에 그린 그림이 모두 인물화이고 인물마다 자기 직분에 따라 검, 활, 철퇴, 악기, 봇짐, 활통, 화살통, 구리거울 등을 휴대하였다. 이러한 사실은 발해 사람들이 종래에 지혜롭고 용감무쌍하며 음악을 즐겼다는 것을 설명한다. 그리고 전통적인 사신도(四神圖)인 청룡(靑龍), 백호(白虎), 주작(朱雀), 현무(玄武)와 같은 상서도(祥瑞圖)는 그리지 않았다.

셋째, 정효공주무덤벽화 가운데 도포, 비단주머니, 봇짐, 활통, 화살통에는 모두 도안 혹은 장식화를 그렸다. 도안은 대부분이 식물 도안이고 소수가 동물 도안이다. 식물 도안은 붉은색, 다홍색, 적갈색, 푸른색, 흰색, 검은색 등으로 곱게 칠하였는데, 그 형태는 부채모양, 둥근모양, 네모모양 등이 있다. 이러한 도안들은 당나라 벽화에서는 찾아보기 어렵다. 특히 옷에 그린 도안은 당나라 무덤벽화에서는 찾아 볼 수 없다. 이는 발해 사람들의 독특한 풍격과 습관을 나타낸 것이고, 발해 사람들의 회화예술과 장식예술이 매우 높은 수준으로 발전하였다는 것을 설명한다.

넷째, 정효공주무덤벽화에 그려진 인물들이 휴대한 기물, 무기, 악기를 당나라의 무덤벽화에 그려진 그것들과 비교하여 보면 비슷한 점들이 있긴 하지만 자세히 살펴보면 발해 사람들의 독특한 특징이 반영되었다. 예컨대 정효공주 무덤벽화에 그려져 있는 철퇴의 손잡이 아랫부분은 흰색으로, 윗부분은 검은색으로 칠하였는데 그 부분의 크기가 크다. 그러나 당나라 의덕태자(懿德太子) 무덤벽화에 있는 철퇴의 자루는 모두 검은색으로 칠하였고 윗부분이 작다. 시위들이 메고 있는 활을 비교하면 정효공주무덤벽화에 있는 활은 등을 검은색, 안쪽 부분을 흰색으로 칠하였다. 안쪽 부분은 또 흰색을 바탕으로 하여 그 위에 '〈' 형 도안을 그렸다. 활의 시위는 팽팽하다. 그러나 의덕태자 무덤벽화의 활은 색깔과 도안을 그린 흔적이 보이지 않는다. 활시위는 느슨하고 짐승의 꼬리로 만든 피투(皮套: 가죽으로 만든 주머니)를 씌웠다. 화살통 모양도 같지 않음을 볼 수 있다. 정효공주무덤벽화에는 밑이 둥근 원통형의 활살통 하나가 있다. 화살통에는 머리를 뒤로 돌리면서 날쌔게 달리는 노루 한 마리가 그려져 있다. 당나라 무덤벽화에서는 비슷한 화살통을 찾아 볼 수 없다.

다섯째, 옷차림에서도 같지 않음을 볼 수 있다. 정효공주무덤벽화의 인물들이 입은 도복은 모두 길고 그 아래 끝이 발등까지 내리드리웠다. 그러나 당나라 무덤벽화에 있는 도복은 모두 짧고 그 아래 끝이 장화를 신은 신목 첫 부분까지만 내리드리웠다.

위에서 서술한 바와 같이 발해는 자기 나라의 회화예술을 바탕으로 당나라의 발전된 회화예술을 적극적으로 흡수하여 본국의 실제 정황에 알맞은 회화예술을 창조·발전시켰다.

정효공주묘벽화 인물상의 옷차림과 고구려 사람들의 옷차림을 대비해 보면 고구려 남자들의 기본적인 옷차림의 구성은 크게 바지, 저고리, 겉옷이다. 바지에는 통이 좁은 것과 넓은 것이 있는데, 통이 좁은 것은 인민들이 입었고 통이 넓은 것은 지배계급들이 위풍을 돋우기 위하여 입었다.

저고리 길이는 짤막하여 양복 저고리만하고 앞은 완전히 터졌으며 곧은 깃을 달고 소매 끝과 깃에 선을 달았으며 허리에는 띠를 매도록 되어 있었다. 지배계급들은 넓은 소매통과 선이 화려한 저고리를 입었다.

겉옷은 두루마기 같은 긴 것과 저고리만한 덧저고리가 있었는데, 긴 겉옷은 흔히 예절을 차릴 때 입었고 덧저고리는 아무 때나 입었다. 겉옷을 입을 때에는 반드시 허리에 띠를 맸다. 띠는 흔히 천, 색실, 가죽으로 만들었는데, 부유한 층은 위엄을 나타내기 위하여 가죽띠 위에 금속장식물을 붙였다.

정효공주무덤벽화에 그려진 인물들의 옷차림은 몸에는 붉은색, 푸른색, 자색, 흰색으로 된 목둘레가 둥근 긴 도포를 입었으며 허리에는 가죽띠를 하였고 도포 안에는 내의(內衣) 혹은 중단(中單: 도포와 내의 사이에 입는 옷)을 입었다.

고구려 남자들의 머리꾸밈에는 중요한 것은 머리트는 방법이었다. 머리트는 형식은 두 가지인데, 하나는 큼직하게 하나로 묶은 외상투이고 다른 하나는 쌍상투이다. 그 중 쌍상투는 보기 드물고 외상투가 많았다.

머리쓰개는 머리수건, 절풍(折風), 책, 관 등 여러 가지가 있었다. 머리수건은 주로 평민들이 썼고 지배계급은 사냥할 때 사용하였다. 절풍은 검은색의 테와 그 앞쪽의 흰색의 가리개를 붙이고 양옆에 끈을 단 머리쓰개이다. 지배계급은 절풍에 새깃을 두 개 꽂아 장식하였는데, 그것이 새깃인지 금동으로 만든 것인지에 따라 높고 낮음을 구별하였다.[19]

책은 모자테에 윗부분을 덧댄 것으로 앞보다 뒷부분이 한층 더 높으며 두

가닥으로 갈라지면서 앞으로 구부러진 것이다. 이는 주로 왕의 측근자 혹은 문관들이 썼다.[20]

관은 왕과 귀족들이 쓰는 화려하게 장식한 머리쓰개였다.

정효공주무덤벽화 인물들의 머리꾸밈은 머리를 빗어 쪽지고 말액으로 머리를 둘렀거나 두 날개를 교차시킨 복두를 썼을 뿐 고구려 사람들이 쓴 절풍, 책, 관 등은 보이지 않는다.

고구려의 남자 신은 목이 달린 것과 달리지 않은 것이 있었다. 이 신들의 특징은 모두 코가 도드라져 나온 것이다. 그러나 정효공주무덤벽화에 그려진 인물들이 신은 검은색 가죽신과 삼신은 모두 코가 도드라져 나오지 않았다. 목이 달린 가죽신을 암모화(暗摸靴)라고 한다. 『발해국지장편』권17 식화고에 "발해 사람들은 목이 긴 가죽신을 잘 만들었다. 현석 6년(878년)에 일본을 방문한 발해 사신 양중원(揚中遠)은 암모화를 선물로 주었다. 말대 왕 19년(925년) 발해 사신 배구(裵璆)는 목이 긴 가죽신을 후당(後唐)에 공물로 바쳤다. 이 신은 가죽으로 만든 것으로 밤행군에 알맞아서 암모(暗摸)라고 하였다."[21] 라고 한 것으로 보아 정효공주무덤벽화 인물 가운데서 검은 가죽신은 이 암모화일 것이다.

정효공주무덤벽화에 그려져 있는 악기(樂伎)들이 휴대한 악기로는 박판, 공후, 비파 등 세 가지 종류가 있다. 이러한 악기들은 고구려 무덤벽화에서는 찾아볼 수 없다. 그러나 『삼국지』의 악지에는 "고구려의 무악에서는 17종의 악기를 가진 큰 관현악단이 연주하고 이에 따라 네 사람이 춤을 췄다. 17

종의 악기 가운데는 쟁, 공후, 비파, 긴저, 젓대 등이 있었다."라는 기록이 있다. 그러나 박판이 있었다는 것은 분명하지 않다. 비록 고구려 무덤벽화에 비파와 공후가 그려져 있지 않지만 고구려 무악에서 널리 사용되고 있었다는 것으로 보아 발해국이 건립된 후 비파와 공후를 의연히 계승하여 사용하였을 것이며, 이를 정효공주무덤벽화에 반영한 것은 이상한 일이 아님을 짐작할 수 있다. 고구려 무악에서 박판을 사용했음은 벽화나 문헌에서 찾아볼 수 없다. 박판은 중원지구에서 널리 유행되던 악기의 일종이다. 문왕 대흠무는 대내적으로 개혁을 단행하고 대외적으로 개장하여 선진적인 당나라 봉건문화와 생산기술을 적극적으로 받아들이는 가운데 당나라 악기의 일종인 박판을 받아들여 발해 악기의 종류를 다양하게 하고 발해악의 내용을 풍부하게 한 것 같다.

정효공주무덤안길 뒤에 그려져 있는 무사는 철퇴를 잡아 어깨에 메고 경계를 서고 있으며 무덤안간 동쪽 벽 남으로부터 첫 번째 사람과 서쪽 벽 첫 번째 사람도 철퇴를 어깨에 메고 있다. 고구려 무덤벽화에서는 무사가 귀족을 호위하는 장면은 찾아볼 수 있어도 철퇴를 어깨에 메고 경계를 서는 그림은 찾아볼 수 없다.

정효공주무덤벽화 가운데 활통과 화살통에는 모두 도안 혹은 장식화가 있다. 도안은 대부분이 식물 도안이고 적은 수의 동물 도안도 있다. 그러나 고구려 무덤벽화 가운데의 화살통에는 발해 정효공주무덤벽화 가운데의 화살통과 활통에 그려져 있는 동물과 식물 도안 그리고 장식화가 그려져 있지 않다.

이상과 같이 발해 정효공주무덤벽화 인물상의 옷차림과 고구려 무덤벽화 인물상의 옷차림을 대비하여 다른 점을 찾아보았으나 미급한 점이 많다고 느껴진다. 학계 여러분들의 사심없는 지적이 있기를 바란다.

	무사		시위		악사		
	무사1	무사2	시위1	시위2	악사1	악사2	악사3
위치	무덤안길 서벽	무덤안길 동벽	무덤간 동벽나무	무덤간 서벽 남부1	부덤간 서벽 제2인	부덤간 서벽 제3인	부덤간 서벽 제4인
머리쓰개	투구	투구	말액	말액	복두	복두	복두
겉옷	전포 갑옷	전포 갑옷	목둘레가 둥근 적갈색 도포	도포	화문 원령 도포	녹색 원령 도포	화문 원령 도포
허리띠	흑색 허리띠	흑색 허리띠	피혁대	피혁대	피혁대		
무기	검, 철퇴	검, 철퇴	철퇴	활통, 검, 화살 주머니, 철퇴			
신	목이 긴 검은 신	목이 긴 검은 신	검은 신	검은 신	삼신		
거울							
악기					갈색 비단주머니, 박판	갈색 비단주머니, 공후	갈색 비단주머니, 비파
양산							

정효공주묘벽화 인물상의 옷차림(1)

	내시			시종	
	내시1	내시2	내시3	시종1	시종2
위치	무덤간 동벽 제2인	무덤간 동벽 제3인	무덤간 동벽 제4인	무덤간 북벽 좌측	무덤간 북벽 우측
머리쓰개	복두	복두	복두	복두	복두
겉옷	황색화문 원령도포	녹색화문 원령도포	홍색, 화문 원령도포	황색, 화문 원령도포	자색, 화문 원령도포
허리띠	피혁대		피혁대	피혁대	
무기				화살통, 활	화살통, 활
신			검은 신	삼신	
거울		구리거울			
봇짐		봇짐		황색봇짐	
화개					화개

정효공주묘벽화 인물상의 옷차림(2)

정효공주묘벽화
1. 무덤안길 동쪽 벽 문위 2. 무덤안길 서쪽벽 문위
3. 묘실 북쪽벽 좌측 시종 4. 묘실 북쪽벽 우측 시종

정효공주묘벽화
5. 묘실 동쪽벽 시위 6. 묘실 동벽 제2인 내시
7. 묘실 동벽 제3인 내시 8. 묘실 동벽 제4인 내시

정효공주묘벽화　9. 서벽 시위 10. 서벽 제2인 악기(樂伎) 11. 서벽 제3인 악기 12. 서벽 제4인 악기

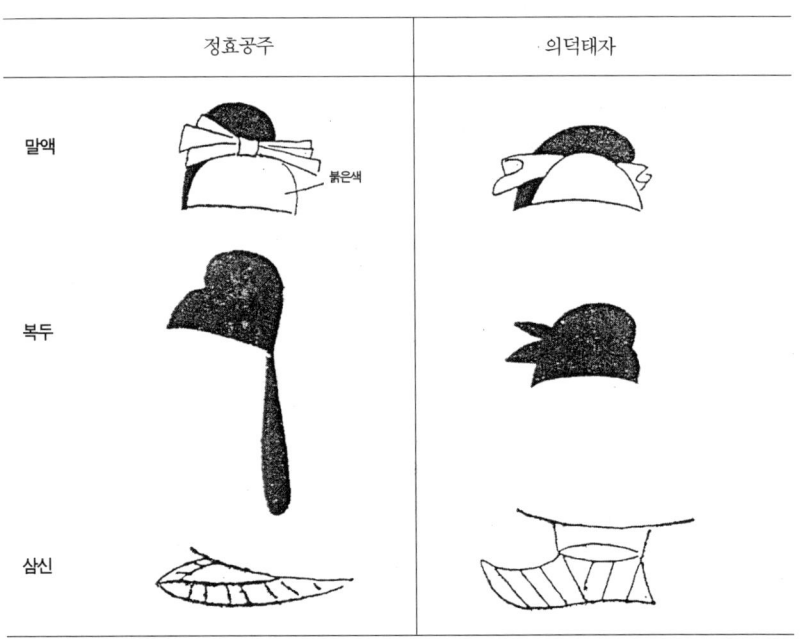

정효공주 무덤벽화와 의덕태자 무덤벽화 대비도

목둘레가 둥근 도포(圓領長袍)

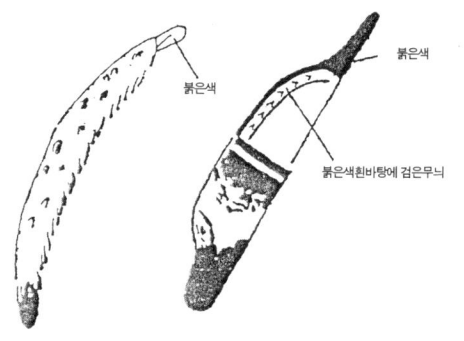 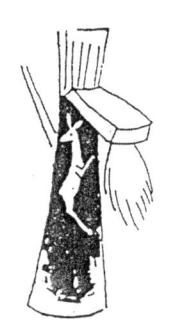 

활통과 화살통

철퇴

묘실 서쪽 벽 시위내의 복식 도안

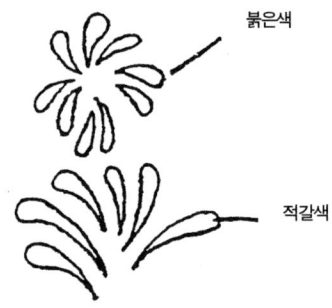

묘실 서쪽벽 북으로부터 제1인 복식 도안

묘실 서쪽 벽 북으로부터
제2인 도포 윗부분 복식 도안

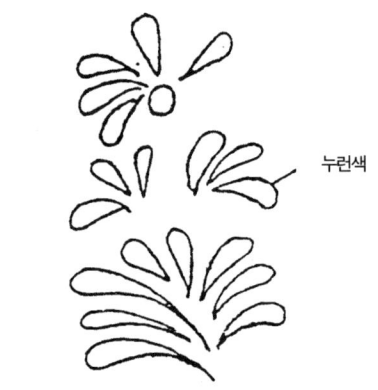

묘실 동쪽 벽 북으로부터
제2인 도포 아랫부분 장식 도안

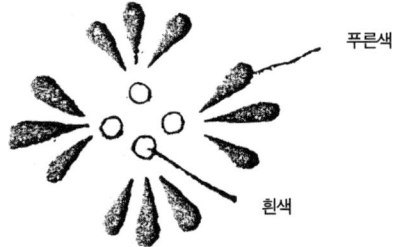

묘실 서쪽 벽 북으로부터
제2인 봇짐의 장식 도안

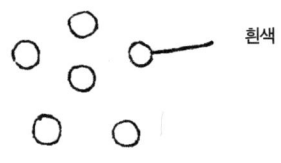

묘실 동쪽 벽 북으로부터
제2인 내의 도안

묘실 북쪽 벽 동쪽 컨 시종 복식 도안

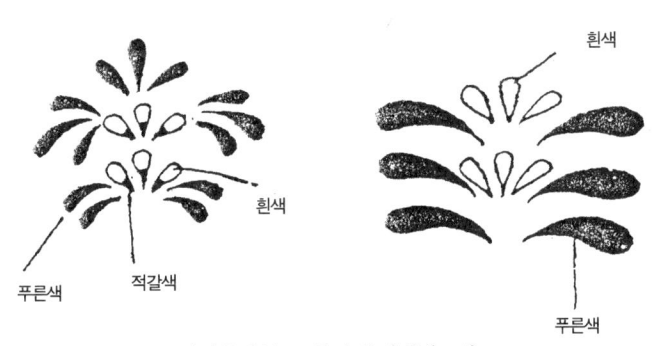

묘실 서쪽 벽 북으로부터 제3인 복식 도안

상경룡천부 출토 투구   오매리절골 투구

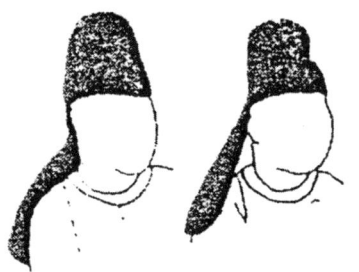
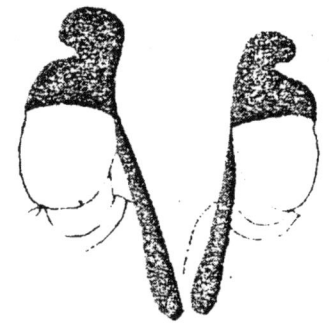

복두① (내시2, 내시3)   복두② (악사1, 내시1)

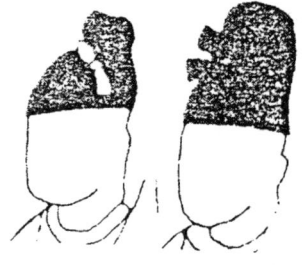
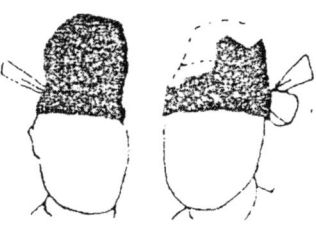

복두③ (악사2, 악사3)   복두④ (시종1, 시종2)

정효공주묘 벽화 복두

⑤ 삼채여용의 옷차림

삼채여용(三彩女俑)은 1998년 길림성 화룡현 용수향 석국촌(吉林省和龍縣龍水鄉石國村) 석국무덤(石國墓)에서 4점이 발견되었다. 지금 연변박물관(延邊博物館)에 소장되어 있다.[23]

삼채여용은 머리꾸밈과 옷차림으로 보아 귀족, 관리들의 부녀(婦女)이거나 부유한 사회계층의 부인이고 평민가정의 부녀는 아니다.

여용(女俑) 4점 가운데서 2점이 공개되고 나머지 2점은 아직 공개되지 않았다. 아래에서는 이미 공개된 2점의 여용의 옷차림에 대해서만 살펴보기로 하겠다. 두 여용이 입은 의복은 저고리와 치마에 해당되는데 그 형태는 거의 차이가 없다. 여용의 저고리 목둘레선이 몸의 선을 따라 둥글게 앞가슴 부위까지 쑥 내려가 가슴을 드러내어 사람들로 하여금 상쾌한 감을 느끼게 한다. 치마의 허리선은 가슴 위로 높이 올라가 끈으로 여미었고 길이는 바닥에 끌릴 정도이며 앞, 뒤 중심선과 양쪽 옆선에 세로의 선이 보이고 중심선과 옆선의 사이에도 정확한 비례로 세로의 선이 표시되어 있다. 치마의 오른쪽(右) 끝에는 가늘고 긴 띠로 몸을 돌려 매고 나머지 부분은 길게 드리웠다. 두 여용은 저고리를 치마 속에 넣어 입었고 목수건을 두르지도 않았으며 비교적 간소한 옷차림을 하였다.

여용 둘의 머리 모양은 각기 다르다. 하나는 이마 위의 정수리 부분에 상투를 조그맣게 매어 앞으로 드리웠고 옆머리는 자연스럽게 아래로 처지면서 귀를 가리고 뒤 어깨로 이어져 드리워졌다. 다른 한 여용의 머리모양은 얼굴 양 측면에서 귀밑머리의 가운데를 묶어 아래위로 형성된 쌍상투이다.

신발은 끝이 위로 올라갔는데 여용 둘 가운데서 하나의 신끝이 더욱 위로 올라갔다. 색채를 살펴보면 여용 하나는 담황색 저고리에 녹색 치마를 입었

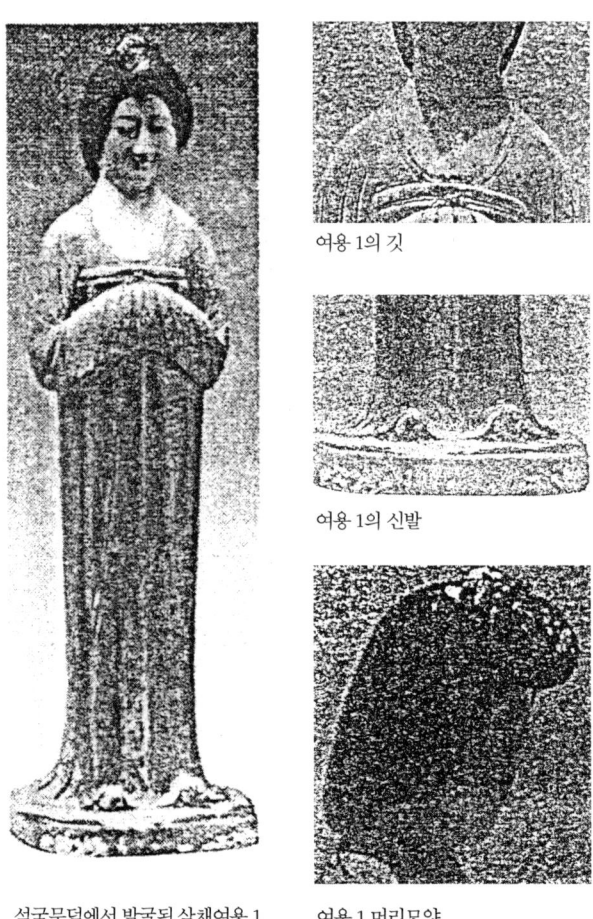

여용 1의 깃

여용 1의 신발

석국무덤에서 발굴된 삼채여용 1   여용 1 머리모양

고 황갈색 신을 신었다. 다른 한 녀용은 녹색 저고리에 황갈색 치마를 입었고 녹색 신을 신었다.

석국무덤에서 발굴된 삼채여용 2

여용 2의 깃

여용 2의 신발

여용 2의 치마

여용 2의 머리모양

⑥ 장신구(치레거리)

발해유지에서 몸 치레거리와 관련되는 유물이 비교적 많이 출토되었기 때문에 발해 치레거리의 종류, 사용된 범위, 수량, 질적 수준에 대해 충분히 해석할 수 있다.

치레거리로 머리꽂이, 귀걸이, 귀걸이드리개, 방울, 반지, 팔찌, 비녀, 도금한 비녀, 단추, 띠고리, 띠돈, 사미, 구리패치레거리, 향엽, 도금한 물고기 모양치레거리, 연꽃잎치레거리, 고깔모자치레거리, 능형치레거리, 금반지, 은반지, 은귀걸이, 금팔찌, 금띠, 금띠고리, 금귀걸이, 금으로 만든 두 가닥 비녀, 금치레거리, 도금한 물고기 모양 구리치레거리, 도금한 띠고리, 도금한 구리드리우개치레거리, 도금한 행엽(杏葉)치레거리, 도금한 구리치레거리, 도금한 사미, 도금한 연꽃무늬 구리치레거리, 은팔찌, 은비녀, 연꽃무늬 구리치레거리, 은팔찌, 은비녀, 뼈로 만든 빗 등이 있는데 그 종류가 다양하다.

치레거리를 만든 질적 수준이 높았다. 예를 들면 1971년 화룡현 팔가자 하남촌(和龍縣八家子河南村)에서 발해왕실의 귀족부부의 합장무덤이 발견되었다. 동, 서로 나란히 있는 두 기의 무덤은 흙으로 봉하였다. 이 두 무덤에서 귀중한 금치레거리들이 발굴되었다. 한 무덤에서는 작은 금띠고리 2개, 도금한 용무늬치레거리 2개, 금팔찌 1개, 금귀걸이 1쌍, 은팔찌 1개가 출토되었다. 이 무덤은 여자의 무덤이고, 다른 한 무덤에서는 온전한 금띠 1개, 모가 난 금고리 14개, 작은 금띠고리 8개, 금드립고리 9개, 말안장모양금치레거리 9개, 칼자루모양금치레거리 4개, 도금한 칼집치레거리 4개, 금팔찌 2

개, 금꽃치레거리 26개 등이 발굴되었다. 이 무덤은 남자의 무덤이다. 이 두 무덤에서 발굴된 금치레거리들은 다양한 형식으로 정교롭고 아름답게 만들고 복잡한 도안과 꽃무늬를 장식하였다.[24]

금띠(金帶)는 고리, 띠돈 및 사미로 이루어졌다. 띠고리 앞부분은 연꽃을 방불케 하는 3잎 꽃무늬로 도안되었다. 띠돈에는 허리가 짤록한 타원형의 것과 방형으로 된 것이 있는데 무늬풍격은 육각 보상화무늬 장식품과 비슷하다. 그 중 방형 띠돈은 가운데의 볼록한 녹송석(綠松石-보석의 일종) 꽃술을 두었고 두리에는 복옆으로 이루어진 꽃무늬 도안을 돋쳤으며 네 귀는 속줄기가 있는 꽃잎사귀로 치레하였다. 띠돈과 함께 나온 사미(鉈尾)의 보상화무늬도 그 형태에서 조금 변화가 보일뿐 전체적인 풍격이나 특징에는 이상과 다름이 없다.[25]

이 금띠는 수정(水晶)과 진한 정도가 같지 않은 녹송석을 박았기 때문에 더 아름답고 귀중해 보인다.

돈화시 육정산(敦化市六頂山) 발해 무덤떼 중의 M204, M213, M214 무덤에서 금반지 1개, 은반지 2개, 은귀걸이 2개가 출토되었고 상경용천부 궁성 내와 절터에서 도금한 치레거리 다수가 출토되었다. 안도현 동청발해무덤(安圖縣東淸渤海墓) 가운데의 M1호에서 은귀걸이 하나가 출토되었는데 굵기가 0.3㎝ 되는 은오리로 만들어졌다. 그 모양은 타원형을 이루었으며 두 끝은 좀 열렸는데 한쪽 끝은 작은 고리 모양으로 구부렸다. 귀걸이의 직경은 3.5~4.2㎝이다.

⑦ 옷감(衣料)

발해의 옷감으로는 마직품(麻織品), 견직품(絹織品), 수피류(獸皮類), 어피류(魚皮類) 등이 있다. 이를 실증할 수 있는 자료는 『신당서』 발해전을 중심으로 한 일부 역사문헌에 기재된 단편적인 자료와 당나라, 오대(五代), 일본과 교류한 물품 가운데 오고 간 직물과 수피(獸皮), 유적에서 출토된 고고학 자료들이다.

㉮ 마방직업과 마직품

『신당서』 발해전에는 발해에서 귀하게 여기는 것으로 태백산의 토끼, 남해의 다시마, 책성의 된장, 부여의 사슴, 막힐의 돼지, 솔빈의 말, 현주의 천, 옥주의 면, 용주의 명주, 위성의 철, 노성의 벼, 미타호의 붕어와 과일로는 환도의 오얏과 낙유의 배가 있다. (俗所貴者曰太白山之菟, 南海之昆布, 柵城之豉, 扶餘之鹿, 鄚頡之豕, 率濱之馬, 顯州之布, 沃州之綿, 龍州之紬, 位城之鐵, 盧城之稻, 湄沱湖之鯽, 果有丸都之李, 樂游之梨) 현주의 천, 옥주의 솜, 용주의 명주는 발해의 특산 직물(特産織物)이다.

발해의 방직업(紡績業) 가운데는 마방직업(麻紡績業)과 견직업(絲績業), 모방직업(毛紡績業) 등 세 가지 형태가 있었는데 그중에서 마방직업과 견직업이 주요한 자리를 차지하였다. 사회적으로 보편화되고 생산량이 제일 많은 것이 마방직업이었다. 발해의 조상들은 일찍부터 삼을 심고 베를 짤 줄 알았다. 발해시기에 이르러 사회경제가 발전함에 따라 마방직업도 매우 큰 발전을 가져왔다. 그 가운데서 현주(顯州-오늘의 길림성 화룡현 서고성)에서 생산된 마포는 전국에서 이름난 명품이었다. 역사문헌자료와 고고학적 자료에 의하면 현부는 바로 중경현덕부(中京顯德府)의 소재지로서 천보년간(天寶年間) 왕이 살던 곳이었다. 때문에 오늘의 길림성 화룡현 서고성 일대는 마포(麻布) 생산의 중심지였고 마방직업의 중심지였다는 것을 알 수 있다. 근년에 사학계 어떤 학자들은 '발해는 면화를 재배하였다. 방직업 가운데서 면방직업과 견직업이 제일 발전하였는데 면방직업의 중심은 현주(顯州)이다.' 라는 논점을 제기하였다. 이 논점에 대해 반드시 보다 깊은 논의를 진행할 필요가 있는데, 그것은 이 논점이 이론상으로 근거가 결핍하여 사실적으로 사람들을 설복시킬만한 믿음직한 논거가 없기 때문이다. 그 근거는《현주의 천과 옥주의 풀솜에 대한 연구》[26] 라는 절목에서 자세하게 서술하였으므로 참조하기 바란다. 『발해국지장편』권17, '…동단국(東丹國-거란이 발해국을 멸망시킨 후 그곳에 새로 건립한 국가) 창립초기에 동단국은 거의 해마다 거란(契丹)에 굵은 베 10만 단과 가는 베 5만 단을 공납하였다. '…東丹國初建, 約發貢粗布十萬端, 細布五萬端於契丹.' 하였고 『책부원구(册府元龜)』권972에는 '인삼, 잣, 곤포, 가는 베를 바쳤다…(貢人蔘, 松子, 昆布, 細布)' 라고 하였다. 이러한 사실은 발해에서 생산한 삼베에는 실의 굵기에 따라 조포(粗布), 평포(平布), 세포(細布) 등이 있었다는 것을 알 수 있다. 조포는 굵은 베실로 짠 천이고 평포는 보통 베실로 짠 천이며 세포는 가는 베실로 짠 천이다.

조포와 평포는 주로 가정공업에서 생산한 것이 많은 비중을 차지하였다.

『거란국지(契丹國志)』권14에 의하면 동단국에서는 해마다 추포 10만 필을 거란에 보내도록 되어 있었다. 세포는 보통 10새 이상 가는 베를 염두에 둔 것인데 대흥11년(748년) 흑수부(黑水部)는 당나라에 60종포(綜布)를 공납하였다. 60종포는 가는 베(細布) 가운데서도 제일 가는 것이었다.『발해국지장편』권17,《석화고》에 '동단국 감로 3년(甘露 3년-928년) 인황왕(人皇王)은 거란에 백녕(白紵-흰모시천-일명 백저포라고도 한다.)을 바치었는데 백녕은 발해에서 생산된 것이다.' 라고 기재되었다. 이로 보아 발해에서 흰모시천도 생산하였다는 것을 알 수 있다.

  굵은 베의 생산은 가정수공업으로 부녀들이 많이 생산할 수 있었다. 그러나 가는 베, 60종포와 같은 것은 일정한 기술수준과 방직경험이 있는 전업 장인들이 짠 것이라고 볼 수 있다. 동단국에서 매년 거란에 굵은 베 10만 필, 가는 베 5만 필씩 바친 걸 보면 발해에서 생산한 마포의 수량이 상당히 많았고 그 공예기술도 상당히 높은 정도에 이르렀다는 것을 알 수 있다. 팔가자 북대무덤과 돈화시 육정산 발해무덤에서 마포가 출토되었다. 이는 좋은 실증이 된다.

  모두어 말하면 발해의 마방직업은 전대의 기초 위에서 신속히 발전하였고 마방직업의 중심은 현주였으며, 품종으로는 보포, 평포, 세포, 60종포, 백녕 등이 있었고 생산기술공예는 상당히 높은 정도로 발전하였으며, 생산된 수량도 매우 많았다.

㉯ 견직업과 견직품

발해 때 양잠소 사업과 견직업도 발전하였다. '옥주의 풀솜(沃州之綿)'과 '용주의 명주(龍州之綢)'는 발해국의 유명한 명품이었다. 옥주(沃州)는 남경남해부(南京南海府-오늘의 함경남도 북청군 부근)의 중심주였다. 이곳은 발해 때 풀솜(綿)이 생산되던 중심 지구였다. 이 풀솜은 뽕나무에나 참나무에의 고치에서 실이 되지 않은 것을 가리키는 것이다. 당시 발해영토에서 누에치기가 보편화 되고 명주, 비단이 생산되는 모든 곳에서는 다 풀솜이 생산되었는데 남경남해부의 옥주 일대에서 생산된 풀솜은 가장 질이 좋았다.

명주로는 '용주의 명주(龍州之綢)'가 제일 유명하였다. 용주는 어느 곳에 위치해 있었는가? 『신당서 발해전』에 '용천부는 용, 호, 발 등을 관할하였다.'라고 하였다. 이로 보아 용천부(龍泉府)의 산하에 용주(龍州), 호주(湖州), 발주(勃州) 등 3개 주가 있었음을 알 수 있다. 문자의 배열 순서로 보아 용주는 상경용천부(上京龍泉府)의 첫 번째 주이고 그 소재지는 오늘의 동경성 부근이었으며, 관할구역은 상경을 둘러싸고 있던 주, 즉 오늘의 경박호(鏡泊湖) 이북, 동경성을 중심으로 한 일대였다. 용주의 산하에는 영녕(永寧), 숙신(肅愼), 부리(富利) 등 3개 현이 있었다. 영녕현에 대해『일본류취국사』 권194에는 영녕현 현승(縣丞) 왕문구(王文矩)가 일본으로 출사(出使)하였다는 내용이 기재되어 있다. 한 개 현의 현승 왕문구가 849년에 나라를 대표하여 대사(大使)의 중책을 지니고 일본을 방문하였다는 걸 보면 영녕현은 보통 현이 아니었고 현승도 보통 현 현승보다 격이 높은 상경용천부의 용주는 고

위급 현승이 아니었겠는가고 생각되며, 영녕현은 용주의 첫 번째 현이었기 때문에 그 소재지를 반드시 오늘의 동경성 부근에서 찾아야 한다.

상경용천부의 주변 50리 내외에 현존하는 발해시기의 옛 성 유적지로는 대목단강 옛성터(大牧丹江古城址), 우장 옛성터(牛場古城址), 토성자 옛성터(土城子古城址), 상둔 옛성터(上屯古城址) 등 네 곳이 있다. 이 네 옛성터는 모두 발해의 중기와 말기에 속하는 성자리이다. 대목단강옛성터는 목단강 북안에 자리잡았고 나머지 세 개 옛성터는 모두 목단강 남안에 있다. 이 네 옛성터 가운데서 상경성 유적지에서 가까운 성터는 우장 옛성터와 토성자 옛성터 두 개가 있다.

우장 옛성터는 상경성(上京城)에서 서남으로 6리 되는 곳에 있다. 이 성은 교통 요충 지대에 건축된 것으로 방위성 성격을 띤 성으로 보인다. 그리하여 이곳 농민들은 '대병영(大兵營)'이라고 부른다.

토성자 옛성터는 상경성에서 북으로 약 5리 떨어진 곳에 있다. 이 성의 주변에는 참나무가 많다. 발해시기 '용주의 명주(龍州之綢)'를 생산하는 원료의 주요한 산지인 듯하다. 지금도 흑룡강성 작잠소가 이곳에 설치되어 있다. 이곳은 동경성 충적분지의 중부에서 남으로 좀 치우친 곳이고 남으로 약 3리를 가면 목단강에 흘러드는 마련하(馬蓮河)가 있다. 성은 장방형으로 되었는데, 동쪽성벽의 길이는 394m, 남쪽성벽의 길이는 186m, 서쪽성벽의 길이는 391m, 북쪽성의 길이는 193m, 둘레의 길이는 1,164m이고 동, 서, 남, 북 네 성벽 중간에 서로 대칭되는 문자리가 있다. 성내의 세 곳의 옛 우물이 있는데 지금도 의연히 그 물을 음료수로 한다. 우물은 상경 유적지에 있는 우물과 같다. 성터 서쪽 문자리 밖의 밭에서 발해시기의 천무늬기와 조각을 많이 채굴하였다.

위에서 말한 두 성터를 서로 비교하여 보면 우장 옛성터는 토성자 옛성터보다 규모가 작고 주변의 지리 형세가 확 트이지 못하였으며 교통 요새지에 지어졌기 때문에 상경성을 보위하는 성으로 될 수 있으나 현의 소재지로서의 조건은 갖추지 못하였다. 그러나 토성자 옛성터는 우장 옛성터보다 크고 상경성과의 거리는 5리이며 주위가 넓고 작잠과 알곡 생산기지이고 인구가 많은 곳이다. 이와 같은 정황을 비추어보면 토성자 옛성터가 용주 관할하의 첫 번째 현-영녕현의 소재지로 될 만하다. 이는 문헌기재와 부합된다. 이 사실에 측정해 보면 오늘의 흑룡강성 영안현 발해진 토성자옛성터(발해시기 영녕현 소재지)를 중심으로 한 용주는 발해시기 명주가 생산된 중심지였던 것을 알 수 있다.

명주는 뽕나무를 심어 누에를 치고 그 고치를 따서 실을 뽑아 천을 짠 것이다. 어떤 지방에서는 참나무누에를 치고 그 실로 천을 짜기도 하였다.

『신당서 발해전』에 세속에서 귀히 여기는 특산물 가운데 '용주의 명주(龍州之紬)'가 있다고, 『발해국지장편』권17, 「식화고」에 "발해에서는 명주가 생산되었다… 대흥 11년 (747년) 흑수부는 어아주, 조하주를 당조에 공납하였다. 이는 대개 화문에 따라 이름이 다른 것 같다. "渤海産紬…大興十一年, 黑水部獻魚牙紬, 朝霞於唐, 此盖因花紋而異其名"라고 하였다. 이로 보아 발해에서는 무늬 없는 명주와 함께 어아주, 조하주 등 무늬 있는 여러 가지 명주를 생산하였다. 그 중 어아주, 조하주 등은 어아금, 조하금 등 다른 이름으로 불리기도 하였고, 그 무늬의 섬세한 정도에 따라 또 다르게 불리는 여러 가지 명주들이 있었다.

화룡현 용수향 용해촌 용두산 발해 제3대 문왕의 넷째 딸 정효공주무덤(貞孝公主墓)벽화에 그려진 12폭의 시위자의 그림은 모두 서로 다른 명주와 비단옷을 입었다. 그리고 상경용천부 유적지에서 발굴한 '사리함(舍利函)'에서 비단(錦), 비단(緞), 얇은 비단(紗), 명주(紬), 비단(絹) 등과 여러 가지 견직품을 발견하였다. 이러한 고고학적 자료는 문헌에 기록된 '용주의 명주'와 서로 부합된다.

당시 마포는 주로 평민들이 쓰고 견직품은 주로 사회의 상층인물들과 부자들이 입었다.

발해의 경제, 문화가 발전하고 사회가 진보함에 따라 사회적으로 명주와 비단에 대한 수요량이 더욱 늘어나게 되었다. 국내에서 생산되는 양만으로는 사회적 수요를 만족시킬 수 없었다. 따라서 발해는 국외무역을 통해 특히 당나라와 일본으로부터 견직품을 수입하였다. 당나라와의 무역 및 회사(回賜)의 형식을 통해 수입한 견직물로는 백(帛), 금채(金綵), 견(絹), 채련(綵練), 면(綿) 등 같지 않은 이름을 가진 여러 가지 명주와 비단이 있었다. 백(帛)은 비단(繒)이고 금채는 무늬 있는 채색비단이며 견(絹)은 비단이며 채련도 오색비단 중의 하나이고 면은 풀솜이다.

번호	기원	발해기년	수입직물의 종류와 량	자료래원
1	724년	무왕 인안 6년 2월 15일	벡(帛) 50필(疋)	『책부원구』권975, 포이2.
2	727년	무왕 인안 9년 4월 18일 이전	채련(綵練) 10필	〃
3	727년	무왕 인안 9년 4월 18일	백 50필	〃
4	728년	무왕 인안 11년 4월 27일	견(絹) 300필	〃
5	729년	무왕 인안 11년 3월 13일	백 20필	〃
6	730년	무왕 인안 12년 2월 23일	견 20필	〃
7	730년	무왕 인안 12년 5월 26일	백	〃
8	730년	무왕 인안 12년 9월 14일	백	〃
9	731년	무왕 인안 13년 2월	백 100필	〃
10	731년	무왕 인안 13년 10월 18일	백 30필	〃
11	736년	무왕 인안 18년 3월 5일	백 30필	〃
12	736년	무왕 인안 18년 11월	백 500필	〃
13	737년	문왕 대흥 원년 8월 6일	백 100필	〃
14	737년	문왕 대흥 3월 2일	백 100필	〃
15	813년	희왕 주작 2년 12월 27일	면채(綿綵)	〃
16	816년	희왕 주작 5년 2월 7일	금채(金綵)	〃
17	817년	간왕 해시 원년 3월 8일	금(錦), 면(綿)	〃
18	838년	대이진 함화 8년 2월 3일	면채	〃
19	846년	대이진 함화 16년 1일	금채	〃
20	908년(후량)	대이진 2년 1월	금백(錦)	〃
21	908년(후당)	대이진 18년	금채(金綵)	『5대회요』권30, 발해

당, 후량, 후당으로부터 수입한 견직물

일본으로부터 수입한 견직물의 종류로는 견(絹), 면(綿), 사(絲), 시(絁), 능(綾), 조금(調錦), 조포(調布), 용포(庸布), 혈라(纈羅), 백라(白羅) 등이 있었다. 사(絲)는 명주실이고 시(絁)는 비단의 일종이며 능(綾)은 문양의 비단이고 조금, 조포, 용포는 금포(錦布)의 일종이며 혈라와 백라도 비단의 일종이

번호	기원	발해기년	수입직물의 종류와 량	출전
1	728년	무왕 인안 10년 4월 16일	채백(採帛) 50필(疋), 릉(綾) 10필, 시(絁) 20필, 사(絲) 100구(?), 풀솜(면) 200둔	『속일본기』 권10
2	740년	문왕 대흥 4년 1월 7일	발해왕: 미농시 30필, 견 30필, 사 150구, 조금 300둔 발해부사 이진몽: 미농시 20필, 견 10필, 사 50구, 조면 200둔	〃
3	740년	문왕 대흥 4년 1월 29일	조포 150단, 융포 60단	〃
4	740년	문왕 대흥 4년 1월 30일	백, 면	〃
5	759년	문왕 대흥 23년 1월 8일	면(풀솜)	『속일본기』 권21
6	759년	문왕 대흥 23년 2월 1일	발해왕: 모견 40필, 미농시 30필, 사 200구, 풀솜 300둔, 금 4필, 량면 2필, 혈라 4필, 백라 10필, 채백 40필, 백면 100첩	〃
7	760년	문왕 대흥 24년 1월 7일	발해왕: 시 30필, 미농시 30필, 사 200구, 조면 300둔	『속일본기』 권22
8	763년	문왕 대흥 27년 1월 17일	풀솜	『속일본기』 권24
9	772년	문왕 대흥 36년 2월 2일	발해왕: 미농시 30필, 견 30필, 사 200구, 조금 300둔	『속일본기』 권32
10	777년	문왕 보력 4년 5월 7일	채백	『속일본기』 권34
11	777년	문왕 보력 4년 5월 23일	발해왕: 견 50필, 시 50필, 사 200구, 풀솜 300둔 발해왕후의 조상으로: 견 20필, 사 50필, 풀솜 200둔	〃
12	779년	문왕 보력 6년 9월 27일	조시, 용면	『속일본기』 권35
13	776년	강왕 정력 3년 5월 17일	발해왕: 견 20필, 시 20필, 사 100구, 풀솜 200둔	『류취국사』 권35
14	798년	강왕 정력 5년 5월 19일	발해왕: 견 30필, 시 30필, 사 200구, 풀솜 300둔	〃
15	799년	강왕 정력 6년 4월 15일	발해왕: 견 30필, 시 30필, 사 200구, 풀솜 300둔	『일본후기』 권8
16	828년	선왕 건흥 11년 4월 29일	견, 풀솜	『일본후기』 권36
17	859년	대건황 3년 6월 23일	시 50필, 풀솜 400둔	『일본3대실록』 권3
18	861년	대건황 5년 5월 21일	시 135필, 풀솜 1,225둔	『일본3대실록』 권5
19	861년	대건황 5년 5월 26일	시 10필, 풀솜 40둔	〃

일본으로부터 수입한 견직물

위에서 본 바와 같이 계산 단위로는 필(疋), 구(絇), 둔(屯), 첩(帖), 단(端), 단(段)이 사용되고 있다. 필(疋)은 백(帛), 연(練), 견(絹), 시(絁), 금(錦), 양면(兩綿-겉과 안이 다른 문양을 나타내도록 짠 이중직물로 양면금(兩綿錦)이라고도 한다.), 능(綾), 나(羅)의 단위로 쓰였고, 구(絇)는 사(絲)의 단위로, 둔(屯)과 첩(帖)은 면(綿)의 계량단위로 쓰였다. 단(端)과 단(段)은 포(布)의 단위로 쓰인 것인데 일본에서는 조포(調布)의 단위를 단(端)으로 용포(庸布)의 단위를 단(段)으로 사용하였다.

발해에서는 견직품을 대량으로 생산하였을 뿐만 아니라 그 공예기술도 상당히 높은 수준으로 발전하였다.

㈐ 짐승가죽류(獸皮類)

발해 특산물로서의 짐승가죽의 종류로는 돈피(貂皮), 표범가죽(豹皮), 범가죽(虎皮), 웅피(熊皮-작은 곰가죽), 비피(羆皮-큰 곰가죽), 청서피(靑鼠皮), 은서피(銀鼠皮), 양가죽(羊皮), 돼지가죽(猪皮), 개가죽(犬皮·狗皮), 털을 제거한 가죽(革) 등이 있었다.

짐승의 가죽으로 옷, 요(褥), 이불, 모자, 수갑, 버선과 신발 등을 만드는 데 널리 사용 되었고 고급 제품은 관료와 귀족과 부유한 계층의 사람들이 많이 입었고 일반적인 제품은 평민들이 입었다.

발해 특산물로서의 짐승가죽은 당나라와 일본 등 나라에도 많이 수출 되었는데, 이는 발해 대외무역수출품 가운데서 중요한 자리를 차지하였다. 발해의 가죽류가 주변 나라들에 전해진 기재들을 예로 들어보면 다음과 같다.

㉔ 발해 무왕 12년(730년) 당나라에 사신 방문 갔을 때 바다표범가죽 5장(張) 돈피가죽 3장을 공헌(貢獻) 하였다.

㉕ 문왕 1년(738년) 당나라에 돈피 1,000장을 공헌했고 대인선 20년?(925년) 후당(後唐)에 돈피이불 하나와 요(깔개) 6장, 가죽신 등을 공헌하였다. 무왕 10년(728년)에는 발해 사절단이 일본으로 갈 때 돈피가죽 300장을 가져갔고 문왕 2년(739년)에는 범가죽 7장, 큰 곰가죽 7장, 돈피가죽 6장을 가져갔다.

돈피는 발해 특산 모피류 가운데 으뜸으로 꼽혔다. 돈피는 오늘도 중국 동북3성의 세 가지 보물인《동북3보(東北三寶)》의 하나로 꼽는다. 발해에서는 짐승가죽류와 함께 어피류(魚皮類)도 옷감으로 이용되었다. 어피류는 바다 표범가죽(海豹皮), 교어피(膠魚皮) 등이 있었다.

⑧ 염색기술의 발전

발해의 마방직업과 견직업이 발전함에 따라 천[布]에 물들이는 염색가공업도 발전하게 되었다. 평민들은 주로 마포를 그대로 옷을 만들어 입었지만 부자, 상층 인물들과 관리, 귀족, 왕족들은 지위의 높고 낮음에 따라 다른 색깔의 복장을 입는 제도가 있었다. 즉 관리들의 등급에 따라 공식복장의 형식과 색깔, 장식품, 휴대품 및 기타로 구별하였다. 『신당서』권219「발해전」에는 발해의 복장제도가 기록되어 있다.

3품 이상의 공복(평상시 관리들의 예복)의 복색은 자색(자줏빛)이고 홀은 상아홀이며 차는 패물은 은어대이다. 6품, 7품의 공복은 녹색인데 이것들의 홀은 다 나무홀이다.

  以品爲秩, 三秩以上服紫, 牙笏, 金魚, 五秩以上服緋, 牙笏, 銀魚, 六秩, 七秩淺緋, 八秩以上綠衣, 皆木笏

  라고 하였다. 특히 1980년 10월 화룡현 용해촌(龍海村)에서 발해 정효공주 무덤의 벽화를 발굴하였는데, 벽화가 발해관복과 견직물을 염색한 정확한 정황을 보여준다. 무덤칸으로 들어가는 무덤길(甬道) 뒷부분의 동쪽과 서쪽 두 벽, 무덤칸의 동, 서, 북 등 세 벽에는 모두 벽화가 그려져 있고 벽화에 그려진 인물은 모두 12명이다. 그 인물들의 휴대품과 복장 색깔을 보면 무사(武士), 시위(侍衛), 악기(樂伎), 시종(侍從), 내시(內侍) 등 다섯 가지로 나눌 수 있다. 그들의 의상은 녹색, 붉은색, 검은색, 등 색깔로 화문을 꾸미었고 그들은 또 붉은 배낭, 청색, 자색(자줏빛) 도포를 입었다.

  발해 사람들은 광물(鑛物)과 식물(植物)에서 색소를 취재하여 염료(染料)를 만들고 그것으로 염색하여 오색찬란한 의복을 제작하여 입었다.

  자색(紫色)은 주로 자초(紫草)의 뿌리로 염색한다. 비색(緋色)을 대홍색(大紅色)이라고도 한다. 홍색은 주로 홍화(紅花), 꼭두서니(茜), 소목(蘇木) 등으로 염색한다. 그 외 적철광분(赤鐵鑛粉)과 주사(朱砂)로 염색하는 경우도 있지만 부착력이 약하고 견고한 정도가 약하다. 녹색(綠色)은 간색(間色)으로서 남초(藍草)로 염색한 후 황색으로 다시 염색하면 녹색을 얻을 수 있었다. 청색(靑色)은 남초(藍草)에서 취재하여 염색했다. 황색(黃色)은 주로 치자(梔

子), 지황(地黃), 홰미(槐米-회나무꽃), 황벽(黃檗-황경피나무), 강황(姜黃), 자황(柘黃-산뽕나무) 등에서 채취하여 염색하였다. 백색(白色)은 천연광물 견운모(絹雲母)를 발라 염색하기도 하였지만 주로 표백하였다. 흑색(黑色)은 주로 역실(櫟實-도토리), 상실(橡實-상수리), 오배자(五倍子), 폐엽(柿葉), 동청엽(冬靑葉), 율각(栗殼), 연자각(蓮子殼), 서미엽(鼠尾葉), 오구엽(烏桕葉-아구나무잎) 동청엽 등에서 채취하여 염색하였다.

누에를 치고 풀솜을 생산하고 비단과 명주를 짜는 양잠소 사업과 견직업

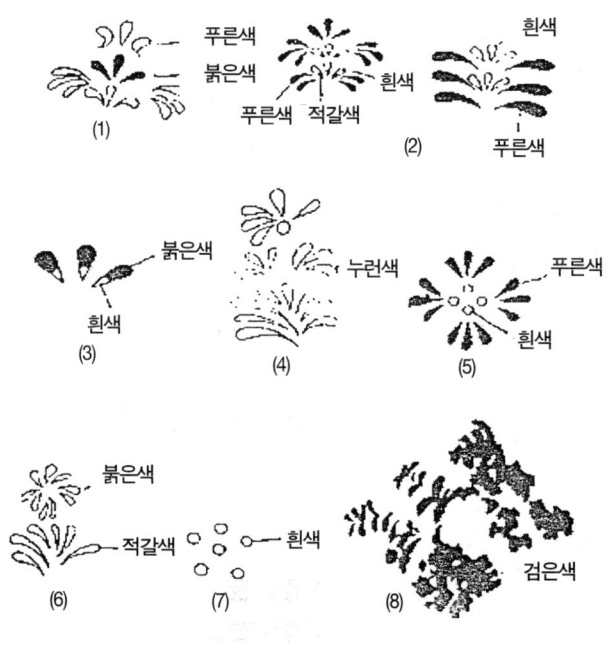

정효공주묘 벽화인물 복식의 문양
① 시위 1내의 모양 ② 악사 제1인의 문양 ③ 악사 제2인의 상부 문양
④ 악사 제2인의 하부 문양 ⑤ 악사 제2인의 문양 ⑥ 악사 제3인의 문양
⑦ 내시 2내의 문양 ⑧ 시종 2포 문양

그리고 염색업을 진행함에 있어서 비교적 간단한 것은 부녀들이 가정수공업으로 생산했을 것이다. 그러나 복잡하고 공예기술이 높고 대량으로 생산하여 염색하는 등은 높은 기술수준과 생산경험이 있는 전업장인들이 사영 혹은 관영작업소에서 생산하였을 것이다.

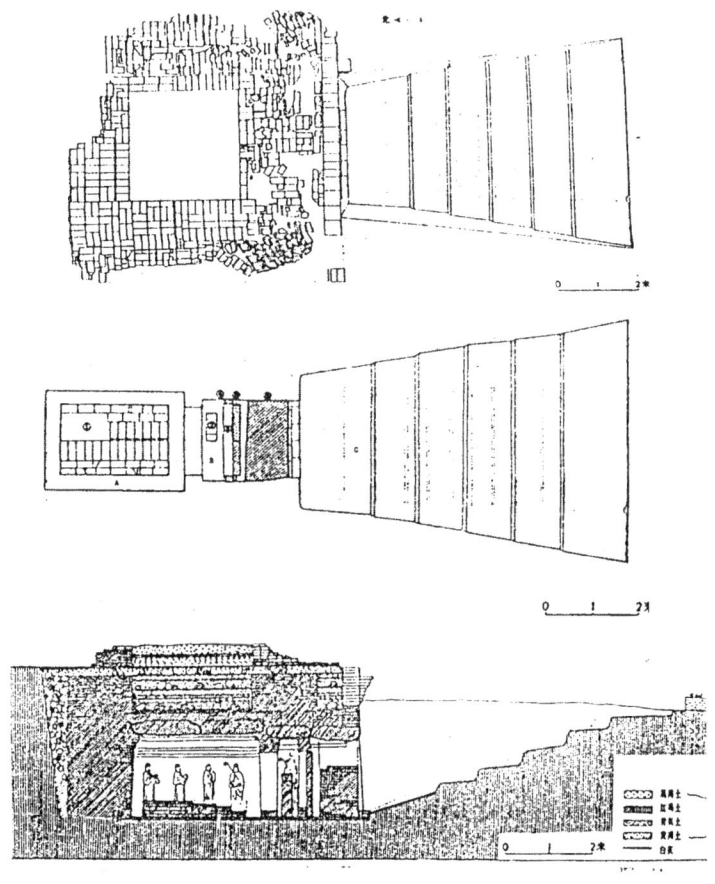

정효공주무덤 평면해부도

정효공주무덤벽화 내의 악기

정효공주무덤벽화 1,7 문지기, 무사 2,8 시종 3,9 시위 4,5,6 내시 10,11,12 악기

⑨ 평민들의 옷차림

　발해 평민들의 옷차림은 건국전 읍루, 물길, 말갈인들의 옷차림과 고구려 사람들의 옷차림 그리고 698년 발해국이 건립된 이후 발해 관리들이 입던 관복(官服), 의료(衣料-옷감), 유지에서 출토되는 일부 고고학 자료에 의해 대략 추리할 수 있다.

　발해 평민들의 옷은 남자옷과 여자옷으로 나누어 볼 수 있다. 남자들은 머리쓰개로 춘, 하, 추 세 계절에 수건을 이용하는 것이 많았는데 이는 생산노동에 매우 편리했기 때문이다. 추운 겨울에는 털모자를 많이 썼다. 저고리와 바지는 마포(麻布)로 한 것을 주로 입었고 겨울에는 가죽옷을 입기도 하였다. 신발로는 따뜻한 계절에 주로 삼신을 많이 신었고 겨울에 삼신 외 가죽신을 신었다.

　부녀들의 옷으로는 주로 저고리, 치마 등을 입었는데 대부분 삼으로 짠 마포였다. 남자 옷과 여자 옷은 절대 부분이 흰색이었다.

　평민들이 입는 옷의 원료는 마포를 위주로 하였다. 그 외 짐승가죽으로 옷을 만들어 입기도 하였다. 가죽으로는 주로 돼지가죽, 개가죽, 양가죽 등을 이용하였다.

1) 『삼국지』권 30
2) 『발해국지장편』권36, 족속고.례속조.
3) 『위서』권100. 열전. 고구려.
4) 손영종 : 『고구려사』(3). 제11장 제7절 3 옷차림풍속
5) 『금지 · 남녀관복(金志 · 男女冠服)』
6) 정영진 : 「발해 정효공주묘벽화와 삼릉분 2호묘벽화」, 『강좌 · 미술사』14 『고구려, 발해연구』11, 1999년 12월 고구려 · 발해학술연구회
7) 흑룡강신문 1991년 12월 18일 제1판
8) 『신당서 · 발해전』
9) 『신당서 · 발해전:《以品爲秩, 三秩以上服紫, 牙笏, 金魚, 五秩以上服緋, 牙笏, 銀魚, 六秩, 七秩 淺緋衣, 八秩綠衣皆木笏》
10) 『일본삼대실록(日本三代實錄)』권 21
11) 『일본삼대실록(日本三代實錄)』권 43
12) 『오대회요(五代會要)』권 30, 발해
13) 사회과학원역사연구소편 : 『발해사』90쪽, 도서출판 한마당 1989년 3월 출판
14) 『흑룡강 발해 대형석실 벽화묘 발굴』, 『중국문물보(中國文物報)』1992.1.19.1면
15) 중국사회과학원고고연구소 편 : 『륙정산과 발해진』, 중국대백과 전서출판사, 1997. 44쪽
16) 연변박물과 : 『연변문물간편』110~111쪽, 연변인민출판사 출판, 1988년
17) 같은 책 110~111쪽
18) 같은 책 110~111쪽
19) 『위서』권100. 열전. 고구려
20) 『조선전사』권3. 40쪽
21) 『흑룡강문물총간』1983년 2기 40쪽
22) 김민지 저 : 『발해복식연구』박사학위논문. 2000년 8월. 서울대학교 대학원 의류학과
23) 김민저 저 : 『발해복식연구』86쪽. 박사학위논문. 2000년 8월. 서울대학교 대학원 의류학과
24) 연변박물관『연변문화유물략편』집필소조 : 『연변문화유물략편』112쪽
25) 방학봉 주편『발해사연구』(7)38~39쪽
26) 방학봉 저 : 『발해경제연구』282~296쪽. 2001.10. 흑룡강 조선민족 출판사 출판

7. 발해 여성들의 화장

대씨왕족(大氏王族)을 중심으로 한 발해 통치계급의 여성들과 시녀(侍女)들은 화장을 하는 데 매우 주의하였다. 예를 들면 정효공주무덤 벽화에 그려진 인물들 가운데는 얼굴에 분을 바르고 입술을 붉은 색 연지를 찍고 머리를 잘 빗어 상투를 얹고 홍파수(紅披首)를 쓴 사람이 있다.

정효공주(貞孝公主)는 발해 제3대 문왕 대흠무(文王大欽茂)의 넷째 딸이다. 그는 대흥(大興) 20년(756년)에 태어나 56년(792년) 6월 9일 임진(壬辰)에 외제(外第)에서 사망하였으며 그 때의 나이는 36세였다. 같은 해 11월 28일 기묘(己卯)에 화룡현 서고성(和龍縣西古城-발해 중경현덕부 소재지)에서 13

리 떨어진 용수향 용해촌 용두산(龍水鄕龍海村龍頭山) 발해왕실귀족 무덤지에 안장되었다.

1980년 10월 정효공주무덤을 발견하고 발굴하였다. 무덤에는 벽화가 있다. 벽화에 그려진 인물들은 그 직분에 따라 무사(武士), 시위(侍衛), 악기(樂伎), 시종(侍從), 내시(內侍) 등의 부류로 나누어 볼 수 있다.

무덤간 동쪽 벽에는 사람 넷이 그려져 있다. 첫 번째 사람의 얼굴은 희게, 입술은 붉게 칠하였고 두 번째 사람의 얼굴도 희게, 입술은 붉게 칠하였으며 세 번째 사람도 얼굴은 희게, 입술은 붉게 칠하였다. 네 번째 사람은 둥근 얼굴에 흰색을 칠하였다. 첫 번째 사람은 공주를 보호하는 직책을 담당한 시위(侍衛)이고 두 번째, 세 번째, 네 번째 사람은 공주의 시중을 드는 내시(內侍)들이다.

서쪽 벽에 그림 가운데서 첫 번째 사람, 두 번째 사람, 네 번째 사람의 얼굴은 희게, 입술은 붉게 칠하였다. 세 번째 사람의 얼굴은 둥글고 희게 칠했으며 입술은 붉고 눈썹은 가늘다. 첫 번째 사람은 보호하는 직책을 담당한 호위병이고 두 번째, 세 번째, 네 번째 사람은 공주를 시중드는 악기(樂伎)들이다.

북쪽 벽에는 두 사람이 그려져 있는데 그들은 공주의 시종(侍從)들이다. 그들의 얼굴도 희게, 입술은 붉게 칠하였다.

정효공주무덤벽화에 그려진 인물들의 얼굴은 둥글고 살이 쪘는데 얼굴은 흰색, 입술은 붉은색으로 칠하였다. 눈썹은 가늘고, 눈은 작으며 코가 낮고 입이 작다.

『정효공주묘지병서』제7행에는

> 簫樓之上, 韻調雙鳳之聲,
>
> 鏡臺之中, 舞狀兩鸞之影
>
> 누각에 올라 통소를 불면 그 곡조 마치도 한 쌍의 봉황새 노래하는 듯 하였고
>
> 경대를 마주서서 춤을 출 때면 거울 속에 비낀 그림자 마치 한 쌍의 난조새와 같았다.

라고 새기었다. 경대(鏡臺)는 거울을 안장한 화장대이다. 경대가 있었으니 필연코 거울이 있었을 것이다. 또 같은 줄 마지막 부분에는

> 動響環佩, 留情組絏.
>
> 온몸에 단 패옥은 잘랑잘랑 소리를 내었고 의복단장을 더욱 소중히 여겼다.

고 하였다. 이상의 사실은 발해 통치계급의 여성들이 화장을 매우 중시하였다는 좋은 증거이다.

또 발해유지와 무덤에서 구리거울(銅鏡)이 출토되는데, 이는 화장을 하고 화장품을 사용하였다는 다른 하나의 좋은 증거이다. 예를 들면 북대 발해 M10무덤에서 구리거울이 출토되었다. 북대 무덤(北大墓)은 발해 중경현덕부(中京顯德府-오늘의 길림성 화룡현 서고성)에서 서남으로 약 5km떨어진 곳에 위치해 있다. 거울은 청동(靑銅)으로 만들었는데, 모양은 마름꽃(菱花)모양이고 직경은 9mm이며 거울 앞면은 빛깔이 날고 뒷면(背面) 변두리가 돌기하고 안에 8개의 마름각(菱角)이 있으며, 그 가운데 반구형(半球形)의 손잡이가 있다. 손잡이 밖에는 여덟 개의 보상화(寶相花) 꽃송이가 수식되어 있다.

보상화무늬의 뽀족한 부분은 마름각과 서로 대칭을 이루고 있다. 거울에 새겨진 모든 무늬도안은 매우 깨끗하고 아름다우며 공예수준이 아주 정밀하고 아름답다.

이외 또 발해유지에서 금, 은, 동으로 만든 비녀, 팔찌, 귀걸이 등이 많이 출토되는데, 이는 발해 여성들이 화장을 매우 중시하는 습관이 있었다는 것을 실증하는 좋은 자료이다.

발해 여성들이 화장을 중시하는 습성(習性)은 전대(前代) 여성들의 화장습성의 기초 위에서 더욱 발전한 풍속이다. 예를 들면 부여, 고구려, 말갈의 여성들도 화장을 중요시 하였다. 『삼국사기』권 45 「온달전」에는 '고구려 제 25대 평원왕(平原王)의 딸 평강공주가 온달에게 시집갈 때 공주는 '금팔찌'를 팔아서 땅과 집, 노비, 소와 말, 기물을 사들여 살림을 갖추었다.' 라고 기재되었다.

최근에 고구려 유지에서 도금한 구리치레거리, 금비녀, 도금한 두 가닥 구리비녀, 금반지, 금귀걸이 등이 출토되었다. 국내성(國內城)을 중심한 지금의 집안현(集安縣) 경내 고구려 유적지에서 출토된 것만 모아 보면 금드리우개치레거리(金坠飾), 금반지, 금팔찌, 금으로 만든 두 가닥 비녀, 금비녀, 은치레거리 등이 있다.[1]

발해국이 건국된 후 금, 은 업의 계속적인 발전이 있었고 사회문화가 더욱 발전함에 따라 화장하는 풍속도 더욱 광범히 발전하게 되었다.

발해유적지에서 출토된 화장 관련된 유물을 살펴보면 돈화시 육정산(敦化市六頂山) 발해무덤떼 가운데의 M204, M214, M213 등 세 무덤에서 금반지 1개, 은반지 2개, 은귀걸이 2개가 출토되었고[2] 육정산 정혜공주무덤(貞惠公主墓)에서는 금반지 1개, 도금한 구리행엽(鎏金銅杏葉) 1개가 출토되었으며[3] 화룡현 팔가자진 하남촌무덤(和龍縣八家子鎭河南村墓葬)에서는 금팔찌, 금귀걸이 등이 출토되었다.[4]

그리고 화룡현 팔가자진 북대무덤떼(和龍縣八家子鎭北大墓群)에서 도금한 물고리모양 구리치레거리(鎏金銅魚節) 은으로 만든 두 가닥 비녀가 출토되

화룡 북대 발해무덤에서 출토된 마름꽃모양의 구리거울《연변문물략편》에서는
보상무늬구리거울(寶相紋銅鏡)라고 소개하였다.

었고 안도현 동청(安圖縣東淸) 발해무덤떼에서 은으로 만든 두 가닥비녀 1개 [5], 길림성 영길현 양둔 대해맹 발해유적지(吉林省 永吉縣 楊屯 大海猛)에서 은으로 만든 두 가닥비녀, 은팔찌[6], 남경남해부(南京南海府) 유적지에서 은비녀 등이 출토되었다.

발해 평민계층의 부녀들은 통치계급의 여성들처럼 화장을 매우 중시하고 화장품을 많이 사용할 수 없었다.

---

1) 『집안현문물지(集安縣文物志)』187~196쪽, 346~347쪽
2) 중국사회과학원 고고연구소 편 : 『육정산과 발해진』1979년 출판. 41쪽
3) 『돈화현문물지』40쪽
4) 『화룡현문물지』132, 79~85쪽
5) 방학봉 주필 : 『발해사연구』(3), 33쪽
6) 『영길현문물지(永吉縣文物志)』76쪽

8. 발해의 음식생활 풍속

　세계 어느 민족이나 모두 그들의 음식생활에서 독특한 음식습관이 있다. 한족(漢族)은 물뱅새(餃子)를 좋아하고 조선족은 찰떡을 좋아하며 몽고족은 양(羊)고기를 좋아하고 허저족(赫哲族)은 물고기를 좋아한다. 그러면 발해족(渤海族)은 어떤 음식을 좋아하였을까? 발해의 왕공귀족들은 명절, 귀빈을 맞이할 때, 전쟁에서 큰 승리를 얻었을 때 풍년이 들었을 때, 사사로운 경사가 있을 때마다 크게 잔치를 베풀었다. 어떻게 연회를 베풀고 무엇을 먹었는가? 백성들은 무엇을 즐겨 먹었는가? 이들에 대한 자세한 문헌기록이 없어 알기는 어려우나 미묘한 자료를 더듬어 보면 대략적인 실마리는 찾아볼 수 있다.

발해는 차지한 지역이 넓고 지역마다 사회발전 수준의 정도가 같지 않았다. 옛 고구려 지역은 사회생산력과 문화가 상당히 발전하였고 속말말갈(粟末靺鞨)과 백산말갈(白山靺鞨)이 차지한 지역은 그 버금이었으며, 흑수말갈(黑水靺鞨), 백돌부(伯咄部), 불날부(拂涅部), 호실부(號室部), 안차골부(安車骨部)등이 차지했던 지역은 상대적으로 낙후하여 비록 농업이 발전하였다고는 하지만 의연히 수렵과 목축업이 전반 사회경제 가운데 주요한 자리를 차지하였다.

발해 사회에는 말갈족, 고구려족, 한족 등 여러 민족이 살았다. 각 민족의 고유한 특성은 식생활 풍속에서도 표현되었다.

주요 농작물과 주식물

발해의 음식생활 풍속을 알려면 먼저 음식생활의 주요한 원료인 주요 농작물(農作物)과 주식물(主食物)을 알아야 한다.

발해의 농작물로는 조(粟), 벼(稻), 보리(麥), 밀, 기장(黍), 수수(高粱), 피, 콩, 들깨, 메밀(蕎麥) 등이 있었다. 이러한 농작물의 재배는 각 지역의 부동한 지세와 토양, 기후, 그 지역사람들의 습성 등 조건에 따라 달랐다.

기후가 낮고 무상기가 짧은 북쪽지대에서는 내한성이 강하고 무상기가 짧고 성숙기가 빠른 보리, 밀, 메밀 등을 위주로 하여 재배하였고 그 외에도 조, 콩, 피, 수수 등 조숙한 농작물을 심었다.

기후가 따뜻하고 땅이 비옥하며 수원이 충족하고 관개에 편리한 남부와 중부의 평원지대에서는 벼를 심었다. '노성의 벼'는 발해 농작물 가운데서도 유명한 농산품이다. 그 외 또 조, 수수, 콩, 기장, 보리, 밀 등을 재배하였다.

발해 농업생산의 발전은 아주 불균형적이었다. 흑수말갈인들이 거주한 북부지대는 속말말갈인, 고구려인들이 거주한 지대보다 낙후하였고 평원지대와 산구(山丘)와의 차이도 매우 심하였다. 발해의 주요한 농업생산지는 기후가 따뜻하고 토지가 비옥하며 수원이 충족한 남부와 중부와 평원지대였다.

지역과 생산되는 농작물의 품종이 다름에 따라 음식물의 생활습성이 차이 있게 되기도 하였다. 발해의 농작물 오곡(五穀) 가운데서 사회의 주되는 식물(植物)은 조(粟)였다. 평민들은 주로 조를 일상생활의 주식물로 하였다. 그 밖에 보리, 밀, 기장, 수수, 피, 콩, 들깨, 메밀 등도 먹었다.

벼의 재배

『신당서(新唐書)』「발해전(渤海傳)」에 의하면 '노성의 벼'가 유명하였다고 기재하였다. '노성'은 발해 중경현덕부(渤海中京顯德府) 관할하의 한 개 주(州)이다. 노성 외 또 동경(東京-오늘의 훈춘시 팔련성)과 상경(上京-오늘의 흑룡강성 영안시 발해진)에서도 재배되었을 것이다. 그러나 아직 전 사회적으로 널리 보급된 것은 아니었다. 벼를 재배한 지대에서는 흰쌀밥은 주로 왕공귀족을 위수로 한 통치계급의 주식물로 되었을 것이다.

고품질의 콩 재배

『신당서 발해전』에 의하면 '책성의 된장(柵城之豉)'이 유명하였다고 기재하였다. 책성의 된장은 발해 사람들이 귀중히 여기던 유명한 생산품이었다. 된장은 콩의 제조품이다. 책성일대는 당시 이름난 된장의 산지였다. 좋은 된장을 생산하기 위해서는 좋은 콩의 명산지였다는 것을 말해준다. 책성의 지리적 위치는 오늘의 길림성 훈춘시 삼가자향 고성촌(吉林省琿春市三家子鄕古城村)이다. 당나라 사람들도 책성의 된장이 좋다고 칭찬하였다.

쑥떡을 즐겨먹다

『요사(遼史)』기록에 의하면 발해 사람들은 쑥떡(艾糕)을 즐겨 먹었다. 매년 5월 5일이면 쑥잎을 뜯어 찹쌀과 섞어 떡을 만들어 먹었다. 한족(漢族)은 단오절에 송편(粽子)을 먹는다. 송편이란 기장쌀을 갈대잎, 옥수수잎, 참나무잎 같은 데 싸서 가마에 넣어 쪄서 먹는 것인데, 그 싼 형식이 3각형 모양으로 각이 졌으므로 각서(角黍)라고도 한다. 발해족은 한족과 달리 독특한 맛이 있는 쑥떡을 만들어 먹었다. 『요사(遼史)』에는 요나라 단오절에 신하들이 연회를 즐기는데, '발해의 요리사가 쑥떡을 올렸다(渤海膳夫進艾糕)' 고 하였다.

돼지고기 먹기를 좋아하다

발해 사람들은 돼지고기를 먹는 것을 좋아하였다. 발해족의 한 선조인 숙신 사람들은 돼지를 많이 길러 그 고기를 먹었고 돼지기름을 몸에 발라 추위도 방지하였다. 발해 때에 와서는 돼지를 더 많이 길렀으며 주요한 음식물 중의 하나였다. 『신당서』「발해전」에 의하면 '세속에서 귀하게 여기는 것으로

막힐의 돼지(鄚頡之豕)'가 유명하였다고 하였다. 막힐부(鄚頡府)는 발해의 서부지역 부여부(扶餘府)와 인접한 곳에 위치해 있었고 그의 관할하에 막(鄚), 고(高) 등 두 주(州)가 있었다.

발해 사람들은 동으로 바다를 끼고 있었기 때문에 바다고기를 먹는 것을 좋아하였다. 미타호(湄沱湖-오늘의 흥개호)와 홀한해(忽汗海-오늘의 경박호) 부근지역에 사는 사람들은 붕어(鯽)와 같은 호수고기를 즐겨 먹었다.

채소류로서는 규채, 마늘, 파, 부추, 겨자와 오이 등이 있었다. 발해 사람들이 재배한 채소종류에 대해 문헌에 분명히 기재된 것은 없다. 『위서 물길전(魏書勿吉傳)』에 '남새로 규가 있었다.(菜則有葵)'라고 하였고 『발해국지장편,식화고』에 '명일통지(明一統志)'의 내용을 인용하고 "발해 이후 여진인(女眞人)들의 지역에서 규채가 생산되었다(土産葵菜)"라고 하였다. 이러한 기재로 보아 발해사람들은 규채(葵菜)를 주요 채소로 재배하였다는 것을 알 수 있다. 규채는 전국(戰國), 진(秦), 한(漢) 시기에 다섯 가지 남새 가운데 들어있을 뿐만 아니라 남새 중에서 가장 주요한 남새라고 불리었다. 따라서 문헌에는 규채를 높여 '백채지주(百菜之主)'라고까지 하였다. 그 후 오랜 역사발전 가운데서 점차 쇠퇴되어 지금은 '백채지주'라고 불리지 않는다. 규채는 오늘의 해바라기(向日葵)와는 구별된다.

『일본 삼대실록(日本三代實錄)』에는 발해사절단이 왔을 때 주체측은 귀빈들이 즐겨먹는 마늘(大蒜)을 특별히 준비하였다고 기재되었다. 요금(遼金)시기의 기재에 의하면 여진인들은 마늘, 파, 부추, 겨자(芥)와 몇 가지 오이(瓜)를 재배하고 식용하였다고 한다. 에.베.샤브꾸노프는 수분하(綏芬河) 하류지역의 발해유적지를 고찰하는 가운데서 파가 있었다는 것을 실증하였다. 중경현덕부(中京顯德府) 관할하의 홍주(興州)의 소속으로 산산현(蒜山縣)이 있는데 산산현의 명칭은 산산현 일대에서 마늘이 나기 때문에 산산현이라고 부르지 않았는가 생각된다. 손영종이·쓴『고구려(3)』143쪽에는 고구려 때 남새로서 무, 아욱 등도 있었다고 소개하였다. 위의 사실에 의해 발해 사람들은 규채, 마늘, 파, 부추, 무, 겨자 외 몇 가지 오이류를 재배하고 식용했다고 볼 수 있다. 그 중 규채는 남새 가운데서 으뜸으로 취급되었다. 또 해산물(海産物)로 다시마(昆布)가 있었다.『신당서』발해전에는 다시마를 발해 사람들이 귀히 여기는 명산품으로 기재하였다. 특히 남해(南海)에서 나는 다시마는 유명하였다.

과일로는 '환도의 오얏(丸都之李)'과 '낙유의 배(樂游之梨)' 등이 있었다. 환도는 환도성(丸都城) 일대 즉 오늘의 길림성 집안시(集安市)이다. 낙유의 지리상 위치에 대해서는 아직 알 수 없다. 에.베.샤브꾸노프는 자기의 저서『발해국 및 연해지구에 남긴 문화유산』에서 수분하 하류지역에서 야생식물로 변한 살구(杏), 앵두(櫻桃), 아가위(山楂), 배(梨), 야생아마, 들마(山蔥) 등을 발견하였다. 당시 농민들이 이곳에서 재배하였다고 소개하였다.

발해 사람들은 술을 빚어 잘 마셨다. 물길(勿吉) 때에 벌써 오곡으로 술을 빚었는데 취하도록 마셨다. 고구려 사람들도 술을 잘 빚어 마셨다. 발해시기에 와서도 그 습성이 계속 유행되었다. 일부 고급 관리들 가운데서는 술을 많이 마시는 습성이 성행하여 한번 마시기 시작하면 몹시 취하고야 말았다. 예를 들면 발해사신 왕효렴(王孝廉)이 일본에 갔을 때 일본조정의 열렬한 환대를 받고 술을 마신 끝에 '춘일대우득정자(春日對雨得情字 봄날에 비를 보고 情字를 얻어 韻으로 하여 지음)'에서

主人開宴在邊廳

客醉如泥等上京

疑是雨師知聖意

甘滋芳潤灑羈情

주인이 변청에서 잔치를 여니

상경에서처럼 심히 취하였네

아마 우사도 성의를 안 듯

단비가 촉촉이 내려 나그네 마음을 적셔 주네

라고 읊었다.

발해유지에서 시루가 출토되는 것으로 보아 발해시기에 쪄서 먹는 방법을 채용했다는 것을 알 수 있다.

9. 발해의 거주생활 습관

　발해의 도성(都城)과 궁전(宮殿), 관부(官府), 평지성(平地城)과 성내시설, 산성과 성내시설, 사원(寺院) 등에 대해 이미 『발해건축연구』, 『발해불교연구』, 『발해성곽연구』 등의 전문 저서에서 자세히 서술하였기 때문에 본문에서는 발해인들의 거주생활 습관(居住生活習慣)에 관련되는 몇 가지만 취급하려 한다.

가. 건국 전 원주민의 거주생활 습관

발해국이 건립되기 전 본지역에는 주로 말갈족(靺鞨族)과 고구려족(高句麗族)이 거주하였다.

① 말갈족의 거주생활 정황

발해국이 건립되기 전 말갈인(靺鞨人)들은 움집 혹은 반움집(半地穴式)식의 거주생활을 하였다. 『수서(隋書)』에 의하면 '땅이 낮고 습하며 흙을 둑과 같이 쌓고 구덩이를 파서 거처하는데 출입구를 위로 내어 사다리를 놓고 드나든다(地卑濕, 築土如堤, 鑿穴以居, 開口向上, 以梯出入)'[1]라고 하였고 『구당서(舊唐書)』에는 '집이 없고, 산간이나 물가에 의지하여 움을 파고 나무를 걸쳐서 흙으로 덮는데 모양은 마치 중국의 무덤과 같으며 서로 모여서 산다. 여름에는 수초를 따라 다니고 겨울에는 움속으로 들어가 산다(无屋宇, 並依山水掘地爲穴, 架木于上, 以土覆之, 狀如中國之塚墓, 相聚以居, 夏則出隨水草, 冬則入處穴中.)'[2]라고 하였다. 이는 발해국이 건립되기 전 말갈인들의 거주생활 습성을 여실히 반영한다. 그러나 사회생산력과 문화가 발전하고 고구려와 중원(中原)문화의 영향하에서 속말말갈과 백산말갈인들 가운데서 적지 않은 부분이 지상 혹은 반지상 거주생활에 과도하였다.

② **고구려족의 거주생활 정황**

　고구려족의 거주생활은 주로 통치계급의 거주생활과 평민들의 거주생활로 나누어 볼 수 있다. 통치계급의 살림집은 크고 화려하고 웅장하게 꾸렸다. 집은 기초를 튼튼히 다지고 토방 또는 돌로 쌓은 축대 위에 주춧돌을 놓고 기둥을 세웠으며 지붕에는 기와를 덮었다. 그의 좋은 실례로 고국원왕 무덤의 내부구조와 벽화들이다. 즉 서쪽 곁칸과 안 칸은 살림방이고 동쪽 곁칸은 부엌, 외양간, 마구간, 방앗간, 우물, 창고 등 부대시설에 해당된다. 앞 칸은 안뜰, 외랑은 뒤뜰, 무덤안길은 대문간에 해당한다. 관료귀족들의 집은 그의 용도에 따라 지붕형식을 배집지붕, 모지붕, 우진각지붕, 합작지붕 등 여러 가지였고 큰 집은 두공을 써서 집을 높아지게 하고 통풍과 채광이 잘 되게 하였다. 통치계급의 집들은 높은 담장으로 둘러싸여 있었다.

　평민들의 집은 주로 지상주거생활을 하는 자그마한 집들이었는데, 집 가운데 한 줄로 기둥들을 세우고 그 위에 도리를 얹고 행면경사의 지붕을 얹은 집으로서 서까래 끝은 담(돌과 흙으로 쌓은 담) 위에 베개도리를 올려놓고 거기에 서까래를 걸쳐 놓은 간단한 구조로 된 집들도 있고 또 앞뒤 줄에 기둥을 세우고 도리를 건네어 중심도리, 용마루와 연결하는 서까래를 둔 집도 있다. 모두어 말하면 고구려 평민들의 집은 주로 자상 초가집을 쓰고 살았다. 그러나 관료귀족들과 부유한 사람들은 기와집을 쓰고 살았다. 『구당서』에는 고구려에서 절간과 사당, 왕국이 관청에서만 기와를 얹었다고 하였는데 이는 고구려인들의 거주생활의 일면을 보여준다.

고구려지역에도 반지하의 움집생활을 하는 것이 있었다.

고구려 사람들은 빈부에는 관계없이 구들을 이용하여 방을 덥혔다. 이것은 고대로부터 전해져 내려온 거주생활 습성이다. 기후가 추운 이 지대에서의 주요한 난방시설이다.

고구려 사람들은 창고도 잘 지었다. 『삼국지』권30 고구려전에는 집집마다 작은 창고인 '부경'이 있었다고 하였다. '부경(浮京)'은 양식창고이다.

고구려에서는 민간에서 까지도 외양간, 마구간을 살림집의 한 부분으로서 부엌 칸에 곁달아 마련하는 습관도 있었다.

왕족이나 귀족, 부유한 계층은 집 가까이에 우물을 규모있게 파고 용두레로 물을 퍼올렸다. 평민들이 모여 사는 마을에서는 공동으로 우물을 파고 이용하였다. 이밖에 지대에 따라 샘물, 박우물 같은 것, 오염이 적은 하천(河川)도 널리 이용하였다.

나. 발해인들의 거주생활 습관

발해는 원유의 기초 위에서 당나라의 거주생활을 받아들여 본 지역, 본 민족의 정성에 맞게 결합시켜 독창적인 거주생활 습성을 계승발전시켰다. 발해의 거주생활 습성에 대해 다음의 몇 가지로 나누어 살펴보려고 한다.

① 통치계급의 거주생활 습관

왕족들은 화려하고 웅장하며 기와를 덮은 궁전(宮殿)에서 살았고 관료귀족들로 화려하고 웅장하게 꾸민 기와집에서 살았다. 발해 상경용천부 제4궁전(上京龍泉府第四宮殿)은 '침전(寢殿)'이다. '침전'은 기단 위에 선 기와집으로서 회랑과 그 안에 동서로 길게 잇달아 3개의 방으로 되었다. 기단은 길이 28.95m, 너비 17.31m인 동서로 놓인 긴 장방형이며 높이는 0.15m이다. 집안 바닥은 모래와 진흙을 펴고 그 위에 회를 발랐다. 남쪽회랑의 주춧돌 위에는 연꽃을 도드라지게 새긴 녹유를 바른 기둥 밑장식이 동그랗게 놓여 있었다. 방에는 모두 구들을 놓았고 구들 고래는 2개이다.

② 평민계층의 거주생활 습관

경제, 문화가 발전한 발해의 중심지구와 남부, 서부의 일반 평민들은 규모가 작고 구조가 간단하긴 하나 역시 실내에 칸을 나눈 지상건물(地上建物)에서 거주하였다. 이 건물은 모두 풀로 덮은 초가집이었다.

변경지대와 낙후한 지구의 평민들은 지상건물, 혹은 반움집, 움집에서 생활하였다. 흑수말갈(黑水靺鞨)은 주로 오늘의 흑룡강과 연해주일대에 살았다. 그들은 말갈족 가운데서도 비교적 낙후한 상태에 처해 있었다. 흑수말갈 지역에서 발굴된 고고학자료에 의하면 집터는 대부분 반움집(半地穴式)식이고 평민은 정방형이며 부뚜막이 있고 문길(門道)과 온돌이 없다. 부뚜막은 거주면의 중부에 있고 주위를 돌아가며 기둥을 세우고 천정에 구멍을 뚫고 사람이 드나들게 하였다. 세워놓은 기둥은 사다리의 작용을 하였다. 지붕은 나뭇가지, 나무껍질 등으로 덮었는데 경사면이 두면인 것도 있고 네 면인 것도 있다. 벽은 나무판 혹은 쪼갠 원목으로 무어 만들고 벽안의 네 두리에는 나무판으로 만들었다.[3]

김태순 선생은 「발해시기의 평민주택을 론함」이라는 논문에서 발해시기의 평민들의 주택은 초목결구의 반움집(草木結構的半地穴房址), 토목결구의 반움집(土木結構的半地穴房址), 토목결구의 지상건축(土木結構的地面建築)이라고 개괄하였는데, 이 개괄은 주로 흑룡강성 내 발해유지를 발굴, 조사한 자료에 의해 지은 결론이다. 이런 결론은 실제에 알맞은 결론이다. 매우 참고할 가치가 있다.

③ 발해인들은 서로 모여서 살았다

일본 『유취국사(類聚國史)』 권193에 '곳곳마다 마을이 있는데 모두 말갈부락이었다.(處處有村里, 皆靺鞨部落)'라 하였고 『구당서(舊唐書)』에는 '……모양은 마치 중국의 무덤과 같으며 서로 모여서 산다. …… '狀如中國之塚墓, 相聚而居……'[4] 라고 하였다.

④ 발해인들은 온돌생활을 하였다

발해인들은 빈부에 관계없이 온돌을 놓고 방을 덥혔다. 그러나 움집 혹은 반움집 생활을 하는 곳과 집들에서는 예외였다. '온돌'에 관한 것은 별제(別

題)로 본서(本書)의 '난방설비가 발견된 발해집터' 라는 장절에서 구체적으로 서술하였으니 그 문장을 찾아보기 바란다.

---

1) 『수서』권 81. 「말갈전」
2) 『구당서』권 199하. 「말갈전」
3) 류진화 : 『발해인들의 혼살례속과 생활습속』. 방학봉 주편:『발해사연구』. (5). 186~187쪽
4) 『구당서』권 199하. 「말갈전」

10. 발해의 난방설비

지금까지의 고고학자료에 의하면 발해집터들은 살림집터, 궁전터, 병영터, 절터, 정원의 집터, 무덤위의 건물, 24개돌 등으로 나누어 볼 수 있다.

발해의 집터는 발해영역 내에서 매우 많이 발견되었다. 궁전터, 정원의 집터, 무덤 위의 건물, 24개돌, 평지성과 산성내의 집터 등을 제외한 건축유적만 하여도 그 수가 적지 않다. 연변지구 내에서 발견된 것만 보아도 화룡시내에 11개 곳, 돈화시 경내에 12개 곳, 용정시 경내에 10개 곳, 연길시 경내에 13개 곳, 안도현 경내에 18개 곳, 도문시 경내에 8개 곳, 왕청현 경내에 8개 곳, 훈춘시 경내에 7개 곳이 있다.

그러나 난방설비가 발견된 발해집터는 매우 적다. 지금까지 알려진 것으로는 상경용천부 성내의 서구 살림집터, 동경용원부성내의 영안유지에서 발견된 집터, 단결발해촌락유적, 솔만자 집터 등 8개 곳 뿐이다.

가. 난방설비가 발견된 발해집터 유적

① 상경용천부 서구 살림집터

발해 상경용천부 서구 살림집터는 발해의 살림집터 가운데서 그 모습이 가장 뚜렷하고 잘 보존된 살림집터이다.

발해 상경용천부 서구 살림집터는 흑룡강성 영안현 발해진 상경용천부 궁성 내에 있다. 궁성의 동구와 서구에도 많은 집터가 있다. 그 중 서구에서는 중구의 '침전'인 제4궁전의 본채와 서쪽채와 구조가 꼭 같은 집터가 발굴되었다. 이를 궁성서구의 '침전터'라고 한다. 이 집터에서는 여러 개의 구들이 확연히 보인다. 이는 집을 덥히기 위한 난방설비이다. 서구 살림집은 궁성 내에 위치해 있다. 서구 살림집터에 난방설비가 있는 것으로 미루어보아 궁성 내에 있는 서구 살림집터와 비슷한 구조로 지은 많은 집들에도 집안을 덥히기 위한 난방시설이 있었을 것이다.

'침전터'는 기단 위에 선 기와집으로서 회랑과 그 안에 동서로 길게 잇닿은 3개의 방으로 되었다. 기단은 길이 28.95m, 너비 17.31m인 동서로 놓인 긴 장방형이며 그 높이는 0.15m이다. 기단 위에는 모두 모래를 폈는 바 이것이 곧 집자리 바닥이다. 바닥에는 밑에 진흙을 다지고 그 위에 모래를 펴는 순서로 두께 약 40㎝나 되게 모래와 진흙을 여러 번 다졌다.

제4궁전터의 바닥 겉에는 회를 발랐지만 '침전터'의 바닥에는 회를 바르지 않고 모래를 폈다. 기대의 가장자리에는 잘 다듬은 마름돌을 쌓고 거기에 잇대어 물도랑을 냈다. 즉 기단의 가장자리에 세운 마름돌을 한쪽 변으로 삼고 그것과 평행으로 벽돌을 세우고 그 사이에 생긴 도랑바닥에 벽돌을 깔았다. 도랑의 바깥 변을 이룬 벽돌의 이음새마다에는 멈추개벽돌을 박아서 튼튼하게 하였다. 물도랑에서 회랑의 주춧돌까지의 거리는 1.1m 좌우에 불과하다. 그러므로 이 물도랑은 추녀 끝에서 떨어지는 빗물을 받는 물받이 역할도 하였다.

물도랑은 기단과 그 북쪽으로 얼마쯤 떨어져서 동, 서 두 쪽에 대칭으로 세운 굴뚝다리를 한 겹으로 싸고 돌았다. 도랑은 서쪽 굴뚝 밖으로 멀리 뻗어 나갔다. 이것은 집과 굴뚝두리를 싸고 돈 물도랑을 하나로 합쳐서 집에서 멀리 떨어진 곳까지 끌어 가서 물을 일정한 곳으로만 뽑아 버리게 한 것이다. 기단에는 오르내리기 위하여 남쪽에 동서 대칭으로 각각 1개, 북쪽 중심에 1개, 도합 3개의 길을 냈다. 길바닥에는 벽돌을 깔았다. 회랑은 동서남북의 네 부분으로 나누인다. 남북회랑은 길이 26.7m이고 동서회랑은 길이 약 15m며 너비는 각각 3m 정도이다. 남쪽회랑은 트인 회랑이고 그 밖의 회랑에는 벽을 쌓았다. 그러나 벽의 두께가 15~20㎝에 지나지 않았다. 벽의 바깥면에는 회를 발랐다. 동서회랑에는 남쪽에 출입구가 있었고 북쪽회랑에는 가운데에 문이 달았다.

　회랑에 둘러싸인 방은 3개이다. 방들은 서로 벽을 사이에 두고 동서로 연달았다. 동서 두 방은 크기가 서로 같으며 가운데 방은 좀 작다. 가운데 방은 사이 벽에 의하여 두 부분으로 나뉘었다. 벽체의 두께는 42~54cm이고 그 안팎에 곱게 회를 바르고 붉은 색으로 무늬장식을 하였다. 동, 서 두 방에는 남벽에 각각 1개, 가운데 방과의 사이 벽에 1개씩 문을 냈으며 가운데 방에는 칸막이벽과 북벽에 각각 1개씩 문을 내었다. 이리하여 가운데 방으로 들어가려면 동서 두 방을 거치게 되었으며 동서 두 방에서 뒤뜰로 나가려면 가운데 방을 거치게 되었다.

　방들과 서쪽 및 북쪽 회랑에는 구들이 있다. 이 구들은 한 두 곬으로 방바닥의 일부만을 덥게 한 것으로 그 형태가 좁고 긴 이른바 긴 구들에 속하는 것이다. 구들은 동쪽방, 가운뎃방, 서쪽 회랑에 각각 1개, 서쪽 회랑과 북쪽 회랑에 각각 2개 도합 7개이다. 아궁이는 둥글게 움푹 패였다. 구들골은 1개 혹은 2개인데 벽에 붙여 그것과 평행으로 놓았다. 북쪽 회랑의 2개의 구들은 외고래이고 나머지는 모두 두 곬이다. 구들은 토피를 높이 30cm 정도로 고래를 쌓고 그 위에 두께 10cm 정도의 판돌을 구들장으로 덮었다. 구들 곬이 2개인 경우 그 너비는 약 1.4m이다. 구들의 바깥부분에 회를 바른 것으로 보아 원래는 구들 위에도 회를 발랐던 것 같다. 구들골은 모두 북쪽에 있는 두 개의 굴뚝으로 뻗어나갔다. 동쪽방과 북쪽 회랑 동쪽에 2개 구들의 고래는 서로 합쳐서 동북쪽 굴뚝으로 들어갔으며 가운뎃방, 서쪽방 및 북쪽 회랑 서쪽의 4개 구들의 곬은 서로 합쳐서 서북쪽 굴뚝으로 들어갔다.

동서 두개의 굴뚝은 대칭으로 섰으며 그 형태와 크기가 같다. 굴뚝은 개자리목과 굴뚝 두 부분으로 이루어졌다. 개자리목은 앞부분의 높이 0.4m, 뒤부분의 높이 0.8m, 너비 3.2m, 길이 5.2m 되는 경사진 둑을 흙으로 덮고 다시 판돌을 덮는 방법으로 만들었다. 개자리목 곁에는 회를 발랐다. 개자리목이 끝나는 곳에 방대형의 굴뚝이 섰다. 굴뚝의 밑변의 길이는 약 5m이며 남아있는 높이는 1.7m이다. 굴뚝 바깥에는 다듬은 돌로 한층한층 안으로 좁혀 쌓았다.

이와 같이 이 집은 여러 개의 구들에서 나오는 연기를 불과 2개의 굴뚝으로 뽑은 잘 짜인 난방체계를 갖춘 집이다. 또 2개의 굴뚝을 같은 형태와 크기로 만들었으되 집 뒤에 대칭으로 세워서 집을 더욱 아름답게 하였다.[1]

② 동경용원부 성내의 제2궁전터는 훈춘시 팔련성 내에 있다.

동경용원부 제2궁전터의 구들시설은 궁전과 부속건물 사이에서 발견되었다. 구들 고래는 두 개이다. 구들 고래는 돌로 쌓고 회색 흙으로 다시 견고하게 하였다. 이는 궁전 내의 침전인 듯하다.[2]

아궁이가 어느 쪽에 있었는가, 얼마만한 면적을 난방하였는가 하는 데 대해서는 아직 모르고 있다.

③ 정암산(亭岩山) 병영터는 정암산성 안에 있다.

정암산성은 훈춘현 양수천자진(琿春縣凉水泉子鎭) 정암촌 북산 위에 위치하였다. 성의 평면은 3각형 비슷하게 생겼는데 둘레의 길이는 약 2.5km이다. 동북부의 성벽 안에는 서로 다른 간격을 둔 오목하게 들어간 구덩이가 8곳이 있는데 구덩이와 한 갈래의 통로가 있다. 남쪽 성벽 안에는 7개 구덩이와 한 개 대문자리가 있다.

성벽 안에 있는 우묵하게 들어간 구덩이 안에서 화독(炕板)을 발견하였다. 구덩이의 길이는 3.4m, 너비는 2.3m였는데 온돌은 구덩이 북쪽 절반쯤 되는 곳에 놓여 있었다. 온돌은 너비가 1.4m였고 구들 고래가 셋이었으며 온돌 동쪽에 부엌이 있고 서쪽 켠에 돌로 쌓은 굴뚝이 있었다. 이것이 병영자리로 짐작된다.[3]

정암산성은 규모가 보다 크고 견고하며 병영자리가 밀포되어 있는 동시에 망원대 및 끊임없이 흘러나오는 샘물이 있어 지키기는 쉬우나 공략하기 어려운 군사적 요새이다. 이 성이 훈춘으로부터 왕청(汪淸)에 이르는 옛길에 위치한 것으로 보아 정암산성이 교통로를 지키던 발해시기의 군사적 요새였을 것으로 짐작된다.

④ 오매리 절골 발해 절터

함경남도 신포시 오매리 소재지 뒷산 넘어 절골에서 최근 발해 절터가 발굴되었다. 이 절터의 바로 밑에 고구려 문화층이 깔려 있다.

발해시기 절골 절터는 절골 막바지의 넓은 대지와 그것을 둘러싼 능선들을 포괄한다.

절골 절터는 2개의 문화층으로 되었는데 아래 문화층의 것이 1차 건물터, 윗문화층이 2차 건물터이다. 1차 건물터가 바로 이 절터이며 2차 건물터에서는 몇 개소의 구들시설이 알려졌을 뿐이다.

절골 절터는 동서 중심축에 따라 여러 건물들이 배치되었다. 본전의 밑단 터에는 속돌을 쌓고 그 겉면은 장방형 벽돌로 마감하였다. 기단 정면에는 벽돌로 도랑을 규모 있게 냈다.

중심축 남북에서 절터들이 확인되고 동쪽 끝에서 문터가 드러났다. 절터에 대한 발굴은 계속되고 있다.

이 절에 속하는 북쪽 1호 건물터와 금산 건물터가 발굴되었다. 북쪽 1호 건물터는 동쪽의 몸채와 서쪽의 부속건물로 이루어지고 그 사이는 통로로 이어졌다. 몸체기단의 평면은 동서 약 12m, 남북 8m 정도의 장방형으로 생겼다. 그 위에 동서 약 9.8m, 남북 약 6.3m로 된 정면 4칸, 측면 2칸의 몸채가 서있었다. 건물 내부는 통간이고 거기에 'ㄱ'형평면의 두 고래구들이 놓였다. 구들고래들은 자연바위를 교묘하게 이용하여 사방 2m 정도 되게 높이 쌓은 굴뚝이 연결되었다. 구들고래가 북쪽 벽을 빠져나가는 지점에 조돌이 달렸다. 이 절터에서는 기와들이 지붕에 이었던 그대로 쏟아져 내린 것도 있고 괴면 조각과 거울도 나온 것으로 보아 상당히 화려하게 꾸며졌던 불당이 아닌가 생각된다.

금산건물터는 이 유적의 중심부분과 오매리 소재지 사이를 가로막은 금산의 능선 중턱에 자리잡고 있다. 지대를 평평하게 고르고 지은 이 집의 기초는 동서로 길게 놓였는데, 그 길이 20.15m, 너비는 5m이며 밑단 위에 정면 5간(18.35m), 측면 1간(3.5m)의 몸채가 마련되었다.

　몸채는 동서로 잇달린 3개의 방으로 이루어졌다. 동쪽방과 서쪽방은 크고 가운데 방은 작은 방으로서 통로격의 방이었다. 몸채 밖으로는 밑단을 따라 퇴가 돌려졌다.

　큰 방들에는 두 고래짜리 긴 구들들이 놓였다. 아궁이는 'ㄱ'형으로 목이 꺾이었다. 벽채는 곱게 미장하고 채색까지 하였던 흔적이 있으며 지붕에는 기와를 이었었다.

　이 절터에서는 무기류와 수레부속 등 많은 유물들이 나온 것으로 보아 동해바다나, 오매리 변에서 일어나는 정황을 감시하며 그곳으로부터 절골로 통하는 통로를 지키는 초소격의 집이 아니었겠는가 생각된다.[4]

⑤ 단결발해촌 유적

　단결발해촌락 유적(團結渤海村落遺址)은 발해의 평민거주유적으로서 1977년 흑룡강성 동녕현 단결촌(黑龍江省東寧縣團結村)에서 발견되었다. 이 유지에서 4채(四座)의 평민거주지를 발굴하였다. 4채의 집은 모두 벽이 수직한 장방형의 반움집(半地穴式)식으로 면적이 비교적 작아 대부분 15~20㎡ 정도이다. 남쪽벽 중간에 문이 있고 흙을 쌓은 계단식(階梯式)길로 실외와

통해 있다. 조사에 의하면 단결유적의 지표(地表)에 발해유물이 비교적 많이 있었던 것으로 보아 아마 이곳이 발해촌락이었던 것으로 추측된다.

단결 평민거주지 안의 건축물의 구들 놓은 법을 보면 하란석(河卵石)과 판돌(板石)로 쌓았거나 직접 맨땅 위에 구들을 놓았다. 일반적으로 두 고래인데 서쪽벽의 북쪽과 북쪽벽을 따라 곡측 모양을 이루었다. 구들면은 판돌로 깔았고 너비는 1m를 약간 넘고 부뚜막은 구들의 남쪽 끝에 있었다.[5]

⑥ 영의성 거주지 유적

영의성(英義城)을 영애성(英愛城)혹은 영아성(英莪城)이라고도 한다. 영의성은 훈춘평원의 서북부에 위치해 있으며 훈춘시내에서 12리 떨어져 있다. 영의성의 건축모양은 비교적 규칙적으로 짜였는데, 대체로 장방형을 이루었고 남북의 길고 동서가 짧다.

1963년 소학교를 세울 때 성내에서 철제어형작도(鐵制魚形斲刀)와 수면와당(獸面瓦當), 개원통보(開元通寶) 등 유물을 발견하였고 또 아궁이터(竈址) 한 곳을 발견하였다. 이는 발해의 살림집과 온돌, 난방시설을 연구하는 데 진귀한 자료가 된다.[6]

⑦ 영안 건축유지

영안(永安) 건축유적은 훈강시 송수향 영안촌(渾江市松樹鄕永安村) 서쪽 '대묘지(大廟地)' 일대에 위치해 있다. 1960년 봄 훈강시 전람관사업 일꾼들이 이곳에서 질그릇 조각과 쇠로 만든 활촉 등을 많이 발견하였다. 그 후 1984년 5월 훈강시 문물조사대 일꾼들이 이곳에 이르러 복사(復査)하는 가운데서 또 많은 문화유물을 채집하였다. 이리하여 이 유적은 말갈-발해시기의 유적이라고 확인하게 되었다.

유적 지층은 세 개 층으로 이루어졌는데 제1층은 경작토층(耕作土層)으로서 흙회색 부식토층이고 두께는 0.20~0.30m이다. 제2층은 50년대 말《심번지(深翻地)-땅을 깊이 뒤집어놓는 것》하였기 때문에 흙·회·황사(黃砂)가 혼합된 층인데 여기에서 유물이 많이 출토되었다. 이 층의 아래 즉 제3층에서 거주지 자리와 재구덩이 유적이 발견되었다. 제3층은 황사토층(黃砂土層) 즉 생토층(生土層)이다.

이 유지에서 발견한 거주지 집터는 모두 6채(六座)이고 재구덩이는 32개이다. 집터의 모양은 장방형으로 생긴 절반움집식(半地穴式)이고 집 가운데 아궁이(灶)자리는 있지만 기둥을 세웠던 주동(柱洞)은 보이지 않았으며 다만 초석(礎石)이 무질서하게 남아 있다.

재구덩이는 대부분 원형 혹은 타원형으로 되었고 깊이는 30~60㎝ 사이였다.

영안유적지에서 발해시기에 속하는 유물 외 또 고구려 풍격을 띤 질그릇과 말갈 풍격을 띤 질그릇이 함께 출토되었다. 이는 이 유적지의 연대를 확정하는 데 많은 도움으로 된다. 말갈은 고구려에 복속되었고 고구려의 통치를 받았다. 때문에 영안유적지는 고구려 통치하에서 말갈인들이 어떠한 생활을 하였는가, 그들의 문화는 고구려 문화에 융합되었는가 하는 데 대하여 매우 좋은 선색을 제공한 것으로 된다.

이상의 사실로 보아 영안유적지는 고구려 중기 혹은 그보다 좀 늦은 시기에 건립된 고구려 관할하의 말갈인들의 촌락자리였고 발해국이 흥기한 다음에는 발해국 영역 내의 '조공도(朝貢道)' 중 육로상(陸路上)의 한 촌락터(村落址)였다는 것을 알 수 있다.[7]

⑧ 솔만자 집터

솔만자 집터(率彎子房址)는 훈춘시 영안현 솔만자촌(琿春市英安縣率彎子村)에 있다. 1986년 도문에서 훈춘으로 가는 도훈철로를 닦는 과정에서 솔만자 집터를 발견하고 발굴, 정리하였다. 발굴한 집터는 하나인데 그 집터의 모양은 장방형이고 돌 벽에 기와를 덮은 건축이다. 동서의 길이 22m, 남북의 너비 5~8m이고 평면은 대체 곡측 모양을 이루었으며 북좌남향(座北朝南)하였다.

집터는 좌, 중, 우 3개 실로 구성되었는데 가운데 간의 면적이 제일 크다. 이는 주요한 활동장소인 듯하다. 그의 동서 길이는 7.5m이고, 남북의 너비는 7m였다. 동, 북, 서 3면에 돌로 쌓은 벽자리가 남아 있다. 동쪽방의 서쪽 벽은 가운뎃방과 공용으로 쓰는 벽으로 되었다. 동쪽방의 동서 길이는 8.5m, 남북의 너비는 3.5m이다. 서쪽방도 벽은 모두 돌로 쌓았다. 방의 중부에서 서북쪽으로 향하는 곳에는 한 갈래 길이 있는데 약 2m, 너비 70cm 되는 기와이랑(瓦拔)이 지면에 있다. 기와이랑은 모두 완전한 수키와로 밭이랑처럼 이루어 진 것인데 그 배열과 질서가 정연하다. 큰 것은 6개 기와로 이루어졌다. 이 기와이랑은 동남쪽에 있는 아궁이로부터 연기가 통해 나가는 구들 고래 혹은 굴뚝자리 아닌가 생각한다.

집터와 그 주변에서 기와쪽, 질그릇 조각 등을 많이 발견하였다. 방안에서는 또 철기와와 질그릇 조각도 발굴하였다. 기와 가운데는 암키와, 수키와, 막새기와, 문자기와 등이 있다. 문자기와 가운데는 '須文凡造', '人', '公' 등 문자를 새긴 기와가 출토되었고 어떤 문자는 무슨 글자인지 알 수 없는 것도 있다.

나. 몇 가지 생각되는 문제

① 난방설비가 발견된 발해집터의 형태

난방설비가 있는 발해집터가 발견된 것이 매우 적기 때문에 난방설비가 있는 발해의 살림집의 모양, 종류, 짜임새, 난방설비 등에 대해 자세히 밝히기는 매우 힘들다. 그러나 현유의 미급한 자료에 근거하여 다음과 같이 미숙한 견해를 이야기하려고 한다.

난방설비가 발견된 발해집터는 대체로 5개 형태가 있다. 첫째는 침전터(寢殿址)이다. '침전터'는 발해 상경용천부 궁성내의 서구 살림집터를 가리킨다. 서구 살림집터는 발해왕실 귀족들의 살림집터이다. 서구 살림집은 토방, 계단, 벽, 문, 바닥, 기둥, 주춧돌, 지붕, 회랑, 집 주위에 물도랑 낸 것, 난방설비 등이 잘 갖추어진 당시로서는 최고급에 속하는 살림집 가운데 하나였다. 둘째, 평지성내에서 난방설비가 발견된 집터이다. 이런 집터는 영의성(英義城)에서 발견되었다. 집터가 몹시 파괴되어 그 형태를 알아볼 수 없다. 그러나 집터와 그 주변에 기와조각이 많이 널려 있는 것으로 미루어 보아 이 집은 지붕에 기와를 덮은 집이었겠다고 판단할 수 있다. 그 크기와 짜임새도 잘 알 수 없다. 셋째, 돌벽에 기와를 덮은 집이다. 이 유형에 속하는 집터는 훈춘시 영안향 솔만자(率彎子)촌에서 발굴되었다. 집터는 장방형이고 돌로 벽을 쌓고 지붕에는 기와를 덮었으며 안벽은 흙으로 깨끗이 발랐다. 집터는 좌, 중, 우 세 개 실로 구성되었다. 넷째, 반움집(半地穴式)형의 촌락유지(村落遺址)이다. 이에 속하는 유적은 흑룡강성 동녕현 단결촌과 혼강시 송수향 영안촌에서 발굴되었다. 단결촌에서 발굴된 것은 '단결유적(團結遺址)'이라 하고 영안촌에서 발굴된 것은 '영안유적(永安遺址)'이라고 한다. 단결유지에서 4채(四座)의 평민거주지를 발굴하였는데 4채의 집은 모두 벽이 수직한 장방형의 반움집(半地穴式)식의 살림집이다. 영안유적에서는 6채(六座)의 거주지 집터를 발굴하였는데 집터의 모양은 장방형으로 생긴 반움집식(半地穴式) 집이다. 실내에 주동(柱洞)은 없고 초석(礎石)만 무질서하게 남아 있다. 영안(永安)촌 유적과 단결촌 유적은 모두 발해시기 말갈족의 촌락유적이며 평민거주지이다. 『위서 물길전(魏書 勿吉傳)』에 의하면 "땅이 낮고 습하며 성혈을 쌓고 거처하였는데 집모양은 무덤과 같으며 출입구를 위로 향하게 내어 사다리를 놓고 드나들었다.(其地下濕, 築城穴居, 屋形似塚, 開口于上,

以梯出入)"라고 하였고『수서 권81 말갈전(隋書 卷八十一 靺鞨傳)』에는 "땅이 낮고 습하며 흙을 둑과 같이 쌓고 구덩이를 파서 거처하는데 출입구를 위로 향하게 내어 사다리를 놓고 드나든다.(地卑濕, 築土如堤, 鑿穴以居, 開口向上, 以梯出入)"라고 하였으며『구당서 권199하 말갈전(舊唐書 卷一九九下 靺鞨傳)』에는 "집이 없고 산간이나 물가에 의지하여 움을 파고 그 위에 나무를 걸쳐서 흙으로 덮는데 모양은 마치 중국의 무덤과 같으며 서로 모여서 산다. 여름에는 수초를 따라 다니고 겨울에는 움 속으로 들어가 산다.(無屋宇, 幷依山水掘地爲穴, 架木于上, 以土覆之, 狀如中國之塚墓, 相聚而居. 夏則出隋水草, 冬則入外處穴中.)"라 하였고『신당서 권219 흑수말갈전(新唐書 卷二一九 黑水靺鞨傳)』에

"거처하는 집이 없고 산수에 의지하여 움을 파서 그 위에 나무를 걸치고 흙을 덮는데 마치 무덤과 같다. 여름에는 수초를 따라 다니고 겨울에는 움 안에 들어가 산다.(居無室廬, 럷山水坎地, 架木其上, 覆以土, 如丘塚然. 夏出隋水草, 冬入處)."라고 하였다.

이상의 문헌자료는 그 표현방식이 다소 다른 점이 있지만 기본 뜻은 모두 움집에서 살았다는 것이다. 그러나 말갈인들도 사회생산력이 발전하고 시대가 변하고 선진 생활방식이 들어오는 상황에서 점차 그들의 생활풍습도 변화를 가져오게 되었다. 그리하여 움집생활로부터 반움집생활로 혹은 일부는 움집생활을 완전히 벗어난 지면건축 살림에로 전환하였다. 단결유적과 영안유적은 바로 움집생활로부터 반움집생활에로 전환한 것을 설명한다. 다

섯째는 난방설비가 있는 절터이다. 이에 속하는 절터(寺院址)로는 오매리절골 발해 절터가 있다.

② 난방설비가 발견된 발해집터의 크기는 같지 않다.

　서구 살림집은 기단 위에 선 기와집으로서 회랑과 그 안에 동서로 길게 잇닿은 3개의 방으로 구성되었다. 기단은 길이 28.95m, 너비 17.31m인 동서로 놓인 장방형이다. 남북회랑의 길이는 26.7m이고 동서회랑의 길이는 약 15m이며 너비는 각각 3m 정도이다. 정암산성의 병영터에는 25개의 구덩이가 있는데 이 구덩이가 바로 병영터이다. 구덩이의 길이는 3.4m이고 너비는 2.3m이다. 오매리 절골 발해 절터는 북쪽 1호 건물터와 금산 건물터로 나누어 볼 수 있다. 북쪽 1호 건물터는 동쪽의 몸체와 서쪽의 부속 건물로 이루어졌다. 몸체기단의 평면은 동서 약 12m, 남북이 8m 정도이다. 그 위에 동서 약 9.8m, 남북이 약 6.3m로 된 정면 4간, 측면 2간의 건물을 지었다. 금산 건물터의 기초는 길이가 20.15m, 너비 5m로 된 건물이었다. 단결유지의 평민거주지의 면적은 비교적 작아 대부분 15~20㎡ 정도이다. 솔만자 집터의 동서 길이는 22m이고 남북의 너비는 5~8m이고 평면은 대체로 'ㄱ'모양을 이루었다.

③ 난방설비가 발견된 발해집터의 구조는 그 집의 성격에 따라 달랐다.

　서구살림집터는 발해왕실귀족의 거주지였기 때문에 발해살림집 가운데서 가장 화려하고 견실하게 지어진 건물이다. 그러므로 그 집터의 모습이 뚜렷하고 잘 보존되었다. 서구살림집터는 먼저 기단을 쌓고 그 위에 동서로 길게 잇닿은 3개의 방을 짓고 주위에 회랑을 돌렸다. 주변에는 물도랑을 만들고 지붕에는 기와를 덮었다. 기단에는 오르내리기 위하여 남쪽에 동서 대칭으로 각각 1개, 북쪽 중심에 1개 도합 3개의 길을 냈다. 벽의 바깥면에는 회를 바르고 안벽에는 회를 곱게 바르고 붉은 색으로 무늬장식을 하였다. 3개의 방은 벽을 사이에 두고 동서로 연달았다. 동서 두 방과 서쪽 및 북쪽 회랑에는 구들을 설치하여 난방하였다.

오매리 절골 발해 절터는 상당히 화려하게 꾸며졌던 불당이다. 발해 대씨 왕족 통치자들은 불교를 저들의 통치를 유지하고 공고히 하는 중요한 수단의 하나로 삼고 제창하였기 때문에 불교가 더욱 성행하고 승려의 수도 많이 증가 되었으며 고승(高僧)들은 국가의 정치에까지 참여하였다. 이리하여 국내 각지에 화려하고 굉장하며 엄숙하게 꾸며진 불당이 일어서게 되었다. 오매리 절골 발해 절터는 바로 그러한 경황을 잘 반영하여 준다. 오매리절골 절터의 북쪽 1호건물터는 동쪽의 몸채와 서쪽의 부속 건물로 이루어 졌고 그 사이는 통로로 이어졌다. 절터 밑에는 기단을 잘 쌓은 것이 있다. 몸채 기단 위에 몸채가 있고 건물 내부는 통간이며 거기에 ㄱ형 평면의 두 고래 구들이 놓였다. 지붕은 기와를 덮었다. 괴면기와와 거울이 출토되는 것으로 보아 상당히 화려하고 엄숙하게 지어진 건물인 듯하다.

솔만자 집터는 좌, 중, 우 3개 실로 구성되었는데 가운뎃칸의 면적이 제일 크다. 이는 중요한 활동장소인 듯하다. 동, 서, 북 3면에 돌로 벽을 쌓은 흔적이 남아 있다. 동쪽방의 서쪽벽은 가운데 방과 공용으로 쓰는 벽으로 되었다. 서쪽방도 벽은 모두 돌로 쌓았다. 방안에는 난방시설이 있고 지붕에는 기와를 덮었다. 이 유지에서 암키와, 수키와, 막새기와, 문자기와가 출토되는 것, 그리고 크기와 짜임새로 보아 일반평민이 거주하던 집이거나 하급관리들이 살던 집터가 아니다.

정암산 산성의 집터는 병영터이기 때문에 집터의 면적이 작고 짜임새도 간단하고 난방시설도 정연하게 잘 꾸며지지 않았다. 영안집터와 단결유지의 집터들은 촌락유지이기에 서구살림집터와 솔만자집터에 비길 바가 못 된다.

④ 난방설비가 발견된 발해집터의 난방설비도 그 집의 성격에 따라 달랐다.

지금까지 알려져 있는 난방설비 집터를 종합하여 보면 다음과 같은 몇 가지 형태가 있다.

첫째는 온돌과 조돌이 있는 집터이다. 이에 속하는 집터로서는 상경성의 서구 살림집터와 오매리 절터를 들 수 있다. 서구 살림집터는 동, 서 두 방과 가운뎃방, 회랑에 구들이 있다. 북쪽 회랑의 두 개의 구들은 외곬이고 나머지는 모두 두 곬이다. 북쪽 회랑에 있는 두 개의 외고래 구들은 그 위치와 구조로 보아 방안의 구들에 불이 잘 들게 하기 위한 '조돌'이었던 것으로 보인다. 오매리 절터중의 북쪽 1호 건물터에는 ㄱ형의 구들이 설치되었다. 구들은 두 고래로 되었고 구들 고래가 불벽을 빠져나가는 지점에 조돌이 달렸다.

둘째는 온돌은 있으나 조돌이 없는 집터이다. 이에 속하는 집터로는 솔만자 집터, 정암산성의 병영터, 단결유지의 집터 등이 있다.

셋째는 아궁이만 있고 온돌 흔적을 찾지 못한 집터이다. 영안집터와 영의성내의 집터가 바로 이에 속한다. 영안유지에서 발견한 집터는 6채(六座)이다. 6채의 집은 모두 반움집식(半地穴式)이고 집 가운데 아궁이(竈址)자리가 있다. 아궁이 자리는 대부분 원형 혹은 타원형으로 되었다. 그의 구들 시설이 놓였던 흔적을 발견하지 못하였다. 영의성내의 집터에서도 아궁이터(竈址) 한 곳을 발견하였다. 영의성은 발해의 서울자리인 팔련성에서 10여리 떨어진 곳에 있고 팔련성 주변에 있는 중요한 평지 위 성이었다. 그리고 영의성내의 건물자리에서 반움집식의 집터가 없고 기와가 많이 산재해 있는 것으로 보아 기와를 덮은 기와집인 듯하다. 그러므로 건물자리가 몹시 파괴되었기 때문에 구들흔적이 보이지 않고 아궁이터만 보인다고 생각된다.

넷째, 구들 고래는 외고래, 두 고래, 세 고래 등이 있었다는 것을 알 수 있다. '조돌'은 일반적으로 외고래로 이루어졌고 방안의 온돌은 대부분 두 고래이다. 서구 살림집터, 오매리 절터, 단결유지의 집터내의 온돌은 모두 두 고래 온돌이다. 그러나 세 고래인 경우도 있다. 정암산성 집터안의 온돌은 실내북쪽 절반 쯤 되는 곳에 놓여 있었다. 온돌은 너비가 1.4m였고 구들 고래가 셋이었다.

발해 살림집온돌은 대부분 두 고래 온돌이라고 학계의 일부 학자들이 여겨왔고 세 고래 온돌이 있다는 것은 알지 못하였다. 그러나 최근 들어 정암산성

집터에서 세 고래 온돌이 발견됨으로써 발해 온돌에는 세 고래 온돌이 있었다는 것을 알게 되었다. 온돌고래는 없던 데로부터 외고래로, 그 후에는 두 고래, 세 고래, 네 고래로 발전하여 온 것이 온돌 발전사의 규율이다.

다섯째, 발해살림집 온돌의 각 부분이 잘 보존되어 있는 것은 상경성 내의 서구 살림집터이다. 그 외의 것은 엄중하게 손상을 입어 잘 알리지 않는 부분이 많다. 아궁이는 둥글게 움푹 패었다. 오매리 절터 구들의 아궁이는 ㄱ형으로 목이 꺾였다.

구들 고래뚝은 토피로 쌓았거나 판와(板瓦), 하란석, 판돌로 쌓았다. 서구 살림터의 고래뚝은 토피로 쌓았고 단결유지집터 구들 고래뚝은 하란석(河卵石)과 판돌로 쌓았다.

구들장은 먼저 판돌로 구들 고래를 덮고 흙으로 그 위를 발랐다. 서구살림집터 구들 고래 가운데서 방안에 놓은 부분은 흙으로 바른 다음 그 위에 또 회를 발랐다. 단결유지 살림집 온돌은 판석으로 구들 고래를 덮고 그 위는 흙으로 발랐다. 그러니 솔만자 집터의 구들장은 다르다. 솔만자 집터의 구들 고래는 수키와로 이루어졌는데 그 배열과 질서가 정연하다. 큰 것은 6개의 기와로 이루어졌다.

구들 고래는 한 개, 두 개, 혹은 세 개로 이루어졌고 서구 살림집과 오매리 절터 같은 경우에는 조돌까지 설치되어 있었다.

굴뚝은 개자리목과 굴뚝의 두 부분으로 이루어졌다. 서구살림집터의 개자리목은 앞부분의 높이 0.4m, 뒷부분의 높이 0.8m, 너비 3.2m, 길이 5.2m

되는 경사진 뚝을 흙으로 다져쌓고 그 위에 기와를 덮고 다시 판돌을 덮는 방법으로 만들었다. 개자리목이 끝나는 곳에 방대형의 굴뚝이 섰다. 굴뚝개자리는 깊게 파서 찬바람이 내굴길로 곧추 스며들지 못하게 하였다. 굴뚝 밑부분 겉면에는 흙을 바르고 회죽으로 마감을 하였다. 정암산성 병영터의 굴뚝은 돌로 쌓았다.

서구 살림집터 굴뚝의 밑변의 길이는 약 5m이며 남아 있는 높이는 1.7m이다. 굴뚝 바깥은 다듬은 돌로 한층한층 안으로 좁혀 쌓았다.

⑤ 발해 살림집구들의 연원(淵源)은 고구려인들과 말갈인들의 살림집구들에서 온 것이라고 짐작된다.

고구려 살림집 가운데서 대표적인 것은 집안현 동대자(集安縣東台子)에 있는 동대자 살림집터이다. 동대자는 집안현 고구려 국내성터(國內城址)에서 동으로 1리 떨어진 동대자에 자리잡고 있다. 이 유지는 고구려 건축유적이 가장 많이 집중된 중요한 지점 중의 하나이다. 1985년 길림성박물관 사업일꾼들이 동대자 고구려 건축유지를 발굴, 정리하였다. 동대자 고구려 건축 유지에서 고려 때의 유물이 많이 출토되었고 살림집의 난방설비도 똑똑히 나타났다.[9]

이 집터는 기와의 무늬와 유물로 보아 고구려중기의 건축물이다. 토방은 낮다. 몸채는 3개의 방으로 이루어졌으며 동서 두 방은 크고 가운뎃방은 작다. 몸채 둘레에는 회랑을 돌렸다. 집의 향좌는 동으로 조금 치우친 남향이다.

방안에는 온돌이 놓였다. 온돌은 키가 낮고 아궁이 목이 꺾인 ㄱ자 모양으로 된 긴 고래 온돌이다. 고래는 하나 내지 둘이다. 온돌은 동쪽벽 중앙에서 시작하여 벽을 따라 북으로 가다가 북벽에 이르러 서쪽으로 꺾였으며 서벽에 이르러서 는 다시 북쪽으로 꺾여 방밖으로 빠져나갔다. 거기에서 6m 가량 떨어진 굴뚝이 있다. 굴뚝개자리의 직경은 1m 이상이며 그 두리에 쌓인 돌무지의 직경은 4m 이상에 달한다. 아궁이목은 고래와 ㄱ모양으로 꺾였다. 마천왕무덤, 약수리무덤의 벽화나 용호동 1호무덤, 집안 부근에서 나온 가마뚝 유물을 보면 이와 같은 현상이 반영되고 있다. 온돌의 높이는 25㎝, 두고래에서 2m이다. 온돌에서 사는 풍습을 보여준 사실은 무용무덤을 비롯한 고구려 무덤벽화에 보이는 온돌 그림과 『구당서 고구려전』에 고구려에는 "가난한 사람이 많다. 겨울에는 모두 구덩이를 길게 파서 밑에다 숯불을 지펴 방을 덥힌다."는 기록과도 일치하다. 겨울에는 모두 구덩이를 길게 파서 밑에다 숯불을 지펴 방을 덥힌다.(冬月皆作長坑, 下燃溫火以取暖)는 뜻은 겨울이 돌아오면 모두 긴 온돌을 놓고 그 위에서 살았다는 것이다.

　동대자 살림집터는 고구려의 평민들이 거주한 집터가 아니다. 이 집터는 3개의 방과 회랑이 있고 기와를 덮은 집이다. 『구당서 고려전』에 "산골짜기에서 살았는데 모두 모초(茅草)로 지붕을 덮었다. 오직 불사(佛寺), 신묘(神廟), 왕궁(王宮) 관부(官府)만이 기와를 썼다. 가난한 사람이 많다. 그들은 겨울이면 모두 구덩이를 길게 파서 밑에다 숯불을 지펴 취난하였다." 라고 하였다. 조사에 의하면 동대자 집터는 왕궁, 관부, 불사도 아닌 사직제를 지내는 신묘에 해당된다.

동대자집터는 발해 상경용천부 왕궁내의 서구 살림집터와 비슷한 점이 많다. 이 두 집터를 대비하여 보면 아궁이, 아궁이목고래, 굴뚝, 구들 등 짜임새에서 공통된 점이 있을 뿐만 아니라 크고 작은 3개의 방으로 몸채를 이루되 그 중 가운뎃방이 작은 것, 몸채바깥으로 회랑을 두른 것, 토방이 낮고 남향한 것 등은 공통한 점이다. 이러한 면에서 특히 난방설비의 기본 짜임새에서 발해는 고구려의 살림집 문화를 이어받았다고 할 수 있다.

단결 평민거주지내의 살림집의 구들 놓는 법을 보면 하한석(河卵石)과 판돌로 쌓았거나 직접 맨땅 위에 구들을 놓았다. 일반적으로 두 고래인데 서쪽 벽의 북쪽과 북쪽벽을 따라 곡척모양을 이루었다. 구들면은 판돌로 깔았고 너비는 1m를 약간 넘고 부뚜막은 구들의 남쪽 끝에 있다. 단결 평민살림집터는 동대자, 서구 살림집터와 비길 바가 못 된다. 단결유지의 집들은 반움집식의 집이다. 이 촌락유지는 말갈인 후예들이 발해국시기에 거주한 촌락 유지일 가능성도 많다. 단결 발해평민 거주지에 있었던 원시사회 거주지에서도 구들이 발견되었는데 그 연대는 전국으로부터 양한에 이르는 북옥저(北沃沮)의 문화에 속한다.[10]

남단산(南團山)유지에서 아공이, 불에 구워진 흙, 목탄, 나무재 등을 발견하였다. 남단산은 훈춘시 동북쪽으로 87km 떨어진 육도하(六道河)와 훈춘하가 합치는 합수목에 위치해 있다. 유지에서 마제석기와 질그릇 조각이 많이 출토되었다. 이상의 사실로 보아 이 유지내의 집에는 난방설비가 있었다는 것이 증명된다.

일송정유지(一松亭遺址)내의 집터에서도 아궁이와 불에 구워진 흙, 목탄, 배부른 독을 가로 눕혀 놓은 유물 등을 발견하였다. 일송정유지는 훈춘시 하달문향(哈達門鄕) 일송정촌에 있다. 일송정유지에서 집터 두 개를 발굴하는 가운데서 아궁이, 목탄, 재, 불에 굽힌 흙 등을 발견하였다. 이 집터에서 발견된 독(瓮)으로 덮은 아궁이는 고래뚝을 쌓고 판돌을 펴고 흙으로 그 위를 매질한, 온돌에로 과도하는 시기의 아궁이 형태라고 짐작된다.

남단산과 일송정 유지에서 발견된 집터는 옅게 오목하게 매운 구덩이고 집터의 분포는 밀집되고 배열 순서가 정연한 씨족 촌락유지의 집터이다. 일송정 1호 집터의 동쪽 벽 중간단락 가까이에 아궁이가 있다. 서반부에는 네 개의 긴 돌로 정연하게 덮은 구덩이를 만들었다. 2호 집터 서쪽벽 중간 단락 가까이에는 세 개의 돌로 삼각형 아궁이를 만들고 그 위에 마사진 방형(方形)으로 되었고 짜임새는 모두 난석(卵石)으로 3각형 아궁이를 만들었으며 또 이곳에서 동형(筒形) 물동이와 같은 질그릇이 출토된 것은 양자 사이에 연계가 있다는 것을 표명한다.

이상에서 본 바와 같이 발해가 차지하고 있는 영역 내에 거주한 고대 각 민족들 중에서 난방설비가 정도부동하게 완만하나마 점차 발전하여 왔다는 것을 알 수 있다. 지금까지의 고고학자료에 의하면 발해국이 건립되기 전 말갈인 살림집터에서는 동대자 살림집터에서와 같이 부뚜막, 굴뚝, 고래뚝, 조돌 등 시설이 갖추어진 전형적인 구들이 발견되지 않았다. 오직 고구려 유지에서만 발견되었다. 고구려 유지인 동대자 살림집터의 난방설비는 발해 서구 살림집터의 난방설비와 공통점이 매우 많다. 그러므로 발해 살림집 난방설비는 고구려인과 말갈인들의 살림집 난방설비를 계승하였다는 것을 알 수 있다. 그러나 주로는 고구려의 살림집 온돌문화를 계승하였다고 보는 것이 객관 사실과 맞는다.

발해 살림집 온돌은 고구려와 말갈인들의 온돌 문화를 계승하였을 뿐만 아니라 그것을 본지구와 실제에 결부시켜 더욱 발전한 온돌 문화를 창조하였다. 예를 들면 발해의 온돌은 두 고래, 또는 세 고래로 되었는데 이는 고구려의 외고래 또는 부분적인 두 고래 온돌에 비해 발전한 것이며 이는 또 온돌의 면적을 넓혀 난방의 효율을 높이는 데로 전환하는 데서 큰 진전이라고 볼 수 있다. 또 예를 들면 발해에서는 온돌에다 조돌을 달고 굴뚝을 규모있게 듬직하게 쌓아 전에 비해 불이 더욱 잘 들게 하였다.

---

1) 주영헌 : 『발해문화』제44~48쪽
2) 녕파 역 : 『북방문물』1992년 제4기
3) 『연변문화유물략편』제12~121쪽
4) 정상렬 : 『발해의 건축』, 『발해사론문』과학백과사전 종합출판사 1992년 256~257쪽
5) 위존성 : 『발해의 건축』, 『흑룡강문물총간』1984년 4기
6) 『훈춘시문물지』제47쪽
7) 『훈춘시문물지』제16~17쪽
8) 『북방문물』1991년 2기. 36~39쪽
9) 『고고』1961년 1기 「길림집안고구려건축유지의 정리」
10) 광유 : 『전국으로부터 량한에 이르는 시기의 북옥저의 문화』, 『흑룡강문물총간』1982년 1기

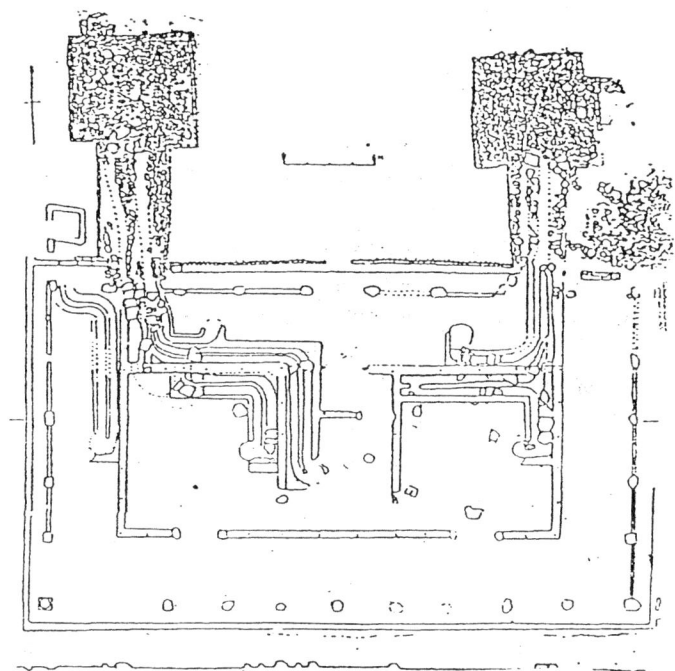

상경용천부 서구살림집터

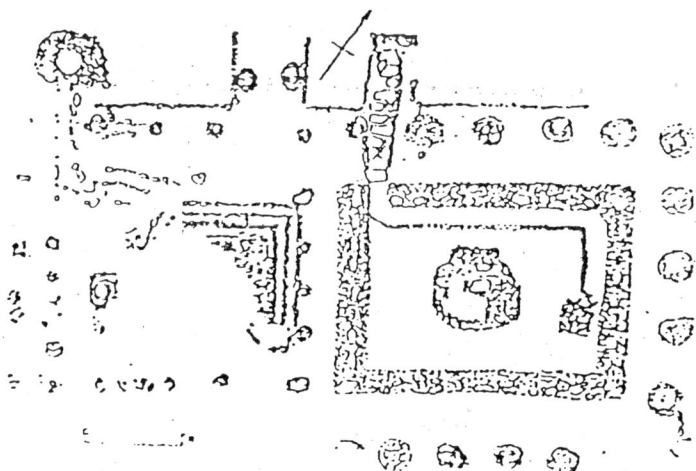

동대자 유적

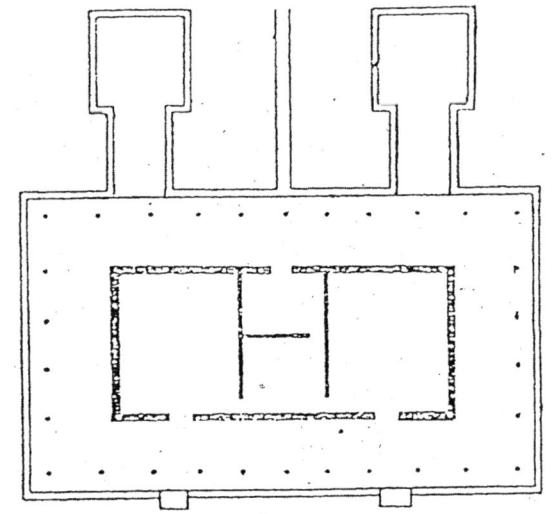

서구 살림집 복원 평면도

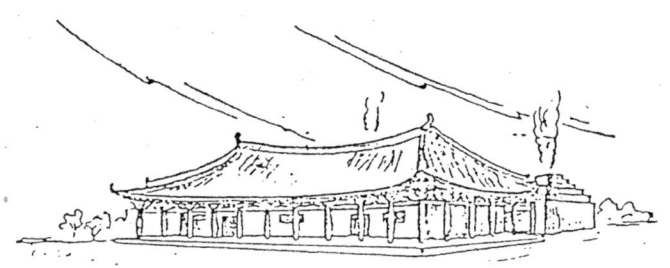

서구 살림집 복원도

일송정 2호 아궁이터

11. 말타기와 활쏘기 풍속

　발해사람들은 말타기와 활쏘기를 매우 즐겼다. 따라서 전 사회의 한 개 전통적인 민속으로 이루어졌다.

　역사문헌기록에 의하면 말타기와 활쏘기는 발해의 선조들 속에서 오랫동안 전해 내려온 전통적인 풍속이었다.

　말갈족(靺鞨族)은 주로 속말수(粟末水-오늘의 송화강)와 장백산, 흑룡강(黑龍江) 일대에서 생활하였다. 그들의 선조는 말 타고 활 쏘는 것을 즐겼다. 상주(商周-상나라와 주나라)시기에 숙신(肅愼)이라고 불렀는데 싸리나무 활촉과 돌활촉(楛矢石砮)을 사용하였고 한위(漢魏)시기에는 읍루(挹婁)라고 하였는

데 그들은 활쏘기를 잘하여 활을 당기면 목표물을 모두 맞혔다.[1]

남북조(南北朝)시기에는 물길(勿吉)이라고 불렸으며 활을 사용하여 수렵활동을 잘 하였다.[2]

수당(隋唐)시기에는 말갈(靺鞨)이라고 불렸는데 말을 타고 활을 쏘는 것은 말갈사람들이 가장 애호하는 활동 중의 하나였다.

고구려사람들 속에서도 말 타고 활 쏘는 것은 전통적인 민속놀이로서 전 사회의 민속놀이 가운데서 매우 중요한 자리를 차지하였다. 예를 들면 매년 3월 3일에는 낙랑언덕에 모여 사냥을 하여 잡은 짐승으로 하늘과 산천(山川)에 제사 지냈다. 이 날에는 국왕 자신이 5부 병사들을 데리고 나와서 사냥 경기를 조직하고 시상도 하면서 무술에 숙달한 사람을 등용하기도 하였다. 사냥 경기는 실제로 짐승을 잡는 경기였으나 사격술을 연마하기 위한 체육경기로서 활쏘기 경기도 널리 진행되었다. 덕흥리벽화무덤과 약수리벽화무덤의 사냥그림은 그 자체가 하나의 말타기와 활쏘기를 연상케 한다.

발해선조들 속에서 말 타고 활 쏘는 것은 유구한 역사를 갖고 있다. 발해국이 건립된 후 이러한 민속(民俗)은 계속 계승되고 발전하였다 하여 중원지구(中原地區-황화유역을 중심으로 한 지대)의 사람들은 "말갈인은 말을 몰아 달리는 것을 낙으로 삼는 풍속이 있다."[3] 라고까지 평가하였다. 이러한 풍속습관 속에서 사냥매(獵鷹), 사냥개(獵犬), 좋은 말, 좋은 활은 모두 사람들의 환영을 받는 진귀한 물건이었으며 유명한 해동청(海東靑)은 사냥을 하는 진귀한 매(鷹)로서 당(唐)나라와 요(遼)나라에 공물로 바치기도 하였다. 발해사람들이 귀중히 여기는 특산물 가운데는 '솔빈의 말(率賓之馬)'이 있었다. 특히 솔빈에서는 좋은 말이 많이 길러졌고 이러한 말들은 사회의 경제, 교통운수, 군사 및 주민들의 실생활과 민속놀이에 많이 사용되었다.

일본을 방문한 발해사신 사도몽(史都蒙)등은 일본천황의 초청을 받고 일본 궁정에서 거행한 말 타고 활 쏘는 '대사(大射)', '내사(內射)' 등의 대회의 참가하였고 대회가 끝난 후 사도몽 등은 상을 받았다.

---

1) 『삼국지(三國志)』 권 30.
2) 『위서(魏書)·물길전(勿吉傳)』
3) 『송사(宋史)』 권 491.

12. 예절 풍속

　예절풍속은 사회에 다방면의 내용을 포괄하였다. 그러나 본문에서는 '칭호(稱呼-혹은 稱謂)', '절하는 예의', '항복할 때의 의식과 예의 제도' 등에 대해서만 취급하고 그 외 '상장예의 풍속(喪葬禮義風俗)' 등에 대해서는 다른 제목으로 서술하려고 한다.

가. 칭호(稱呼)

발해족은 '칭호' 면에서 인근의 다른 종족과 다른 예의 풍속(風俗)을 가지고 있었다. 돌궐(突厥)은 왕(王)을 커칸(可汗), 회흘(回紇)은 왕을 군장(君長), 토번(吐藩)은 왕을 찬보(贊普)라고 불렀다. 그러나 발해는 그들과는 달리 본 민족의 언어로 사사로이 부를 때에는 왕을 '가독부(可毒夫)'라고 하였고 조정에서 조회할 때에는 '성왕(聖王)'이라 불렀으며 글로 기록하여 나타낼 때에는 '기하(基下)' 혹은 '왕(王)'이라고 하였다. 왕의 명령은 '교(敎)'라 하고 왕의 아버지는 '노왕(老王)', 어머니는 '태비(太妃)', 처는 '귀비(貴妃)', 맏아들은 '부왕(副王)', 그 아래의 자식들은 '왕자(王子)'[1]라고 불렀다.

발해 제3대 문왕 대흠무(文王大欽茂)의 둘째 딸 정혜공주(貞惠公主)와 넷째 딸 정효공주(貞孝公主)의 두 비문에 모두 발해 제3대 문왕 대흠무를 '대왕(大王)'이라고 새겼다.

《정효공주묘지병서》제3행에

公主者我 大興寶曆孝感金輪聖法大王之第四女也

(공주는 우리 대흥 보력 효감 금륜성법 대왕의 넷째 딸이다)

라 하였고 비문에는 또 대흠무를 '성인(聖人)'이라 새겼다. 비문 제9행에 '……惠于 聖人, 聿懷闢德(성인에게서 은혜로운 사랑을 받고 부인으로 지켜야 할 도덕규범을 잊지 않았다.)'라 하였으며 그리고 대흠무를 황상이라고 칭한 것도 있다.

비문 제11행에 '皇上罷朝興慟, 避寢弛懸, 喪事之儀, 命官備矣'(황상은 조회마저 정지하고 몹시 비통해 하시며 침식을 잃고 노래와 춤추는 것도 중지시켰다. 조상하는 의식은 관부에 명령하여 빈틈없이 마련하였다.)라고 하였다.

이상과 같이 발해왕실귀족과 관료들은 정혜공주묘비와 정효공주묘비에 발해왕을 '대왕', '성인', '황상' 이라고 새겨 발해국왕의 지위를 확실히 밝혔으니 당시 발해에서는 확실히 국왕을 '대왕', '성인', '황상' 이라고 불렀다는 것을 알 수 있다.

나. 절을 하는 예의

발해서는 절을 하는 예법(禮法)이 비교적 엄격하였다. 고려 태종 11년 8월에 발해사람 은계종(隱繼宗) 등 여러 사람이 고려(高麗)에 와서 투항하였다. 고려왕은 천덕전(天德殿)에서 그들을 접견하였는데 은계종은 감격한 나머지 고려왕에게 절을 세 번 하였다. 그때 누가 말하기를 "절을 세 번 하는 것은 실례입니다." 라고 이르니 이윽고 대상(大相) 함홍(含弘)이 대답하여 말하기를 "지난날 선비(仕人)들이 세 번씩 절을 한 것은 옛날의 예절[古禮]이었네" 라고 칭찬하였다. 발해사람들이 나라가 망한 후에도 이와 같이 예절을 지킨 것을 보아 발해 존속기간에는 예의제도에 대한 풍속이 성행하였음을 알 수 있다.

다. 항복할 때의 의식과 예의제도

나라가 망하고 항복할 때에는 의식과 예의제도가 따로 있었다. 거란(契丹) 군사들이 발해에 쳐들어와 서울 상경(上京)을 포위하게 되자 발해의 마지막 왕 대인선은 흰 옷을 입고 밧줄로 목을 맨 후에 양(羊)을 끌게 한 다음 신하 300여 명을 거느리고 성 밖에 진을 치고 있는 거란왕(契丹王) 아보기(阿保機)의 행영(行營-전선사령부)에 가서 항복하였다. 아보기는 그들을 후하게 대접하여 성내로 돌려보냈고 규정대로 근시(近侍-시종) 강말달(康末怛) 등 13명을 성내에 들여보내 무기를 점검하여 회수하도록 하였다. 그러나 발해군사들은 아보기가 파견한 13명 거란군사를 죽이고 대인선은 보좌하여 다시 반기를 들었는데 아보기는 전국을 동원하여 성을 쳐서 점령하게 되었다. 대인선을 할 수 없이 아보기가 탄 말 앞에 엎드려 머리를 조아리며 죽을 죄를 지었으니 용서해 달라고 애걸하였다. 아보기는 대인선을 거란의 수도로 압송하여 그곳에서 살게 하였고 대인선은 오로고(烏魯古), 그의 처는 아리지(阿里只)라고 각각 이름을 지어 주었다. 그런 '오로고'와 '아리지'라는 이름은 대인선이 항복할 때 아보기와 그의 처가 탄 말의 이름이었다.

그러면 무엇 때문에 항복할 때 흰 옷을 입었고 목을 맨 밧줄을 양이 끌게 하였을까? 흰 옷은 상복(喪服)을 의미하며 색조가 선명한 것으로 실패를 승인하는 것이기 때문이다. 양이 끌게 한 것은 양은 온순한 동물이어서 양처럼 온순하게 정복자 아보기에게 순종한다는 뜻이다. 지금도 싸움에서 패전하여 항복할 때는 백기(白旗)를 드는 법이 있는데 이는 흰 옷을 입고 항복하던 옛날 습성이 전해진 것이라고 할 수 있다.

---

1) 『5대회요(五代會要)』『신당서 · 발해전』

13. 발해의 축국과 격구

　발해의 축국(蹴鞠)과 격구(擊毬)에 대한 문제는 지금 사학계에서 연구하고 있는 새로운 과제 가운데 하나이다. 일부 학자들은 "발해국이 건립된 후 축국은 민간에서 광범하게 유행되었다."고 하지만 그 형태(形態)와 경기방식(競技方式)에 대해서는 서술하지 못하고 있다. 어떤 학자들은 또 "지금까지 축국과 격구에 사용된 용구와 국(鞠: 또는 구〔球〕)을 발견하지 못한 것으로 보아 아마 발해 사회에는 축국과 격구운동이 있는 것 같지 않다."고 한다. 그러나 본고에서는 발해사에 유관되는 국내외 문헌에 근거하여 천박한 견해를 서술해 보려고 한다.

가. 축국(蹴鞠)

축국운동은 지금의 축구운동(蹴球運動)과 같다. 발해 사회에 축국운동이 있었는가 없었는가 하는 문제는 자세히 토론하고 연구하여야 할 문제이다.

이 문제를 해결하려면 반드시 발해의 사회발전을 먼저 고찰하고 연구하여야 한다. 왜냐하면 축국과 격구운동의 흥기와 성행(盛行)은 일정한 사회·경제와 문화생활의 반영이기 때문이다. 발해는 건국된 후 200여 년 (698~926년)사이에 정권이 점차 공고해지고 발전되었으며 사회질서가 상대적으로 안정됨에 따라 농업과 수공업 그리고 상업이 빨리 회복되고 발전하였다. 그리하여 제3대 문왕(文王) 대흠무(大欽茂) 때의 '초흥시기(初興時期)'로부터 제10대 선왕(宣王) 대인수(大仁秀) 때의 '중흥시기(中興時期)'에 이르러 국세(國勢)는 이미 '극성계단(極盛階段)'에 이르러 경내(境內)에 "5경 15부 62주가 설치되어 있고 지역은 사방 5천리나 되었으며 호수 10만을 영유(領有)"[1] 하게 되었다. 때문에 『신당서(新唐書)』에는 '해동성국(海東盛國)'이라고 기재하였다.

발해의 사회·경제가 발전함에 따라 국력(國力)이 강대하여지고 수도(首都)의 건축규모도 점차 커졌다. 고고발굴자료(考古發掘資料)에 의하면 발해의 수도인 상경(上京) 용천부(龍泉府)는 당나라 수도 장안성(長安城)의 설계와 마찬가지로 외성(外城), 왕성(王城), 궁성(宮城) 등 3개 부분으로 이루어졌다. 외성의 둘레는 37리(실제는 16,296.5m로 40리가 넘는다)로서 당시 동북아

(東北亞)에서 제일 큰 성시였다. 성(城)은 흙으로 쌓아 올렸다. 성내에는 열한 갈래의 거리[街道]가 있고 중앙대도는 장안의 주작대로(朱雀大路)와 비슷한 것으로 너비 110m이다. 궁성(宮城)의 동·서·북 세 면은 동산으로 되었고 그 곳에 못[池], 가산(假山), 정자 등을 많이 만들었다. 건축물은 일반적으로 푸른 기와를 덮었다. 성벽은 흙과 돌로 쌓은 다음 진흙을 바르고 그 위에 백회(白灰)로 흰 칠을 하였다. 성내(城內)에는 또 10개의 상점이 있고 상인(商人)들의 왕래가 매우 빈번하였으며 많은 상품들이 집결되어 매매되었으므로 대도회(大都會)를 이루었다. 그리하여 당(唐)나라 목종(穆宗)은 발해를 칭찬하여 "지의지도(知義之道)를 행(行)하며 여화동풍(與華同風)"[2] 이라고 하였고 당나라 시인(詩人) 온정균(溫庭筠)은 "차서본일가(車書本一家)"[3] 라고 하였다. 한 사회의 경제기초는 그 사회의 문화·교육·체육운동 사업이 발전하는 물질기초이다. 발해는 이미 축국과 격구운동이 흥기하고 성행할 수 있는 모든 물질기초가 구비되었다.

다음으로 발해의 건국 전 남경(南京) 남해부(南海府)와 서경(西京) 압록부(鴨綠府) 통치지역내에는 일찍이 축국운동이 있었다는 데 주의하여야 한다. 속말(粟末) 말갈은 고구려에 속하였고 발해의 남경남해부도 고구려에 속하였으며 서경압록부도 고구려 전기의 통치중심지구에 속하였는데 부내(府內)에 고구려가 평양으로 천도(遷都)하기 전 강성(强盛)시기의 수도였던 환도성(丸都城 :오늘의 길림성 집안)이 있었다. 『신당서 발해전』에 "海東盛國, 地有五京, 十五府, 六十二州, 以肅愼故地爲上京曰龍泉府, 領龍, 湖, 渤三

州, 其南爲中京曰顯德府, 領盧, 顯, 鐵, 湯, 宋, 興六州, 濊貊故地爲東京曰龍原府, 亦曰柵城府, 領慶, 鹽, 穆, 賀四州, 沃沮故地爲南京 曰南海府, 領沃, 晴, 椒三州, 高麗故地爲西京曰鴨綠府, 領神, 恒, 豊, 正四州……"라고 하였다. 고구려 후기에 축국은 민간에서 광범하게 유행되었다. 『구당서 고려전(高麗傳)』에 "高麗者出自夫餘之別種也, 其國都於平壤城……好圍棋, 投壺之戲, 人能蹴鞠……"이라고 기재하였고 『후한서(後漢書)』 권 149 열전(列傳) 동이고구려조(東夷高句麗條)에는 "……好圍其, 投壺之戲, 人能蹴鞠"이라고 하였다. 고구려 후기에 축국운동이 광범위하게 유행된 사실은 발해시기 서경 압록부와 남경 남해부 지역 내에서 축국운동이 성행하였다는 것을 실증하는 방증(傍證)이 된다.

축국이 고구려 영역 내에 전파된 시간과 경로에 대해서는 아직까지 확실한 답안을 얻지 못하고 있다. 그러나 축국이 중원지구(中原地區)에서 시원하여 수당(隋唐) 이전 고구려에 전파되어 고구려 사람들이 애호하는 체육운동으로 되었다는 것만은 분명히 알 수 있다. 『유향(劉向) 별록(別錄)』에 "蹴鞠黃帝所造, 或云起於戰國, 古人蹴鞠以爲"라 하였고 『세종실록(世宗實錄) 권28』에는 "兵曹啓, 謹按古制漢之蹴鞠, 唐之擊毬乃黃帝蹴鞠之遺制, 而其所然者, 皆因戲而習戰也, 前朝(高麗王朝)盛時擊毬之戲, 實權與於此矣, 善擊毬者可以善騎射, 可以能槍劍, 自今武科試取"라고 하였으며 이조(李朝) 『지봉유설(芝峰類說)·기예문(技藝門)·잡기조(雜技條)』에도 "唐蔡孚打毬篇序曰 打毬者, 古之蹴鞠, 黃帝所作兵勢以練武士, 知有材也, 我國平時

武武科及都試亦以此技試取 而自變後殆廢矣"라고 하였다. 또 동경교육대학(東京敎育大學) 체육부(體育部) 교관(敎官) 편『체육대사전(體育大辭典)・축국조(蹴鞠條)』에는 "우리나라 대보(大寶) 이전에 이미 오늘의 축국과 비슷한 것이 있었다. 축국은 원래 중국에서 기원한 후 조선을 경유하여 우리나라에 전파되었는데 그 유희방법(遊戲方法)은 네 사람 혹은 여덟 명이 짝을 지어 노는 것이 있었다." 일본의 대보 시기는 당나라의 무주(武周) 시기에 해당된다. 이상의 사료에 의하면 축국은 중원지구에서 시원하여 고구려 백제, 신라 등에 전파된 후 다시 조선반도를 통해서 일본에 들어갔음을 알 수 있다. 이는 의심할 바 없는 객관적 사실이다.

그 다음에 백제와 신라에서의 축국의 성행도 발해에서의 축국운동의 흥기와 발전에 영향을 주었을 것이다.

『수서(隋書) 동이(東夷) 백제조(百濟條)』에 "……俗投壺, 圍棋 樗蒲 握槊, 弄珠之戲行"이라고 하였는데 '농주(弄珠)'는 축국이다. 『삼국유사(三國遺事)기이(紀異)・권1 태종춘추공조(太宗春秋公條)』에는 "庾信與春秋公正月年忌日蹴鞠于庾信宅前, 故踏春秋之裙, 裂其襟紐"라고 하였다.

끝으로 발해와 당조는 내왕이 빈번하였을 뿐만 아니라 발해는 정치・경제・군사・문화・종교 등 여러 면에서 당조의 선진적인 것을 따라 배웠다. 축국은 본래 전국(戰國) 이래로 유행되었는데 처음에는 군중(軍中)에서 무예(武藝)를 익히는 경기항목이었다. 그러나 후에 민간(民間)에 점차 널리 보급되었고 당조 때에 이르러서는 더욱 크게 발전하였다. 『사기・편작창공전(扁

鵲倉公傳)』에 "……處后蹴鞠……"이라는 구절이 있고『사기·위장군(衛將軍) 표기열전(驃騎列傳)』에는 "……今之鞠戱, 皮以爲之, 中實以毛, 蹴蹹爲戱"라 하였으며『전한서(前漢書)·예문지(藝文志)·축국조(蹴鞠條)』에는 "蹴鞠, 陳力之事, 故附於兵法焉"이라 하였다. 또『당음계첨(唐音癸籖)』에 "唐髭古蹴鞠戱爲蹴毬. 其法種兩修竹, 高數丈, 絡網於上, 爲門以角球, 球工分左右朋, 以角勝負"라고 하고『문헌통고(文獻通考) 악고 20(樂考二十)』에는 "蹴球, 盖始於唐, 種兩修竹, 高數丈, 絡網於上, 爲門以角球, 球工分左右朋, 以角勝負, 豈非蹴鞠之變歟"라고 한 것으로 보아 당나라 때의 축구(蹴球)는 이미 볼문(球門)이 있고 두 패로 나누어 시합을 진행하였으며 오늘의 축구시합과 비슷하였다는 것을 알 수 있다.『당어림(唐語林)』에 당나라 희종(喜宗)은 "好蹴鞠"이라고 하였고 두보(杜甫)가 쓴『청명2수(淸明二首)』에는 "十年蹴鞠將雛遠"이라 하였으며 왕유(王維)가 쓴『한식성동즉사(寒食城東卽事)』에도 "蹴鞠屢過飛鳥上"이라는 기재가 있는 것으로 보아 당나라 때 축국은 매우 발전하고 성행하였음을 알 수 있으며 당나라 축구의 성행과 발전은 발해 축국운동을 촉진하였을 것이다.

상술한 바와 같이 발해가 건립된 후 발해사람들은 고구려의 옛풍속을 계승하고 당조의 축국 기교와 경험을 흡수하여 본국의 축국운동을 더욱 발전시켰다.

지금 일부 학자들은 "蹴鞠"을 "踢毽子"라고 해석하는데 그 주요한 근거는『만물보추집(萬物譜秋集)』과 이윤희(李允熙)가 지은『아국세시기(我國歲時

記)』이다. 그들은 『만물보추집』 기희조(技戱條)에 "蹴鞠者, 傳言黃帝所造, 習兵之勢也……踢毯"라고 쓴 내용과 『아국세시기』 축국조(蹴鞠條)에 "丁壯年少者以蹴鞠爲戲, 如大彈丸上揷雉羽, 兩入對立脚勢相交以連蹴不墜爲善技. 按劉向別錄, 寒食蹴鞠, 黃帝所造或云起於戰國之時, 兵勢也……"라는 기재에 근거하여 '蹴鞠'이 곧 '踢毽子'라 하는데 이는 과학적인 근거가 없다. 그 이유는 다음과 같다.

첫째, 『사해(辭海) 축국조(蹴鞠條)』와 같은 책 「구조(球條)」에 "蹴鞠亦作 '鞠鞠' '踢鞠' '蹴鞠'. 我國古代的一種足球運動. 用以練武. 球卽鞠, 古代的游戲用具. 以皮爲之, 中實以毛, 蹴踢爲戲詳 '蹴鞠'"이라고 하였으며 『중문사전(中文辭典) 축국희조(蹴鞠戲條)』에도 "蹴鞠戲之一種唐代就古蹴鞠戲而改變者……唐髮古蹴鞠戲爲蹴毬, 其法植兩修竹, 古數丈, 絡網於上爲門以度毬, 毬工分左右朋以角勝負"라고 기재하였다.

둘째, 『사해(辭海) 척건자조』에 "'척건자'는 우리나라 민간체육활동의 일종이다. '건자'는 닭털을 원형(圓形)으로 한 돈[錢:엽전] 같은 물건 복판에 꽂아 만든 것이다. 차는 방법은 여러 가지였는데 차수(次數)를 비교하거나 기교[花樣]을 비교하기도 하였다. '척건자'는 관절을 활동시키고 근육을 굳게 하며 영민성을 발전시키고 신체의 평형을 잡게 하는 데 좋은 작용을 한다"라고 한 내용과 『사원(辭源) 건자조(毽子條)』에 "今小兒以鉛錫爲錢, 裝爲以雛羽呼爲毽子. 三四人成群走踢, 亦蹴鞠之遺事也. 毽借用字, 后成作毽, 古無毽字也"라고 한 기재에 의하면 '척건자'는 닭털을 원형으로 한 돈(錢:엽전)

같은 물건 복판에 꼽아 만든 제기[毽子]로서 3~4명이 무리를 지어 걸으면서 차는 체육운동이다.

셋째, 『훈몽자회(訓蒙字會) 기명조(器皿條)』에 "小兒踢者, 俗呼踢 毽子"라 하였고 최영년(崔永年)저 『해동죽기(海東竹技) 축치건조(蹴雉毽條)』에서도 "舊俗以雉尾作毬, 互相競技, 四人則名曰四方毬, 三人則名曰三角毬, 兩人則名曰雙峯毬, 每天寒時, 流汗生熱稱之曰踢毽子……左蹴登天右蹴地, 鴛鴦脚注入神多, 一毬不用千金買, 猶勝張家沒奈何"라고 한 기재가 있다.

상술한 문헌자료에 의하면 축국과 척건자는 완전히 같지 않은 두 가지 체육운동 항목이라는 것을 알 수 있다. 때문에 '축국'을 '척건자'로 해석하는 것은 사실상 근거가 없는 것이다.

발해 시기에 '국(鞠)'의 형태에 대해서 비록 명문(明文)기재는 없지만 그러나 이웃나라의 '국'의 형태를 통해서 가히 발해국 시기의 '국'의 형태를 추리하여 판단해 낼 수 있다.

『사기 위장군 표기열전』에 "鞠戲皮以爲之, 中實以毛, 鞠蹴爲戲也"라 하였고 『한서(漢書) 장승전(杖乘傳) 안사고주(顏師古注)』에는 "蹴, 足蹴之也; 鞠, 二章爲之, 中實以物: 蹴躢爲戲樂也"라고 하였으며 일본 주작천황 승평 연간(911~938년)에 편찬한 『왜명류취초(倭名類聚抄)』에는 "鞠音菊字, 亦作毱和萬利, 以革囊盛糠而蹴之"라고 하였다. 고려 시기 축구에 유관되는 역사문헌인 『동국이상국집(東國李相國集)·권6·고율시(古律詩) 제96수』에 의하면 "偶見氣毬因寓意氣滿成毬體, 因人一蹴沖, 氣收入亦散, 縮作一囊

空"이라고 하였고 당나라 때 서견(徐堅:659~729년)이 쓴 『초학기(初學記)』 (725년)에는 비교적 명확하게 '鞠'의 형태에 대해 기재하였다. 『초학기』에 의하면 "鞠卽毬字, 今蹴鞠曰戲球. 古用毛紏結爲之, 今用皮以胞裏, 此用 牛膀胱卽爲毬裏也, 爲裏噓氣閉而蹴之……"라고 하였다.

위에서 열거한 문헌에 의하여 우리는 당나라 이전 '鞠'의 형태는 표면은 가죽으로 하고 이면에는 털[毛或髮]이나 겨[糠]를 가득 채워서 만든 것이었고 당조 때에 이르러서는 동물의 방광을 '毬'의 내피로 하고 공기를 불어넣어서 차는 '기구(氣毬)'가 나타났다는 것을 알 수 있다. 우리나라의 삼국시대 후기와 고려 왕조 전기에 축국운동을 진행할 때에는 모두 '기구'를 썼다. 당조와 우리나라의 삼국시대 후기에 '물구(物毬:以皮爲之, 中實以物的鞠)'와 '기구'가 널리 사용된 사실은 발해 시기에 '물구'와 '기구'가 있었다는 방증이 된다.

발해의 축국운동은 주로 "植兩修竹, 高數丈, 絡網於上, 爲門以角球. 球工分左右朋, 以角勝負"[4]의 형식으로 진행되었다.

재판원 문제에 대해서는 『국성명(鞠城銘)』가운데 "……不以親疏, 不有阿私, 端心平意, 莫怨其非"라는 기재가 있는 것으로 보아 재판원은 어느 한쪽에 편중하지 않고 공정한 태도로 재판에 임해 경기의 정상적인 진행을 보증하였다는 것을 알 수 있다.

나. 격구(擊毬)

격구를 '타구(打毬)'[5] 혹은 '마구(馬毬)' '장구(杖毬)' '포구(抛毬)' '봉희(棒戲)'라고도 한다. 격구는 페르시아(波斯: 오늘의 이란)에서 기원하였다.[6]

그 후 서쪽은 터키를 거쳐 유럽에 전해지고 동쪽은 파키스탄을 거쳐 인도와 당나라 등 여러 나라에 전파되었다. 그때 당나라에서의 격구는 전파되어 들어온 지 오래되지 않았기 때문에 아직 광범위하게 유행되지 못하였다. 격구는 무예(武藝)를 연마하는 데 매우 큰 도움이 되었으므로 당태종(唐太宗)은 이에 대해 깊은 관심을 가졌다. 그리하여 격구는 당태종 정관(貞觀) 연간(627~649년)에 정식으로 시작되었다. 그 후의 여러 황제들도 많이 애호하였기 때문에 널리 보급될 수 있었다. 격구는 무예를 연마하는 좋은 체육운동 항목이었기 때문에 서울 장안(長安)으로부터 각 지방의 진(鎭)과 군중(軍中)에 널리 보급되었다.

7세기 후반에 격구는 당나라로부터 발해에 전파된 후 점차 통치계급과 군중(軍中)에서 즐겨하는 일종의 체육운동 항목이 되었다. 『요사(遼史) 초효충전(肖孝忠傳)』에 "孝忠, 重熙七年(1038년)爲東京留守. 時禁渤海人擊毬, 孝忠言東京最爲重鎭, 無從禽之地, 若非球馬, 何以習武, 且天子以四海爲家, 何分彼此, 宜馳其禁. 從之"라고 하였다. 이로써 발해의 격구운동은 발해가 멸망된 후에도 줄곧 쇠퇴되지 않고 성행하였음을 알 수 있다.

발해의 격구는 서울에서만 성행된 것이 아니어서 경(京), 부(府), 주(州), 현

(縣) 등 지방의 중요한 진(鎭)과 변경지대에서도 '구마지회(毬馬之會)'가 있었다. 격구에 대해서는 무인장령과 군인들만이 애호한 것이 아니라 문관들도 매우 즐겨하였다. 예를 들면 저명한 학사(學士)이며 문관인 왕문구(王文矩)가 거느린 발해 사절단은 일본 궁정의 요청을 받고 차아천황(嵯峨天皇)이 풍락전(豊樂殿)에서 소집한 연회에 참가하였다. 연회가 끝난 다음 마구경기(馬球競技:격구)가 있었다. 왕문구 등도 이 경기시합에 참가하였다. 그들의 뛰어난 기교는 일본 인사들의 칭찬을 받았다. 차아천황은 「조춘관타구(早春觀打球)」라는 시(詩)에서 "芳草烟景早朝晴, 使客來時出前庭. 回杖飛空疑初月, 奔球轉地似流星, 左承右礙當門竟, 群踏分行亂雷聲, 大呼伐鼓催籌急, 觀者猶嫌都易成"[7]이라고 하였고, 저명한 시인 자야정주(滋野貞主)는 그의 시에서 "如鉤月度蓂階側, 似点星睛綵騎頭. 武事從斯强弱見, 輸家妬死數千籌"[8]라고 하였다. 차아천황은 격구경기가 끝난 다음 발해국 사신 왕문구 등에게서 풀솜[綿] 200둔을 주었다.[9]

이로써 발해 사신 왕문구 등의 마구기교(馬球技巧: 격구기교)가 매우 높았다는 것을 알 수 있으며, 이는 발해 국내에서 마구가 성행되고 고도로 발전되었음을 설명한다.

격구의 형식에 대해서는 상술한 『일본기략(日本記略)』과 『경국집(經國集)』에 기재한 사실 이외에 또 『금사(金史)』, 『용비어천가(龍飛御天歌)』, 『세종실록(世宗實錄)』 등의 문헌에도 상세한 기재가 있다. 『금사 예지8(禮志八)』에 "擊毬之戲, 亦遼俗也, 金因尙之:……各乘所常習馬, 持鞠杖, 杖長數尺, 其

端如偃月, 分其衆爲兩隊, 共爭擊一球, 先于球場南立雙垣, 置板, 下開一孔爲門, 而加網爲囊, 能奪得鞠擊入網囊者爲勝. 或曰, '兩端對立二門, 互相排擊, 各以出門爲勝'. 球狀小如拳, 以輕靭木枵(剖空)其中而朱之, 皆所以習蹻捷也"라 하였고, 『용비어천가・격구조』에는 "高麗時, 每於端午節, 預選武官年少者及衣冠子弟, 習擊毬之藝, 至其日, 於九逵之傍, 設龍鳳帳殿, 自殿前左右, 各二百步許, 當路中立毬門, 路之兩邊以五色錦緞, 結婦女之幕, 飾以名畫彩毬, 王幸帳殿觀之, 排宴會設女樂, 卿大夫皆從之, 毬者盛服盡飾窮極侈靡, 見他人有勝已者必欲如之, 一鞍之費, 直中人十家之産, 分作二隊立於左右, 妓一人執毬而進, 步中奏樂之節, 當殿前唱詞, 唱訖而退, 亦中奏樂之節, 擲毬道中(指毬場). 左右隊皆趨馬而爭毬. 先中者爲首擊, 餘皆退立. 都人士女觀者山積……先趨馬而進, 以排至動毬, 以持彼回. 毬若人凹則亦用排至以 杖之內面斜引毬使高起 俗謂之排至, 以杖之外面推去毬以擲之 謂之持彼, 三回畢. 乃馳擊行毬, 行毬之初, 不縱擊, 執杖橫直, 與馬耳齊, 謂之比耳, 比耳後, 擧手縱手高抗而杖下垂揚揚, 謂之垂揚, 出門者少, 過門者十之二三, 中道而廢者多. 若有出門者, 同隊之人, 卽皆下馬, 進殿前再拜謝"라고 하였으며")『세종실록』권14 갑신조(甲申條)에는 "擊毬之法, 分曹較勝負. 棒狀如匙, 大如掌, 用水牛皮爲之. 以厚竹合, 而爲柄. 毬大如鷄卵, 用碼碯或用木爲之. 掘地椀名窩兒. 或隔殿閣, 或於階上, 或於平地作窩. 擊者, 或跪或立以棒擊毬, 或騰越, 或斜起, 或輪轉, 各隨窩所在之宣, 毬入窩則獲等. 節目甚多"라고 하였다.

상술한 문헌자료에 의하면 발해 격구도 '騎馬擊毬'와 '徒步擊毬' 등 두 가지 종류가 있었다. '기마격구'를 간단하게 말해 '마구'라고도 한다. '마구'는 말을 타고 공을 치거나 빼앗는 운동이다. 경기는 두 패로 나누어 진행하는데 각 패는 모두 채기(綵騎)를 차고 북소리가 나면 좌우로 갈라져 공이 가는 곳을 따라 뛰어다니면서 구장(球杖: 즉 구월[鈎月], 오늘의 필드하키 스틱 또는 아이스하키 스틱과 유사하다)으로 상대의 볼문에 쳐 넣은 수가 많은 쪽이 승리한다. '종보격구'도 두 패로 나누어 경기를 진행하는데 공을 볼문에 많이 넣는 쪽이 승리한다. 경기에 참가하는 사람수는 많을 때에는 몇십 명, 적을 때에는 10여 명이었다. 경기에 참가하는 사람 수는 종보격구가 기마격구보다 더 많았다.

　종합해 보면 발해국이 건립된 후 229년 사이에 발해사람들은 고구려의 "能蹴鞠"[10]의 옛 풍속을 계승하고 당나라의 축국과 격구의 선진기교를 적극적으로 흡수하여 본국의 실제상황에 결합시켜 축국과 격구운동의 발전을 더욱 촉진하였다. 이 체육운동은 수도에서 보급되었을 뿐만 아니라 또한 지방과 군대 가운데서도 널리 성행하였다. 부지런하고 용감한 발해 사람들은 마침내 동북지구 고대 체육에서 빛나는 장을 기록해 놓았다.

1) 『신당서』권 219 「발해전」
2) 『원씨장경집(元氏長庚集)』
3) 당나라 시인 온정균:「본국으로 귀국하는 발해왕자를 바래면서」
4) 『문헌통고 · 악고 20』
5) 『사해 · 격구조(辭海 · 擊毬條)』
6) 『사해 · 타구조(辭海 · 打球條)』
7) 자야정 주 :『경국집(經國集)』권 11 ;『발해국지장편』권 18
8) 위와 같음
9) 『일본기략』전편 14
10) 『후한서 · 동이전』권149

14. 꽃기르기와 기타 몇 가지

발해사람들 가운데서 상층인들은 꽃을 기르는 것을 하나의 취미로 여겼다. 그들은 특히 목단꽃 기르기를 좋아하였다. 『송막기문(松漠紀聞)』의 기재에 의하면 "부유한 집들에서는 200여 년의 안거한 생활 가운데서 늘 꽃동산과 늪 등을 만들고 목단꽃을 심고 길렀는데 많이 심은 집들에서는 2~3백 포기 되었다.(富室安倨逾二百年, 往往爲園池, 植牧丹, 多至二,三百本……)"라고 하였다.

연꽃도 즐겨 길렀다. 발해의 수도(首都)였던 중경(中京-오늘의 화룡현 서고성)과 동경용원부(東京龍原府-오늘의 훈춘시 팔련성), 상경(上京-오늘의 흑룡강성 영안시 발해진) 등의 성내에 아름다운 꽃동산과 늪을 만들었던 유적지가 지금까지도 확연하게 남아 있다. 꽃동산과 늪에는 목단과 연꽃을 기르고 관람하였을 것이다. 서고성(西古城)과 팔련성(八連城) 성터에서 연꽃무늬 막새와 4존불(四尊佛)이 출토되었는데 4존불은 연꽃 속에 돋보이게 새겼다. 발해의 건축물과 부처를 조각하고 장식한 것에는 거의 목단과 연꽃그림이 장식되어 있다. 사람들의 의식형태는 객관적 사물의 반영이다. 당시 목단과 연꽃을 기르고 관람하였기 때문에 건축물과 부처를 조각하는데 목단과 연꽃이 반영된 것이며 우리나라 동북지구에서 목단과 연꽃을 재배한 역사를 살펴보면 고구려와 발해 때부터 시작하였다.

발해사람들은 설(元旦-춘절), 단오절(端午節), 중추절, 10월 상사 등 명절을 쇠었다. 발해 궁정에서는 중원왕조(中原王朝)에 사신을 파견하여 '하정(賀正)', '진봉단오(進奉端午)' 등을 하였다. 이는 발해 때에 설, 단오절을 쇠는 풍속이 있었다는 문헌증거이다. '설' 이란 음력 정월(正月) 초하루를 말한다. '설'을 '정월단(正月旦)', '세수(歲首)', '연수(年首)', '정초(正初)', '원단(元旦)'이라고도 한다. 음력설을 한족(漢族)들은 춘절(春節)이라고 한다. 원래는 '연(年)', '원단', '정월단', '세수'……등으로 불렸는데 민국 3년(民國三年-1914년)에 민국정부에서 음력 '원단'을 '춘절'로, 단오절을 하절(夏節)로, 중추절(추석)을 추절(秋節)로, 동짓날을 동절(冬節)로 부르기로 결정하였다.[1]

이때로부터 중국에서 음력설을 춘절이라고 불러왔다. 『요사(遼史)』에는 요(遼)나라 단오절에 신하들이 연회에서 즐기는데 '발해의 요리사가 쑥떡을 올렸다.(渤海膳夫進艾糕)', '오색실을 팔에 매었는데 이것을 합환결이라고 하고 또 색실로 인형을 만들어 머리에 꽂았는데 이것을 장명루라 하였다.(以五彩絲纏臂, 謂之合歡結, 又以彩絲苑轉爲人形簪之, 謂之長命縷)'고 하였다.[2]

일본사서에 의하면 발해사신 배정(裵頲)이 일본을 방문하였을 때 일본 황제는 5월 5일 대사(大使)이하, 녹사(彔事) 이상들에서 속명루(續命縷)를 주었다.[3]

이상의 사실로 보아 발해에는 5월 5일 단오절을 쇠는 풍속이 있었다는 것을 알 수 있다.

---

1) 『훈춘사지(琿春史志)』제 602쪽. 1990년 판본
2) 『료사・례지(遼史・禮志)』6.
3) 『일본삼대실록(日本三代實錄)』권 48

II. 발해의 유학에 대하여

 발해는 그가 존속한 229년 사이에 선진생산기술과 문화를 적극적으로 받아들여 본국의 실제 정황에 알맞게 결합시켜 독특하고도 찬란한 해동성국(海東盛國)의 문화를 창조하였다.
 발해의 유학(儒學)도 다른 부문과 마찬가지로 널리 보급되고 상당한 정도로 발전하였다. 그러나 발해의 서적과 기록이 회멸되고 남아있는 단편적인 사료도 믿기 어려운 점이 적지 않게 있고 발해 고고학도 전면적으로 충분히 발전하지 못한 형편이기 때문에 발해의 유학을 연구함에 있어서 막대한 어려움이 있다. 발해의 유학에 대한 문제는 목전 발해사 연구에 있어서 새롭고도 중요한 연구과제 가운데의 하나이다. 본문은 관련되는 발해역사문헌자료와 고고학자료에 근거하여 발해의 유학을 초보적으로 탐색하려고 한다.

발해의 통치자들은 유가사상을 입국지본(立國之本-나라를 세우는 근본)과 치국지본(治國之本-나라를 다스리는 근본)으로 삼았다.

유가사상(儒家思想)은 몇 천 년 동안 중국과 동양의 각국 통치자들이 나라를 다스리고 자신들의 기반을 튼튼히 하는데 밑바탕이 되어온 통치사상이다. 당시 당나라, 고구려, 백제, 신라의 통치자들은 저들의 봉건통치를 수호하고 왕권을 강화하기 위해 유가사상을 입국지본(立國之本), 치국지본(治國之本)으로 삼고 그것을 대대적으로 발전시켰다. 발해의 통치자들도 예외는 아니었다. 그들은 유가사상을 적극 받아들여 광범하게 전파하였다.

유가사상의 주요한 내용은 요순(堯舜)을 받들고 문무(文武)를 따라 배우며 예악(禮樂)과 인의(仁義)를 숭상하고 충서(忠恕)와 중용지도(中庸之道)를 제창하며 정치적으로는 덕치(德治)와 인정(仁政)을 주장하고 윤리도덕교육(倫理道德敎育)을 중시하는 것이다.

지금까지 중국사학계에서 발해의 유학에 대해 연구하여 논문을 발표한 것은 방학봉(方學鳳), 왕승례(王承禮), 장균(張鈞), 양우서(揚雨舒) 등 4명 선생이 집필한 6편 뿐이다. 앞으로 더욱 많이 깊이 연구되어야 한다.

유학은 발해국이 건립되기 전 이미 고구려 유민과 부분적인 말갈인(靺鞨人)들 가운데서 널리 전파되고 발전되어 이미 전사회의 통치사상이 되었다.

첫째, 본래부터 고구려 옛 지역에 거주하던 고구려인들은 유가사상의 통치를 받았을 뿐만 아니라 비교적 일찍 보편적으로 유가교육을 접수하였으며 또한 일정한 문화기초가 있는 편호(編戶)가 있었다. 유학(儒學)이 고구려에 전파된 후 고구려의 통치계급은 이를 매우 중시하였고 그로써 저들의 봉건 통치 질서를 수호하고 왕권을 강화하는 사상무기로 사는 동시에 유관기구를 설치하여 적극적으로 제창하였다. 고구려는 372년에 유학의 최고 학부인 태학(太學)을 세우고 5경3사(五經三史)를 가르쳤다. 『구당서(舊唐書)·동이전(東夷專)』에 "俗愛書籍, 至於衡門厮養之家, 各於街衢造大室, 謂之扃堂, 子弟未婚之前, 晝夜於此讀書, 習射. 其書有『五經』及『史記』,『漢書』, 范曄『後漢書』,『三國志』, 孫盛『晋春秋』,『玉篇』,『字統』,『字林』. 又有『文選』, 尤愛重之"라 하고 『신당서(新唐書)·고려전(高麗傳)』에는 "人喜學, 至窮里厮底家, 亦相矜勉, 衢側悉構嚴屋, 號扃堂, 子弟未婚者曹處, 誦經習射"라 하였으며 『주서, 권49, 열전, 고구려전』에는 "書籍有五經, 三史, 三國志, 晋陽秋"라고 하였다. '扃堂'은 사학(私學)의 한 형식으로서 후세의 사숙(私塾)과 같으며 그곳에서 배양하는 대상은 '衡門厮養', 즉 보통 평민의 자제를 포괄하였다. 발해국이 건립된 후 이들 가운데 핍박에 의해 영주(營州) 일대로 이주한 사람들을 제외하고 계속 원래 지역에 남아서 생활한 사람들은 모두 발해 주민이 되었다. 발해 주민이 된 고구려 사람들 가운데는 유가사상 교육을 받은 수가 적지 않았다. 이들은 자기 자식들이 계속하여 교육을 받을 수 있는 조건을 마련하거나 쟁취하기 위해 힘을 썼을 것이다. '扃堂'과 같은 유형의 유가사상 교육형식은 발해의 5경, 적어도 경기지방에는 보류되었거나 상대적으로 보급되었을 것이다.

특히 사람들의 주목을 끄는 것은 발해 왕족과 귀족의 딸들이 교육을 받은 점이다. 1949년 길림성(吉林省) 돈화시(敦化市) 육정산(六頂山)에서 출토된 정혜공주묘지(貞惠公主墓誌)와 1980년 화룡현(和龍縣) 용해향(龍海鄉) 용해촌(龍海村) 용두산(龍頭山)에서 출토된 정효공주묘지에 의하면 "일찍 어려서 여사(女師)의 가르침을 받아 능히 사제(思薺)와 비길 수 있었고 항시 조가(曹家)의 풍채를 경모하고 시서에 두터웠으며 예악을 즐겼다"라고 새긴 구절이 있는데 이는 발해 사회의 왕실귀족과 관료의 자녀들이 교육을 받았음을 알려주는 좋은 증거가 된다. '女師'는 글자만 보아도 그 뜻을 알 수 있는데 이는 여성 교사이다. 후한(後漢)의 유명한 사학자 반소(班昭)는 화제(和帝) 때에 여사의 신분으로 궁중을 드나들면서 황후와 왕비들을 가르치는 직무를 담당하였다. 이러한 사실은 유가교육이 발해 상층사회에 보급된 정도를 알려 준다. 발해 '여사'의 출현은 중국 동북 고대 교육사상에서 창거의 중대한 의의를 지닌다.

둘째, 고구려의 옛 지역에서 거주하면서 고구려의 통치를 받아온 말갈족 여러 부의 상층인물과 자제들 중에서도 많은 사람들이 유학교육을 받았을 것이다. 특히 속말(粟末) 말갈과 백산(白山) 말갈은 본래 고구려에 종속되었고 그들의 상층인물과 자세들은 오랫동안 고구려 통치계급이 수행한 유가사상의 통치와 관수를 받았다.

셋째, 당나라는 고구려를 정복한 다음 고구려의 옛 지역에 대한 자신들의 통치를 수호·강화하기 위해 고구려 유민과 고구려의 통치하에 있던 속말말갈인과 백산말갈인들을 강제로 영주(營州)와 중원(中原)지대에 대량으로 이주시켰다. 영주는 그 당시 당나라가 동북에 있는 여러 민족들을 통제하는 정치·군사의 중심지였다. 그 관할구역 내에는 한인(漢人), 거란인(契丹人), 해인(奚人), 돌궐인(突厥人) 이외에 또 많은 수의 고구려인과 말갈인들이 거주하고 있었다. 고구려인들과 말갈인들은 한인들과 오랫동안 함께 사는 가운데 그들의 선진적인 생산기술과 문화를 배웠고 봉건 윤리도덕과 공맹사상의 영향을 깊게 받았다. 당조 통치자들은 동북지구에서 저들의 통치지위를 공고히 하기 위해 영주 일대에 대한 정치조치와 군사역량을 강화하고 각 민족의 인민을 잔혹하게 착취하고 압박하여 계급 모순과 민족 모순을 더욱 첨예화시켰다. 이리하여 각 민족의 인민들은 봉기하여 당조의 잔혹한 통치에 반대하여 싸웠다. 이때 걸걸중상(乞乞仲象)과 걸사비우(乞四比羽)도 고구려인과 말갈인들을 이끌고 반당(反唐)의 기치를 높이 들었다. 그들은 영주를 떠나 요하를 건너 추격하는 당나라 군사 이해고(李楷固)군을 격파하였다. 그러나 그때 걸걸중상과 걸사비우는 이미 죽었다. 걸걸중상의 아들 대조영(大祚榮)은 승리의 기세를 몰아 계속 동진하여 동모산(東牟山)에 이르러 진국(震國)을 세우고 국왕이 되었다. 때는 698년(당무측천 성력원년, 신라 효소왕 7년)이다. 713년(당 예종 2년, 신라 성덕왕 12년)에 당나라는 최흔을 파견하여 대조영을 좌효위원외(左驍衛員外)[1] 대장군, 발해군왕(渤海群王) 겸 홀한주도독(忽汗州都督)으로 봉하였다. 이때부터 진국을 발해라고 부르게 되었다.[2]

영주 일대에서 유학교육과 유가사상의 영향을 많이 받은 고구려인과 말갈인의 상층인물들과 그 자제들은 모두 발해국이 건립된 후 발해 통치집단

내의 중견인물이 되었다. 그들은 유가사상을 국가통치의 근본사상으로 삼고 전 사회에 광범위하게 선전하였다. 때문에 발해 건국 초기 유가사상은 전 사회를 지배하고 통제하는 통치사상이 되었다.

이상과 같은 사정으로 발해에서 유학과 유가사상이 원유의 기초 위에서 빠르게 발전하였다.

발해의 통치자들은 중앙에 주자감(冑子監)³⁾을 설치하고 유학교육을 관리하였다. 서울에는 아마 '국자학' '태학'⁴⁾과 같은 최고학부를 세웠을 것이다. 상경용천부 유지에서 비석 하나를 얻었는데 "……儒生盛於東觀, 下瞰闕庭, 書類率更今"⁵⁾라는 글귀가 있다. 동관(東觀)은 궁중에서 도서를 장서한 곳 즉 생도 혹은 유생들이 모여서 학습하는 장소이다. 이 사실로 미루어 보아 중경, 동경, 상경을 수도로 한 시기에 서울에 국학이 세워졌음을 알 수 있다. 『구당서·직관지』의 기재에 의하면 당나라 수도 장안(長安)에는 국자학(國子學), 태학(太學), 사문학(四門學), 율학(律學), 서학(書學), 산학(算學) 등이 있었는데 그 중에서 국자학의 지위가 제일 높았다. 국자학, 태학, 사문학은 유가경전을 교재로 하여 봉건귀족과 관료자제를 배양하는 학부(學府)였다. 율학, 서학, 산학 등은 사법(司法), 문학(文學), 수학(數學) 등 전업인재를 배양하는 전업학교였다. 발해에도 이와 유사한 학교들이 있었을 것으로 짐작된다.

지방의 경(京), 부(府), 주(州), 현(縣)에도 각종 유형의 학교가 세워져 귀족,

관료, 지주, 평민의 자제들에게 주로 유가 경전을 가르쳤다.

발해는 인재를 배양하고 선진문화를 받아들이기 위해 늘 학문이 있는 '생도(生徒)'[6]를 장안에 파견하여 학습시키고 각종 제도를 배우게 하였다. 기원 714년 대조영은 학문을 갖춘 '생도' 6명을 파견하여 당나라의 수도 장안에 있는 태학에서 공부하게 하였다. '생도'란 학교에서 교육을 받는 학생인데 발해가 파견한 6명의 생도는 발해 건국초기 학교에서 배출한 학생들이다. 이 '생도'의 출현은 발해 건국초기에 학교가 이미 건립되어 있었다는 명확한 근거가 된다. 그 후부터 역대 왕들은 끊임없이 생도를 당나라에 파견하여 공부하고 선진문화를 적극 받아들여 본국의 문화교육의 발전을 더욱 촉진하였다.

중앙의 최고기관인 정당성(政堂省)의 6부(肉部) 명칭은 모두 충(忠), 인(仁), 의(義), 예(禮), 지(智), 신(信)[7] 으로 명명하였다. 이는 발해 왕실이 얼마나 유가사상을 숭상하였는가를 보여주는 좋은 예이다. 중경, 동경, 상경 등의 유지에서 출토된 대량의 문자기와 가운데는 덕(德), 인(仁), 신(信), 정(貞), 보덕(保德), 인대(仁大) 등의 글자가 새겨진 것이 있다. 이 고고학적 자료는 중경, 동경, 상경 일대에서 유학사상이 광범위하게 성행하였다는 것을 증명하는 실물 근거이다. 그러나 더욱 중요한 것은 정혜공주묘지와 정효공주묘지의 발견이다. 이는 발해 사회에서 유가사상이 깊고도 넓게 전파되어 성행하였다는 것을 입증하는 가장 좋은 선물이다. 때문에 당나라 조정과 일본 군신(君臣)들도 발해왕의 형상을 "代襲忠貞, 器資仁厚", "信義成性, 禮義立

身", "信確金石, 操貞松筠", "敦志親仁, 宅心懷惠"[8] 라고 묘사하였다.

발해의 유학자들은 유가 경전에 대해 매우 숙련하였다. 예를 들면 정혜공주(貞惠公主)와 정효공주(貞孝公主) 비문에 "敦詩悅禮"라는 구절이 있다. '시(詩)'는 시경(詩經), 예(禮)는 예의범절이다. 그의 뜻은 '시사를 열독하기에 노력하며 예의범절을 지키기를 즐기었다' 이다. '敦詩悅禮'는 『시경』에서 인용한 구절이다. '嬀汭降帝女'는 『상서・요전(尙書・堯典)』에서 취한 구절이고 '魯館王姬'는 『춘추(春秋)』, 『좌전(左傳)』, 『시경(詩經)』 등에서 취한 것이며 '自天祐之'와 '威如之吉'은 『역경(易經)』에서 취한 것이다. 비문의 작가는 『논어』, 『맹자』, 『사기』, 『한서』, 『삼국지』, 『문선』 등에 대해서도 매우 숙달하였다. 이상의 정황으로 보아 발해의 각급 학교에서 유가경전을 교육내용으로 삼았고 그중에서 『논어』와 『효경(孝經)』은 공통필수 과목이었다.

발해통치자들은 유학을 매우 중시하여 3황 5제와 하우(夏禹), 상탕(商湯), 문(文), 무(武), 성(成), 강(康) 등을 따라배우는 본조기로 삼았다. 정효공주묘지(貞孝公主墓地)에는 발해국왕을 "若乃乘時御辨, 明齊日月之照臨, 立極握機, 仁均乾坤之覆載"라고 하였다. 그 대의는 "만약 그들이(발해국왕들을 가리킴) 시기를 장악하고 정사를 처리하면 그 빛발은 해와 달처럼 온 천하를 비추었고 기강을 세워 나라의 정권을 장악하면 그 어진 정치는 온 천하에 차고 넘쳤다." 비문 가운데는 또 "配重華而肖(?)夏禹, 陶殷湯而韜周文."라고 하였는데 그 대의는 "그들이야말로 중화와 짝될 만하고 우임금과 비슷하며 상조 상탕왕의 지묘로 양성되고 주문왕의 계략을 갖춘 이들이다." 이로부터 발해의 국왕들은 유가의 인효(仁孝)를 도덕 표준과 행동의 규범으로 삼았다는 것을 알 수 있다. 왕족귀족과 공주 등에 대해서도 유가사상을 지도사상으로 한 도덕규범과 행위가 제정되어 있었다. 지어 연호, 존호, 시호, 이름까지도 유학을 지도사상으로 한 내용으로 명명(命名)하였다. 예를 들면 대흠무(大欽茂)의 존호는 "孝感金輪聖法大王"이라 했고 국왕과 공주의 이름을 "明忠", "仁秀", "貞惠", "貞孝" 등 이라고 하였다.

유가의 충(忠), 효(孝), 인(仁), 의(義), 예(禮), 지(智), 신(信)의 설교(說敎)는 이미 전사와 사람들의 행동을 지배하는 사상으로 되었다. 그것은 국가 중앙기구의 설치와 그의 명칭에서 똑똑히 나타난다. 『신당서·발해전』의 기재에 의하면 정당성(政堂省) 산하 6부(部)의 명칭은 모두 충, 인, 의, 예, 지, 신 6개로 명명되었다. 이는 발해왕실이 얼마나 유학사상을 높이 모셨는가 하는 것을 알 수 있다.

발해에서 유가사상이 이처럼 빠르고 광범위하게 발전하는 이유는 무엇인가? 그 원인을 아래의 세 가지로 귀납하려 한다.

첫째, 발해 통치계급은 장기적으로 저들의 봉건통치를 수호하고 왕권을 강화하며 광대한 백성들을 통제하기 위해서 사상면에서 강력하고 유력한 무기를 필요로 하였다. 이는 바로 발해왕국의 통치자들이 밤낮으로 고심하여 생각하던 문제이다. 유가사상은 발해 통치계급의 통치의향과 부합되었다.

유학(儒學)은 춘추시기 공자가 창립하여 전국 시기 맹자에 의해 더욱 발전하였다. 그 후 서한 무제(武帝)는 동중서(董仲舒)가 제기한 "罷黜百家, 獨尊儒術"[9]의 건의를 채납했다. 이때부터 유가사상은 오랜 동안 중국 봉건사회의 정통사상이 되었다. 유가학설은 요(堯), 순(舜), 하우(夏禹), 상탕(商湯), 문(文), 무(武), 성(成), 강(康) 등을 국왕들이 본받아야 할 본보기로 내세우며 예악과 인의를 숭상하고 충서와 중용을 제창하였다. 정치적으로는 덕치(德治)와 인정(仁政)을 주장하고 윤리도덕교육을 중시하였다. 철학적으로는 천명론(天命論)을 주장하면서 하늘은 의지가 있는 최고의 지배자, 즉 상제(上帝)로서 세상의 모든 것은 상제의 의지에 의해 전이된다고 하였다. 천명은 통치계급의 의지와 일치하므로 사람들은 마땅히 천명의 지배를 받으며 따라서 통치계급의 통치에 복종하여야 한다고 주장하였다. 이는 발해 통치자들의 요구와 완전히 부합하였다. 때문에 발해 통치계급은 유가사상으로 나라를 다스리고 이를 통해 자신들의 통치를 공고히 하려고 하였다. 그리하여 유가사상은 발해 사회에서의 주도적이고 지배적인 통치사상이 되었다.

둘째, 발해 통치자들이 취한 일부 조치는 발해 경내에서 유학이 공고해지고 발전하는 데 매우 큰 작용을 일으켰다. 발해는 중앙에 3성(省), 6부(部), 1대(臺), 7사(寺), 1원(阮), 1감(監), 1국(局)의 관료체제[10]를 건립하고 전 인민들을 통치하였다. 1원은 문적원(文籍院)으로서 당나라의 비서성(秘書省)과 같다. 그 곳에서는 주로 도서와 비문, 축문, 제문 등을 쓰는 일들을 관리하였다.

발해 역대 왕들은 대부분 유학과 문화의 발전을 중시하고 유학수양이 있는 인사들을 중용하였다. 기원 714년 6명의 '생도'를 당나라 수도 정안에 보내 '국학(國學)'에서 학습하게 했다. 그 뒤를 이어 매시기마다 끊임없이 '유당생(留唐生)'을 장안에 보내 학습시키고 육성하여 각급 관료기구의 관리로 보충하였다. 매시기의 '유당생' 수는 적으면 몇 명, 많으면 10여 명이었다. 그 가운데 많은 사람들이 정치가, 학자, 시인, 예술가, 발명가, 항해사가 되었다. 예컨대 오소도(烏炤度), 광찬(光贊), 고원고(高元固) 등은 빈공과(賓貢科) 시험을 거쳐 진사에 급제하는 영예를 지니게 되었다. 어떤 이들은 학업을 마친 후 당나라에 남아서 벼슬길에 올랐다. 그 중에는 한림학사(翰林學士)로 관급이 이부상서(吏部尙書)에까지 오른 이도 있었다. 『신당서·발해전』에 "初, 其王數遣諸生詣京師太學, 習識古今制度"라고 한 사실은 고왕과 무왕 두 세대 때의 일이나 실상 이 시기에는 유학생을 보낸 수가 많지 않았다. 737년에 제3대 문왕 대흠무가 계위하였다. 그는 고왕과 무왕 시기의 '무치(武治)' 정책을 개변하여 '문치(文治)' 정책을 실시하였다. 대내로는 일련의 중대한 개혁을 단행하고 대외로는 당왕조의 선진 생산기술과 문화를 받아들이고 문화영역에서의 개척을 중시하였다. 이러한 정책은 유교 교육사업의 흥성과 발전을 더욱 촉진시켰고 통치계급의 지식인을 적지 않게 배양하였다. 738년 문왕 대흠무는 사신을 당조에 파견하여 『당례(唐禮)』, 『한서(漢書)』, 『진서(晋書)』, 『16국 춘추(春秋)』를 베껴 오게 하였다. 어떤 해에는 4,5차례나 파견하기도 하였다. 대흠무 시기에 파견한 유학생 수는 그 이전 시기보다 많았고 받아들인 내용도 폭넓었기 때문에 유학생들이 가지고 돌아오는 유가경전도 갈수록 많아졌다. 그밖에 장안, 낙양(落陽), 유주(幽州), 등주(登州), 청주(靑州) 등지에 출사한 관원, 사절, 수령, 왕자, 왕제(王弟)들도 조근(朝覲), 조공(朝貢), 하정(賀正), 숙위(宿衛) 등의 기회를 이용하여 유학의 세례(洗禮)를 얻었다. '유학생'의 증가 그리고 유가경전의 대량적인 수입과 전파는 발해의 사회·문화와 유가사상의 발전을 대대적으로 촉진하였다.

발해 왕국은 또한 중앙에 '주자감(冑子監)'을 설치하여 최고 학부인 '국자학'을 위수로 한 각종 학교를 관리하고 유가경전을 교육내용으로 삼아 지주계급 지식인을 배양하여 각급 관리로 배치, 중앙집권을 강화하고 유학의 발전을 촉진하였다.

셋째, 당조나라 선진 봉건문화 전파는 발해 봉건사회 유가사상의 신속한 발전을 대대적으로 촉진하였다. 대조영, 대무예, 대흠무 가운데 특히 대흠무는 그가 즉위한 다음해 사람을 당나라의 수도 장안에 파견하여 유가경전을 베껴 오게 하고[11] 당조의 선진 문화를 적극적으로 받아들이게 하였다. 당조의 유가경전과 유가사상은 대량으로 발해에 전파되어 발해 통치 집단의 사상과 행위의 지침이 되었고 봉건통치를 공고히 하고 광대한 민중을 통제하는 정신적 기둥이 되었다. 당조 선진 문화의 영향 하에서 발해는 자신들이 필요로 하는 많은 지식인을 배양하였다. 지금까지 알려진 바에 의하면 발해의 최고 시인은 대흠무 시기의 양태사(楊泰師)이다. 그는 일본에 출사하였을 때 시(詩) 두 수를 지었는데, 지금까지 일본 고시집(古詩集)에 보존되어 있다.[12]

특히 근년에 출토된 정효공주비문은 당조의 유가문화와 사상이 발해 사회에 미친 심각한 영향을 충분히 보여 준다. 그러므로 당나라의 목종(穆宗)은 발해를 "知義之道"를 행하며 "與華夏同風"[13]한 나라라고 칭찬하였고 당나라 시인 온정균(溫庭筠)은 "車書本一家"[14]라고 하였다. 발해의 우수한 문화는 당조 문화의 발전에 적지 않은 영향을 끼쳤다.

유교는 발해 사회에서 이미 상당히 높은 수준으로 발전하였다. 유가사상이 이처럼 발해 사회에서 성행하게 된 이유는 심각한 사회적 근원과 기초가 있는 것이며 발해통치계급들이 취한 일부 유교문화의 발전에 유리한 조치와 발전한 당나라 유가문화의 영향을 받아 유교문화의 발전을 더욱 발전시켰다.

---

1) 『구당서 · 발해전』
2) 『신당서 · 발해전』
3) 『신당서 · 발해전』
4) 『삼국사기(三國史記)』「잡지(雜志)」7 「직관지(職官志)」상
5) 김육불 『발해국지장편』권20. 여록(『渤海國志長編』卷二十. 余錄)
6) 『신당서 · 발해전』
7) 『신당서 · 발해전』
8) 김육불 : 『발해국지장편』권18
9) 『한서』권56. 「동중서전」
10) 『신당서 · 발해전』
11) 『당회요』권36.(唐會要. 卷三十六)
12) 『경국집』권13(經國集. 卷十三)
13) 『원씨장경집』(元氏長慶集)
14) 『온비경시집전주』(溫飛卿詩集箋注)

III. 발해의 교육에 대하여

　발해는 그가 존속한 229년 사이에 사회, 경제, 문화가 발전하고 정치제도가 공고해지고 국력이 강화 되어 한때《해동성국》으로 세상에 이름 높았다. 교육(教育)도 물론 상당히 발전하였으리라고 짐작되지만 발해자체가 남겨놓은 문헌자료가 전혀 없기 때문에 그 진상을 제대로 알아보기 매우 힘들다.
　지금까지 발해의 교육에 대한 논의한 정황을 살펴보면 1983년 위국충(魏國忠)선생은《대경사전학보(大庚師傳學報)》3기에《당대 발해왕국의 교육에 대하여》를 발표하였고 1984년 주국심(朱國沈)과 위국충 선생은 저서『발해사고(渤海史稿)』에서 한 개 장절의 편폭으로 교육과 과거를 취급하였다. 1986년과 1989년 방학봉(方學鳳)은《구국, 중경, 동경을 도성으로 한 시기 발해의 교육에 대하여》란 논문을『연변력사연구(延邊歷史研究)와 발해사 연구(渤海史 연구)-한국 정음사 출판)』를 발표하였다. 1987년 이전복(李殿福)과 손옥량(孫玉良)선생은 저서『발해국(渤海國)』에서 발해의 교육을 간단히 다루었다.
　발해의 교육에 관한 문제는 사학계에서 발해사를 연구함에 있어서 아직 해결하지 못한 하나의 중요한 과제이다. 아래에 발해사에 관련되는 역사문헌자료와 고고학적자료에 근거하여 나의 천박한 견해를 서술하려 한다.

발해는 당조(唐朝)와 마찬가지로 중앙에 3성 6부 1대 7사 1원 1감 1국(三省六部一台七寺一阮一監一局)¹⁾을 설치하였다. 1원이란 바로 문적원(文籍阮)을 가리켜 말한다. 이는 당나라 때의 비서성(秘書省)과 같은 것으로서 유교의 경전 저작과 기타 도서를 보관·관리 하였으며 비문, 축문(祝文), 제문(祭文) 등 국가적으로 제기되는 글들을 쓰는 일을 맡아 보았다. 문적원의 관리로는 감장(監長-문적원의 장관) 1명과 소감(少監-문적원의 차관)을 두었다. 1감이란 주자감(胄子監)을 가리켜 말하는데 주자감은 당조의 국자감(國子監)과 같은 것으로 교육을 관리하는 최고기관이었다. 주자감의 장관을 감장(監長)²⁾이라 하였는데 그는 당조의 제주(祭酒)와 같았다. 수도 이외에 또 각 경(京), 부(府), 주(州), 현(縣)에도 적당한 교육관리기구와 교육을 관장하는 학관(學官)이 설치되어 있었다.

발해국의 통치자들은 지주계급의 지식인을 배출하였고 노동인민을 통치하는 지주계급 인재를 선발하여 각급 관료기구에 충당시켜 중앙집권을 강화하였으며 그들의 통치를 공고히 하기 위하여 대대적으로 교육을 발전시켰다. 대조영(大祚榮)은 학문(學問)을 갖춘 생도(生徒)³⁾ 6명을 파견하여 당조의 수도 장안(長安)에 있는 태학(太學)에 가서 공부하게 하였다. 생도란 학교에서 교육을 받는 학생인데 발해가 파견한 6명의 생도는 발해 건국 초기 학교에서 배출한 학생들이다. 이 생도의 출현은 발해 건국 초기에 학교가 이미 건립되어 있었다는 명확한 근거가 된다. 그 후부터 역대 발해왕들은 끊임없이 학생을 당조에 파견하였다. 선왕(宣王) 때에는 생도 이거정(李居正), 주승조

(朱承朝), 고수해(高壽海) 등 3명을 당조에 파견하여 공부하게 했고 대이진 함화 3년(大彛震咸和三年-833年)에는 생도 해초경(解楚卿) 조효명(趙孝明), 유보준(劉寶俊)등 3명을 당조에 파견하여 당조의 고금제도(古今制度)를 배우게 하였으며 함화 7년(咸和7년-837년)에는 생도 6명을 당조에 파견하여 공부하게 하였다. 발해는 당나라의 고금의 여러 제도를 학습하여(習識古今制度)⁴⁾ 본국의 문화교육의 발전을 더욱 촉진하였다. 발해교육의 비교적 발전한 것은 제3대 문왕(文王) 시기부터이다. 고왕 대조영(高王大祚榮)은 재위 22년 사이에 발해왕국의 발전을 위해 기초를 닦아 놓았고 무왕 대무예(武王大武藝)는 무력으로 영토를 확장하여 발해로 하여금 광활한 지역을 갖게 하였으며 그들의 통치를 더욱 공고히 하고 발전시켰다. 기원 737년(인안 19년) 제 3대 문왕 대흠무(文王大欽茂)는 왕위에 오른 후 고왕과 무왕이 실시한 무치(武治-무력으로 다스리는 방법)의 기초에서 대내로는 여러 가지 중요한 개혁을 진행하여 문치(文治-정치로 다스리는 방법)정책을 실시하였으며 대외로는 당왕조를 따라 배우는 정책을 실시하여 문화교육영역의 개척과 발전을 더욱 중시하였다. 이리하여 교육사업이 흥성, 발전하게 되었으며 봉건통치계급의 지식인들도 적지 않게 배출되었다. 문헌기록에 의하면 대흠무가 재위 50년 사이에 당조에 파견한 사절단은 50여 차에 달하며 어떤 때에는 1년에 4~5차 파견하기도 하였다. 대흠무 통치시기에 당나라에 파견한 유학생수는 그 전대에 비하여 많이 증가되었으며 학습한 내용도 더욱 광범하였다. 따라서 유학생들이 귀국할 때 가지고 온 한문유학경전(漢文儒學經典)도 갈수록 많아졌다.

'주자감(胄子監)'의 설치는 대흠무 이후 발해 왕국이 궁정(宮廷)에서 지방의 경, 부, 주, 현에 이르기까지 각종 유형의 학교를 세웠다는 것을 표명하여 준다. 『채부원구(册府元龜)』의 기록에 의하면 그 당시는 학교를 일반적으로 '학당(學堂)'이라고 불렀으며 그 성격은 '관학(官學)'과 '사학(私學)'의 두 개 유형으로 나눌 수 있었다. '관학'은 관방에서 경영하는 학교인데 궁정에서 경영하는 것과 지방정부에서 경영하는 두 가지 종류가 있었다. 수도에 어떠한 학교를 세웠는가 하는 점은 역사 문헌에 명확한 기록이 없기 때문에 알 수 없으나 당조와 신라, 고구려의 궁정교육으로 추리할 수 있었다. 그 당시 발해의 수도에는 적어도 '국자학(國子學)' 혹은 '국학(國學)' '태학(太學)'[5] 등을 설치하여 자기들의 최고 학부로 삼았을 것이다. 청나라 강희 황제 초기에 상경용천부 유지(上京龍泉俯遺址-오늘의 흑룡강성 영안현 발해진)에서 비석 한 개를 얻었는데 이에 대해 『발해국지장편(渤海國志長編)』권 20여록(餘錄)〉에서는 '往時存一紫石碑, 康熙初, 大興劉侍御命人往觀, 其人椎而碎之, 取一角還, 僅十四字, 作四行, 首行曰深契, 次曰聖, 次曰儒生盛於東觀, 次曰下瞰闕庭, 書類率更令, 蓋國學碑也'라고 하였다. 이 글의 내용은 '지난 때 이곳에 비석 한 개가 있었다. 강희초에 사람을 보내어 그 비석을 가져오게 하였다. 비석에는 네 줄로 글자가 새겨져 있었다. 첫줄에는 심거, 두 번째 줄에는 성, 세 번째 줄에는 동관에는 유생이 많았다. 네 번째 줄에는 대궐(궁전을 가리킴)을 내려다 봄이라는 글자가 새겨졌었는데 이는 아마 '국학(國學)'의 비석인 듯하다.' 이때 '동관(東觀)'은 궁중에서 책을 장서한 곳이다. 『후한서(後漢書)』《안제기(安帝紀)》에는 '……임금의 명령을 받은 유진과 5경박사는 동관에서 5경, 제자, 전기, 백가예술을 교정하여 틀린 것을 고치고 내용을 바르게 하였다……(……詔謁者劉珍及五經博士, 校定東觀五經, 諸子, 傳記, 百家藝述, 整齊脫誤……)' '국학'을 세웠다는 것과 '동관'은 '생도(生徒)' 혹은 '유생(儒生)'들이 배움에 힘쓰는 곳이었다는 것을 알 수 있다. 『구당서(舊唐書)』〈직관지(職官志)〉3에 당 왕조는 수도 장안에 '국자학, 태학, 사문학(四門學), 율학(律學), 서학(書學), 산학(算學)을 세웠다.'라고 기록하였다. 그 가운데서 '국자학'의 지위가 제일 높았으며 국자학, 태학, 사문학은 봉건귀족과 관료자제를 배양하는 학부(學府-고등학교를 가리킴)이고 율학, 서학, 산학은 사법(司法), 문학, 수학 등 전문인재를 배양하는 전과학교(專科學校)였다. 『삼국사기(三國史記)』권 18 〈고구려본기(高句麗本紀)〉에는 '소수림왕 2년(기원372년) 여름 6월에 진나라 왕부견이 사신과 중 순도를 파견하여 불상과 불경을 보내 왔다. 왕은 사신을 파견하고 특산물을 보내어 답례하였다. 태학을 세우고 자제를 교육하였다(小獸林王二年夏六月秦王符堅遣使及浮屠順道, 送佛像經文, 王遣使廻謝, 以貢方物, 立太學教育子弟)'라고 하였다.

　주자감 관하에 있는 각종 유형의 학교의 학생들은 모두 봉건귀족, 관료와 대지주의 자제였다. 입학자격 등급은 매우 엄격하여 평민의 자제들은 '국학'과 '태학'에 입학하여 유가경전을 배울 자격이 없었다. 각 지방의 경, 부, 주, 현에 설립된 학교에서 공부하는 학생들도 역시 엄격한 계급출신과 지위의 제한이 있었다.

관립학교(官立學校)에서는 전직교사(專職敎師)가 교육임무를 맡아 하였다. 그때 당조는 학교에 박사, 조교(助敎) 등 교직원을 배치하였고 신라에서는 '국학'에 박사, 조교, 대사(大舍), 사(史) 등 교직원을 배치하였으며, 고구려에서는 '태학'에 '박사(博士)'[6] 등 교직원을 배치하였다. 후진국가인 요나라 왕조와 금(金)나라 왕조도 관립학교의 교사들은 모두 박사, 조교라고 불렀다. 이상의 사실에 의하면 발해의 관립학교에서도 교사들을 박사, 조교 등의 직함명칭으로 불렀으리라고 추측할 수 있다. 그 가운데서 '박사'는 교사(敎師) 중에서도 정직(正職)이고 '조교'는 박사의 조수였다. 그들은 분별있게 교무(敎務)관리와 교학업무를 맡아 하였다.

민간에서 경영하는 '사학(私學)'도 발해 교육에 있어서 중요한 위치를 차지하였다. 이는 주로 중경과 동경, 상경 등 5경을 중심으로 한 문명이 발달한 지역에서 보급되기 시작하였다. 발해의 '사학'은 그 본신의 역사적인 연원을 가지고 있었다. 《삼국사기(三國史記)》권 20 〈고구려본기(高句麗本紀)〉에 의하면 소수림왕 2년(기원 372년)에 고구려 왕국은 수도 환도성(환도성-오늘의 길림성 집안 현성)에 태학을 세우고 자제를 교육하였다. 수당(隋唐)시기에 이르러 관립학교가 상당히 발전하였을 뿐만 아니라 민간에서도 '사학'이 점차 발전하기 시작하였는데 '경당(扃堂)'의 학생들은 주로 평민과 일반지주의 자제였다. 당시 발해교육은 이미 평민들을 대상으로 보급되기 시작하였다. 『구당서(舊唐書)』〈고려전(高麗傳)〉에 '고구려 사람들의 풍속은 서적(書籍)을 사랑하였다. 민간에서도 마을에 큰집을 짓고 글을 배웠는데 이를 경당이라고 하였다. 경당에서는 미혼인 자제들이 주야로 책을 읽고 활쏘기를 배웠다……(俗愛書籍, 至於衡門廝養之家, 各於街衡造大屋, 謂之扃堂, 子弟未婚之前, 晝夜於此讀書習射……).'라고 하였으며『신당서(新唐書)』〈고려전(高麗傳)〉에는 '사람들은 배우기를 즐겼고 평민들까지도 근면하여 큰 길거리에 큰 집을 짓고 경당이라 하였으며 그곳에서 미혼 자제들이 주야로 경서를 외우고 활쏘기를 익혔다. (人喜學, 至窮里廝家, 亦相矜勉, 衡側悉構嚴屋, 號扃堂, 子弟未婚者曹處, 誦經習射)'라고 하였다. 사서에 기록된 '경당(扃堂)'은 일종의 '사학'의 형식이며 후기에 나타난 '사숙(私塾)'과 유사한 것이다. 경당이 배출하는 대상은 이미 '형문시양(衡門廝養)' 즉 보통평민의 자제들을 포괄하였다. 발해 왕국이 건립된 후 환도성을 중심으로 한 고구려의 옛 통치구역도 포괄하는데 그 가운데는 고구려에서 교육을 받은 주민들도 적지 않게 있었다. 이 주민들은 자제들이 계속 교육을 받을 수 있는 조건을 얻거나 만들기에 힘썼을 것이며 '경당'과 같은 유형의 교육형식이 발해의 5경, 적어도 서울을 중심으로 한 경기지역 내에 보급되었을 것이다.

  사람들의 주목을 끄는 것은 발해의 왕족과 귀족의 딸들이 교육을 받은 점이다. 1949년 길림성 돈화시 육정산(六頂山)에서 출토된 정혜공주묘지(貞惠公主墓地)와 1980년 화룡현 용해촌 용두산(和龍縣龍海村龍頭山)에서 출토된 정효공주묘지(貞孝公主墓地)의 비문에 의하면 '일찍이 어려서 여사의 가르침을 받았고 능히 사제에 비길 수 있었다. 그는 늘 조가의 풍기를 부러워하고 사모하였으며 시서에 두터웠고 예악을 즐겼다.(早愛女師之敎, 克比思齊; 每慕

曹家之風, 敦詩悅禮).' 라고 새긴 글 구절이 있는데 이는 발해 사회의 왕실귀족과 관료자녀들이 교육을 받았다는 것을 알려주는 증거가 된다. '여사(女師)' 라는 이름만 보아도 그 뜻을 알 수 있는 바 이는 여성교사이다. 후한의 유명한 사학가 반소(班昭)는 화제(和帝) 때에 여사(女師)의 신분으로 궁중을 드나들면서 황후와 왕비들을 가르치는 교사의 직무를 담당하였다. 이러한 사실은 교육이 발해 상층사회에 보급된 정도를 알 수 있게 한다. 발해 '여사' 의 출현은 우리나라 동북 고대 교육사상에서의 창거이며 중대한 의의가 있다.

발해의 교육내용에 대하여 비록 명확한 기록은 없지만 인접국에서 실시한 바를 통하여 발해의 교육내용을 추리하여 판단할 수 있다. 첫째, 문왕 대흠무 시기에 발해 통치계급은 전면적으로 중원지구의 선진생산기술과 고도로 발전한 봉건문화를 학습하고 각종 제도를 본받아 본국의 문화교육의 발전을 촉진하였다. 당나라 목종(穆宗)은 발해는 유교의 '지의의 도(知義之道)' 를 행하며 '화하와 동풍(與華夏同風-화하는 황하 유역을 중심으로 한 중원지대 즉 당시의 당조를 가리킴. 동풍은 모양이 같다는 뜻)' [7]이라고 칭찬하였으며 당나라 시인 온정균(溫庭筠)은 '차서는 본래 일가였다(車書本一家)' [8]라고 하였다. 당조의 각급 학교는 주로 유가경전과 율학, 서학, 산학 등의 과목을 배웠다. 둘째, 발해인의 한 조성부분이 된 고구려 사람들은 일찍 중원지구의 유가경전을 본국 교육의 기본내용으로 삼았다. 『구당서(舊唐書)』「동이전 고구려조

(東夷傳高麗條)'에 '……책으로 5경과 사기, 한서, 범화가 쓴 후한서, 삼국지, 손성진이 쓴 춘추, 옥편, 자통, 자림, 그리고 또 문선이 있었는데 매우 소중히 여겼다(……其書有五經及史記, 漢書, 范曄後漢書, 三國志, 孫盛晉春秋, 玉篇, 字統, 字林, 又有文選, 尤愛重之)'라고 하였으며『주서(周書)』권 49「고구려전(高句麗傳)」에는 '서적으로 5경, 3사, 삼국지, 진양추가 있었다(書籍有五經, 三史, 三國志, 晉陽秋).'라고 하였다. 셋째, 신라 및 후기에 건립된 요·금 왕조들도 모두 당조의 교육내용을 모방하였다. 그리고 정혜공주묘지와 정효공주묘지에 있는 '시서에 두텁고 예악을 즐겼다(敦詩悅禮).'로부터 발해 학자들이 유가경전을 학습하는 데 매우 힘썼다는 것을 알 수 있다. 이상과 같은 이유로 발해 각급 학교의 교육내용은 당조의 교수내용을 학습하여 본국의 실제상황에 결합시켜 주로 5경(五經-시경, 서경, 춘추, 례기, 주역) 삼사(三史-서기, 한서, 후한서), 삼국지, 옥편, 자통, 자림, 문선 등 유가경전과 사서(史書)를 학습하였다고 단언할 수 있다. 그 가운데서『논어(論語)』와『효경(孝經)』은 공동 필수 과목으로 하였다. 그 외 율학, 서학, 산학을 통하여 각종 전문인재를 배양하였을 것이다.

　발해는 각종 유형의 학교에서 어떤 문자를 통용하였는가? 발해 각 학교에서는 주로 한자(漢字)로써 유학교육을 진행하였다.『신당서(新唐書)』「발해전(渤海傳)」의 기록에 의하면 행정최고기관 정당성(政堂省)의 6부(六部)의 이름을 충(忠), 인(仁), 의(儀), 지(智), 예(禮), 신(信)이라고 하였다. 충, 인, 의, 지, 예, 신은 유학의 정치사상과 윤리도덕규범인데 이는 발해 왕실이 얼

마나 유학사상(儒學思想)을 높이 받들었는가를 반영하여 준다. 또한 중경과 동경유지에서 발굴된 대량의 문자기와로 본다면 한자를 새긴 기와가 절대다수이고 알아보기 어려운 '수이자(殊異字)'는 소수이다. 발해는 일본에 사절단을 34차 파견하여 발해와 일본의 정치, 경제, 문화의 연계를 강화하였다고 양국의 우호적인 왕래를 촉진하였다. 이때 사절단이 가지고 간 국서(國書)는 모두 한자로 쓰여졌다. 정혜공주묘지와 정효공주묘지는 모두 한자 해서(楷書)로 새긴 전형적인 '병체문(騈體文)'이며 비문의 주요한 뜻은 두 공주의 생애를 서술하고 찬양하고 애도의 뜻을 표현한 것이며 선양한 것은 봉건 윤리 도덕이었다. 이상의 사실은 한자가 발해의 각 학교에서 통용되었을 뿐만 아니라 광방과 민간에서 통용된 문자였다는 것을 충분히 증명하여 준다. 유학은 발해통치계급들 속에 이미 뿌리 깊이 침투되어 있었다. 그 외 각종 유형의 학교에서 '수이자'를 배웠는지 배우지 않았는지는 사료가 없기 때문에 이해하기 매우 어렵다. 이 문제의 해결은 앞으로의 발해사에 대한 깊은 연구를 가다릴 수밖에 없으나 발해의 '수이자'가 있었던 것만은 사실이다. 발해사람들은 주로 한자를 통용한 외에 본민족의 실제상황에 알맞은 문자를 만들어 사용하였다. 그 이유는 두 가지인데 첫째는 발해 유지에서 해석하기 어려운 '수이자'가 많이 나오는 것이다. 둘째로는 발해 사신이 일본을 방문하였을 때 일본 관원이 그의 성을 물으니 丼과 卅이라 하였는데, 후에 일본 학자가 丼은 石ノマブリ丸, 卅은 木ノシブリ丸라고 해석하니 발해 사신은 감탄한 나머지 일본에도 학자가 있다고 하였다. 丼과 卅은 이때까지 한자에 없던 새로운 글자를 만든 것이다.

　대흠무를 위시한 발해의 통치계급들은 주로 각종 유형의 학교교육을 통하여 귀족, 관료, 지주를 배출하여 각급 관료기구의 관리로 보충하였다. 그 외에도 발해 사회발전에 필요한 수요를 충당하기 위하여 당조에 유학생을 파견하여 전문인재를 배출하였다. 그 중 많은 사람들은 정치가, 학자, 시인, 예술가, 발명가, 항해사가 되었다.『신당서』「발해전」에 초기에 왕은 여러 차례 제생(諸生-많은 유학생)을 파견하여 당조 수도 장안(長安)에 가서 고금의 각종 제도를 배웠다.(初, 其王數遣諸生詣京師太學, 習識古今制度)'라고 하였는데, 이는 고왕과 무왕 두 세대 때의 일이었으며, 파견한 유학생의 수는 많지 않았다. 문왕 대흠무 통치시기에 이르러 당조에 가서 유학하는 유학생의 수가 종전에 비하여 비교적 많이 증가되었고 배우는 내용도 더욱 광범위해졌다. 따라서 그들이 가지고 돌아온 유가한문경전은 갈수록 더욱 증가하였으며 유학생 파견과 유가한문경전의 대량적인 전파는 발해 사회, 문화, 교육의 발전을 대대적으로 촉진하였다.

　유학생 가운데서 어떤 사람은 당나라 과거에 급제하였다. 예를 들면 고원고(高元固)와 오소도(烏炤度), 오광찬(烏光贊)은 빈공과(賓貢科)에 급제하였고 어떤 이는 당나라에서 임직하고 한림학사(翰林學士) 직무를 맡아보는 이도 있었다.[9]

발해의 교육이 발전하게 된 원인은 다음과 같은 네 가지 면에서 찾아 볼 수 있다.

첫째, 발해 교육의 발전은 그 자체의 사회경제 발전의 필연적인 결과였다. 한 사회의 경제지초는 그 사회의 문화교육 사업이 발전할 수 있는 물질적인 기초가 된다. 발해 제철업의 발전과 제철기술의 끊임없는 제고는 사회에 비교적 광범하게 철기를 사용할 수 있는 조건을 마련하여 주었다. 그리고 보습을 위주로 한 철제농구(鐵製農具)와 우경(牛耕-소로 밭갈이 하는 것)이 농업생산에 비교적 광범하게 사용된 것도 농업생산의 발전을 더욱 촉진한 계기였다. 농업이 발전함에 따라 수공업, 상업, 목축업도 비교적 신속하게 발전하였으며 그 가운데서 '노성의 벼(盧城之稻)'와 '현주의 천(顯州之布)', '위성의 철(位城之鐵)', '책성의 된장(柵城之豉)'[10]은 이름난 명산품이었다. 문헌사료와 고고학적 자료에 의하면 '현주(顯州)'는 마포(麻布)가 생산되는 중심지대로서 오늘의 화룡현 경내였으며, '위성(位城)'은 발해국 경내에서 철이 생산되던 유명한 산철지구로 철주(鐵州)의 관할 하에 있던 중심현의 소재지이다. '노성(盧城)'은 중경현덕부의 관할 하에 있던 노주(盧州-현주의 동쪽에 있었다)로서 벼가 생산되던 유명한 산도(産稻)지구였고 '책성(柵城)'은 콩이 생산되는 유명한 지대로서 오늘의 훈춘현(琿春縣) 팔련성(八連城)이다. 발해가 흥성하던 초기 중경과 동경의 관할구역 내에, 즉 오늘의 연변 조선족 자치주 경내의 해란강(海蘭江) 중류, 부르하퉁하(布爾哈通河) 중하류 유역과 훈춘하(琿春河) 중하류 유역은 벼, 철, 마포, 콩의 생산을 중심으로 한 발해 사회경제의 중심지구로 형성되었다. 사회경제가 신속하게 발전함에 따라 교육 사업도 비교적 빨리 발전하게 되었고 발해의 중경과 동경, 상경의 관할 밑에 있던 지역은 이미 발해가 홍성하던 시기에 있어서 문화교육의 발전 중심지가 되었다.

둘째, 대흠무를 위시한 발해 통치자들이 취한 일부 정책은 발해 교육의 발전에 유리하였다. 예를 들면 대흠무는 재위 57년간 (기원 738~794년) 대내로는 '문치(文治)' 정책을 취하여 개혁을 실시하였고, 대외로는 49차 당조에 사신을 파견하여 적극적으로 당조의 선진 생산기술과 문화를 학습하고 발해의 교육사업을 발전시키기에 힘을 다하여 '해동성국(海東盛國)'[11]의 기초를 닦아 놓았다.

셋째, 당조 선진문화의 전파는 대대적으로 발해 교육의 신속한 발전을 촉진하였다. 대조영, 대무예, 대흠무 등 세 왕, 특히 대흠무는 교육기구, 교육내용, 교육과정, 교육방법 등 여러 면에서 적극적으로 당조의 선진적인 부분을 학습하였고, 발해의 실제 정황에 알맞게 결합시켰기 때문에 성과를 얻었다. 이리하여 해동 문화 교육의 기초를 닦아 놓았다.

넷째, 고구려의 문화교육도 발해 교육의 발전에 일정한 영향을 주었다.

종합해 보면 발해 교육은 구국, 중경, 동경을 수도로 한 시기에 그 자체에 사회경제의 발전, 일부 통치계급이 취한 교육발전에 유리한 정책과 조치, 고도로 발전한 당조 봉건 문화교육의 선도적인 작용, 발전한 고구려 문화교육의 영향 등에 의하면 비교적 빨리 발전하였다. 근면하고 용감한 발해인들은 끝내 우리나라 동북지구(東北地區) 고대 교육사상에 새로운 기적을 창조하였으며, 이 기적은 연변지구(延邊地區) 고대 교육사상에서 빛나는 한 장을 장식한다.

---

1) 『신당서』권 219 「발해전」
2) 『신당서』권 219 「발해전」
3) 『옥해(玉海)』권 153 「조공류 외 이래조(朝貢類外夷來朝)」
4) 『신당서』「발해전」
5) 『삼국사기(三國史記)』「잡지(雜志)」7 「직관지(職官志)」상
6) 『삼국사기(三國史記)』권 20 「고구려본기(高句麗本紀)」
7) 『원씨장경집(元氏長慶集)』
8) 온정균(溫庭筠-당나라 시인) : 「발해왕자를 본국으로 보내면서(送渤海王子歸本國)」
9) 이전복(李殿福), 손옥량(孫玉良) : 『발해국(渤海國)』147쪽. 1987년 문물출판사 출판
10) 『신당서』권 219 「발해전」
11) 『신당서』권 219 「발해전」

IV. 발해 샤만교 존재 여부 문제에 대하여

　샤만교(薩滿敎)는 원시종교(原始宗敎)의 하나로서 아시아와 구라파의 동북부지역에 유포되었다. 우리나라 고대 동북지역 내에서는 선비(鮮卑), 거란(契丹), 실위(室韋), 숙신(肅愼), 읍루(挹婁), 옥저(沃沮), 부여(夫餘), 고구려(高句麗), 물길(勿吉), 말갈(靺鞨)인들 가운데서 많이 성행하였다. 발해(渤海)가 망한 후에는 요(遼)나라와 금(金)나라 사람들 가운데서 많이 유행하였다.

샤만교는 생산력 발전 수준이 낮고 사회문화와 과학이 발전하지 못한 원시사회말기에 산생하여 오랜 역사시기를 경유하면서 변화하였으니 역사상에서 완전히 소실되지 않았다. 1945년 해방까지만 하여도 여진족(女眞族)의 후예인 만족(滿族), 어룬춘족(鄂倫春族), 어원커족(鄂溫克族), 허저족(赫哲族) 등 소수민족들 가운데서 샤만교를 신앙하는 현상이 의연히 적지 않게 존재하였다.

샤만(薩滿)은 퉁구스어(通古斯語)의 음역(音譯)으로 무당(巫)을 의미한다.

그들은 세계를 세 개 층으로 나누어 보았는데 '천당(天堂)'을 상계(上界), '지면(地面)'을 중계(中界), '지옥(地獄)'을 하계(下界)라 하였고 '상계'에는 여러 신(神)들이 살며 '중계'에는 사람들이 살며 '하계'에는 마귀들이 산다고 여겼다.[1]

샤만교는 만물(萬物)에는 영혼이 있다고 믿었기에 천(天), 지(地), 일(日), 월(月), 성신(星辰), 강하(江河), 산천(山川) 및 초목(草木), 어충(魚蟲)등 세계만물은 모두 각기 다른 영혼이 있는데 신이 주재한다고 여겼다. 그러므로 자연계를 숭배하였다. 동시에 또 귀신과 조상에 대해서도 숭배하였다.

샤만은 인간과 귀신과의 사이에서 교통(交通)하는 중매자이며 신(神)은 샤만을 통하여 사람과의 관계를 발생한다. 샤만에는 남자 샤만과 여자 샤만이 있다. 남자 샤만이나 여자 샤만이나 할 것 없이 모두 사람과 신(神) 사이에서 중매자로서 사람들에게 신의 보호를 기원하고 병을 제거하고 복을 빌며 재난과 사악을 물리친다고 하였으며 마귀와 요귀를 누른다 하여 사람들의 신앙을 얻었고 사회상에서 일정한 성망(聲望)이 있게 되었다. 신과 인간의 중개 구실을 맡아하는 무당들은 '굿'(샤만이 주체하는 제의(祭儀))을 할 때면 음식을 차려 놓고 노래와 춤을 추면서 귀신에게 치성드린다. 이런 일을 하는 여자를 무당, 무녀(巫女), 무자, 사무라고도 호칭한다.

샤만교는 자체의 종교조직과 단체, 성문화된 경전도 없이 일반민중에 의하여 채용된 구술적인 신앙이다. 즉 평범한 일상생활을 영위하는 지역사회의 백성들 사이에서 발생 발전되어 온 자연신앙인 것이다. 때문에 샤만교에는 교의(敎意)를 창시한 특정(特定)의 교조가 없고 그 신앙을 부교하는 조직체나 창시인과 전도자(專導者)도 존재하지 않으며 묘당(廟堂)과 통일되고 규범화된 종교례의(宗敎禮儀)도 없다. 그러나 지역적이며 지방특색이 농후한 민간신앙인 샤만교는 오랜 역사시기를 경유하면서 동북 각 민족들 가운데서 전파되고 유전되었다.

사회생산력이 발전하고 문화가 발전하며 과학이 발전하고 사람들의 의식수준이 높아짐에 따라 샤만교의 사회적 성망이 점차 낮아지고 소실되기 마련이다. 게다가 발해 때 불교가 성행하게 됨에 따라 샤만교의 위치는 더욱 낮아지게 되었다. 그리하여 5경을 중심으로 한 발해의 중심지역보다 변원지역(邊遠地域) 특히 흑수말갈(黑水靺鞨)의 여러 부들에서는 샤만교의 깊은 영향이 더욱 오래 보존되었다. 발해시기의 샤만교에 대해 살펴보기로 하겠다.

1. 문헌자료로 살펴본 발해의 샤만교

발해 샤만교에 관련되는 문헌자료는 발해 자체가 남겨놓은 것이 전혀 없고 주변나라들의 문헌에서도 찾아볼 수 없다. 그러나 발해의 선민(先民)과 유민(遺民)들 가운데서 샤만교를 믿었다는 문헌자료가 국내외 일부 서적들에 기재되어 있다. 이 자료들은 단편적이고, 체계화되지 못한 것이지만 그것을 통해 발해에 샤만교가 있었다는 것과 발해인들 가운데서 성행한 정황을 추리하여 짐작할 수 있다.

가. 문헌상으로 본 발해선민들의 샤만교 신앙

숙신인(肅愼人)의 풍속에 대해『진서, 동이전, 숙신씨(晋書,東夷專,肅愼氏)』에 "사람이 죽으면 그날로 들판에 매장하는데 나무를 엮어 작은 곽을 만들고 돼지를 죽여 그 위에 올려 놓아 죽은 사람의 식량이 되도록 하였다. ……그 나라 동북쪽에 산이 있는데 광석이 난다. 그에는 철분이 들어 있다. 그것을 캐려면 반드시 먼저 귀신(神)에게 제사지내야 한다.(死者其日卽葬之于野, 交木作小槨殺猪積其上, 義以爲死者之粮.……其國外東北有出石, 其利入鐵 將取之, 必先祈神.)"[2]라고 하였다. 철을 캐려면 반드시 먼저 산신에게 빌어야 한다는 것은 숙신인들의 산신(山神)에 자연숭배를 의미한다.

일반적으로 말갈인의 조상에 대해 상주(商周)시기부터 진(秦)에 이르기까지는 숙신(肅愼)이라 불렀고 한, 위, 진(漢, 魏, 晋)시기에는 읍루(挹婁)라 불렀으며 남북조(南北朝)시기에는 물길(勿吉)이라 불렀고 수당(隋唐)시기에는 말갈(靺鞨)이라 불렀다. 말갈의 후예들은 요, 금, 원, 명(遼金元明) 시기에 여진(女眞)으로 불렀고 명나라 중기에 만주(滿洲)의 이름으로 역사책에 나타나기 시작하였는데 청나라 때에는 완전히 만주로 나타났다. 그러므로 숙신, 읍루, 물길, 말갈은 만주 조선조의 주요한 한 부분이라는 것을 알 수 있다. 숙신은 지금의 장백산과 그 이북의 송화강(松花江) 중·하류, 목단강(牧丹江) 유역의 광대한 지역에 걸쳐 분포되었으며 특히 목단강 유역은 숙신인들이 활동하던 중심지였을 것으로 생각된다. 수나라 시대의 말갈은 대체로 길림성(吉林省)의 송화강을 중심으로, 동쪽으로는 러시아의 연해주에, 북쪽으로는 흑룡강(黑龍江), 우수리강(烏蘇里江)에 이르는 광대한 지역에 분포되어 살았다. 때문에 숙신인들 속에 널리 유포된 자연숭배 활동은 말갈과 발해(渤海) 시기에도 의연히 이어졌을 것이라고 짐작된다.

『통전(通典)』권186.「읍루(挹婁)」에는 "읍루는……나라 동북쪽에 산이 있는데 광석이 난다. 그에는 철분이 들어 있다. 그를 취하려면 반드시 먼저 신에게 제사를 지내야 한다.(挹婁……國東北有山出石, 其利入鐵, 將取之, 必先祈神)" 라고 기재되어 있다. 『통전(通典)』권194.「읍루전(挹婁專)」과 『문헌통고(文獻通考)』권326.「읍루」, 『태평환우기(太平寰宇記)』권175.「읍루」등 문헌에도 동일한 내용이 기재되어 있다. 이러한 사실은 숙신의 자연숭배 활동이 읍루인들에게 계승되었다는 것을 설명한다. 읍루인들은 대체로 현재의 목단강과 송화강 유역에 분포되어 살면서 우수리강, 흑룡강 이동 및 러시아 연해주의 광대한 지역에까지 뻗어 있었다. 그들의 거주 활동 범위는 숙신인들의 거주 활동 범위와 기본상 같다.

『위서 물길전(魏書 勿吉傳)』에 "나라의 남쪽에 도태산이 있는데 위나라의 말로는 대백이라 한다. 호랑이, 표범, 곰, 승냥이가 있어 사람을 해친다. 사람들은 산에서 오줌을 누어 더럽히지 못하며, 산을 지나가는 사람은 기물에 오물을 담아서 가져간다(國南有徒太山, 魏言大白, 有虎豹熊害人, 人不得山上溲汗, 行進山者, 以物盛去.)"라 하였고 『북사.물길전(北史.勿吉傳)』에는 "나라의 남쪽의 종태산(從(徒)太山)이 있는데 중화에서는 태황이라 한다. 습속에서 이 산을 심히 경외하여 사람들이 산에서 오줌을 누어 더럽히지 못하고 산을 지나가는 사람은 기물에 오물을 담아서 가져간다. 산에는 곰, 비(큰곰), 표범, 승냥이가 있으나 모두 사람을 해치지 않고 사람들도 감히 죽이지 못한다.(國南有從(徒)太山者, 華言太皇, 俗甚敬畏之, 人不得山上溲汗, 行經山者, 以物盛去, 上有熊羆豹狼, 皆不害人, 人亦不敢殺.)"라고 하였다.

도태산(徒太山)은 오늘의 장백산(長白山)이다. 물길인은 남쪽에 있는 도태산(徒太山-장백산)을 신령스러운 산으로 여기고 숭배하였다. 이러한 제례숭배(祭禮崇拜)는 그 후 말갈, 발해, 요, 원시기를 거쳐 금(金), 청(淸)에 이르기까지 지속되었으며 또한 이를 신격화하기도 하였다.

물길의 사회생산력은 숙신, 읍루에 비해 한층 더 발전하여 원시사회가 점차 해체되면서 이미 초기 노예제도 사회로 전환하는 과도기에 처해 있었다.

물길의 각 부락은 장백산과 그 이북, 송화강, 흑룡강과 우수리강 및 러시아 연해주 등의 광대한 지역에 퍼져 있었는데 사회발전의 수준은 균일하지 못하였다. 그 중 발전이 가장 빠른 곳은 속말수(粟末水-송화강) 중류에 있는 현재의 길림시 부근이다.

부여(夫餘)의 풍속에 대해 이야기 할 때『위서.부여전(魏書.夫餘傳)』에 부여는 "장성 이북에 있는데 현토까지 1,000리이다. 남쪽은 고구려, 동쪽은 읍루, 서쪽은 선비와 접하였고 북쪽에는 약수가 있다. 지역은 사방 2,000리이다. ……정월에는 하늘에 제사를 올리는 대회가 있었다. 국중대회에서 연일 먹고 마시며 노래와 춤을 추었는데 이를 영고라고 하였다. 군사행동이 있을 때에도 하늘에 제사지내고 소를 잡아 발굽을 보는 것으로서 길, 흉을 점쳤는데 발굽이 해지면 흉한 괘이고 합치면 길한 괘였다.(……在長城之北, 去玄菟千里, 南與高句麗, 東與挹婁, 西與鮮接, 北有弱水, 方可二千里……正月祭天, 中國大會, 連日飮食歌舞, 名曰迎鼓……有軍事, 亦祭天, 殺牛觀蹄, 以占吉凶, 蹄解者爲凶, 合者爲吉)."라고 하였다. 이로 보아 부여족은 하늘에 제사를 올려 그 명복을 빌며 소발굽을 보아 길, 흉을 점치는 풍습이 있었다는 것을 알 수 있다. 이 기재에 의하면 부여족이 활동한 지역은 대체로 오늘의 송화강 중상류, 눈강(嫩江), 호란하(呼蘭河) 유역이었다. 『후한서.부여전(後漢書.夫餘傳)』에 "부여족의 영지는……본래 예맥의 영지이다"라고 한 기재로써 부여족은 예맥족의 한 갈래였다는 것과 예맥의 영지내의 부여가 있었다는 것을 알 수 있다.

고구려인들도 만물영혼, 자연숭배, 조상숭배 등 활동을 하였다. 고구려인들의 천신(天神)숭배에 대해 『후한서.고구려전(後漢書.高句麗傳)』에 고구려는 "귀신, 사직, 영성에 제사지냈다. 10월이면 하늘에 제사지내는 대회가 있었는데 동맹이라고 하였다. 도성(국내성을 가리킴) 동쪽에 대혈이 있는데 수신이라고 한다. 또 10월을 맞이하여 이에 제사지낸다.(好祠鬼神, 社稷, 靈星, 以十月祭天大會, 名曰東盟, 其國東有大穴, 號䥈神, 亦以十月迎而祭之.)"라 하였고 『양서.고구려전(梁書.高句麗傳)』에는 "궁전 왼편에 큰집을 지어 귀신에게 제사지냈고 또한 영선과 사직에도 제사지낸다(……於所居之左立大屋, 祭鬼神, 又祠靈星, 社稷.)"[4]고 하였으며 『구당서 고구려전』에는 "사람들은 산곡에 의지해 살면서 풀로 지붕을 이었다. 그러나 사원, 신묘, 왕궁과 관부만은 지붕을 기와로 이었다. 그 풍속에 음사가 많고 신령한 성신, 일신, 가한신, 기자신을 섬기었다. 도성 동쪽에 대혈이 있는데 신수라고 하며 해마다 10월이면 왕이 친히 가서 제사지냈다.(……其所居必依山谷, 皆以茅草葺舍, 唯佛寺, 神廟及王宮, 官府乃用瓦. ……其俗多淫祀, 事靈星神, 日神, 可汗神, 箕子神, 國城東有大穴, 命神隧, 皆以十月, 王自祭之)"라고 하였다. 『삼국지.위서.동이.고구려(三國志.魏書.東夷.高句麗)』에도 "궁전 좌우에 큰 집을 짓고 귀신에게 제사지냈고 또 영성(靈星)과 사직(社稷)에도 제사지냈다"고 하였고 『신당서』권 220. 《고려전》에는 "……풍속에 음사가 많으며 신령한 성신, 일신과 기자, 가한 등 신에게 제사지냈다. 도성 동쪽에 대혈(큰 굴)이 있는데 신수라고 하며 해마다 10월이면 왕은 항상 친히 제사지냈다.(……俗多淫祠, 祀靈星及日,

箕子, 可汗等神, 國左有大穴曰神隧, 每十月, 王皆自祭.)"고 하였으며 『위서』권 30. 〈고구려전〉에 기재된 내용을 자세히 살펴보면 다음과 같이 기재되어 있다. "고구려는 요 동쪽으로 1,000리 되는 곳에 있으며 남으로 조선예맥, 동으로 옥저, 북으로 부여와 접하였고 도성은 환도성 아래에 있으며 지역은 사방 2천리이다. ……풍속은 음식을 절약해 먹으며 궁실을 쌓았는데 궁전 좌우에 큰 집을 짓고 귀신에게 제사지냈다. 또 영통한 성신과 사직에도 제사지냈다. ……10월에 하늘에 제사지내는 성중대회가 있었는데 동맹이라고 한다. ……도성 동쪽에 대혈(큰 굴)이 있는데 수혈이라고 한다. 10월 성중대회에 수신을 맞아 성동에 가서 제사지냈는데 목수를 신좌에 놓았다(高句麗在遼東之東千里 南與朝鮮濊貊, 東與沃沮, 北與夫餘接, 都于丸都之下, 方可二千里……其俗節食, 始治宮室, 于所居之左右立大屋, 祭鬼神, 又祀靈星社稷……以十月祭天, 中國大會, 名曰東盟……其國東有大穴, 名隧穴, 十月國中大會, 迎隧神, 還于國東, 上祭之, 置木隧于神坐.)"라고 하였다. 위의 사실로 보아 고구려인들은 하늘과 귀신, 영통하다고 보는 성신, 일신, 사직, 수신에 제사지내는 것을 매우 큰 종교 활동으로 여겼다. 귀신을 신봉(信奉)하고 제사지내는 활동 가운데서 가장 큰 활동이 10월제이다. 왕은 매 10월이면 늘 신하들을 거느리고 국동대혈에 가서 신좌에 수신(隧神) 목패(木牌-木隧)를 놓고 제사지냈다.

고구려는 또 전쟁이 있을 때마다 도와 줄 것을 바랐다. 『위략집본(魏略輯本)』권21 〈고구려〉에는 "군사행동이 있을 때면 하늘에 제사지내고 소를 죽여 발굽을 보는 것으로 길흉을 점쳤다. (有軍事亦祭天, 殺牛觀蹄以占吉凶)"고

하였고 『한단고기 고구려국본기 제6(桓檀古記高句麗國本紀第六)』에는 "광개토왕의 공덕이 융성하여 백왕들보다 훨씬 뛰어났으므로 세상에서 모두 열제라고 칭하였다. 그는 년 18세에 광명전에서 등극하시고 여로 천악을 베풀었으며 늘 전쟁에 나갈 때마다 사졸들로 하여금 아지가에서 노래를 부르게 하여 사기를 돋우었다. 순기가 마리산에 이르자 성단에 올라 몸소 3신에게 제사지냈고 또 천악을 베풀었다(廣開土境好太皇, 隆功聖德, 卓越百王, 四海之內, 咸稱烈帝, 年十八登極于光明殿, 禮陳天樂, 每於臨陣, 使士卒歌, 以助士氣. 巡騎至摩利山, 登塹城檀. 親祭三神, 亦用天樂.)"에 대해 기술한 내용이 있는데 그에 의하면 을지문덕 대장은 "천신을 보고 크게 깨달아 매년 3월 16일이 돌아오면 마리산에 달려가서 공물을 올리고 경배하고 돌아왔다. 10월 3일에는 백두산에 올라 제사지냈다. 하늘과 신에 제사지내는 것은 옛 풍속이다(得藋天神而大悟, 每當三月十六日, 則往摩利山, 供物敬拜而歸, 十月三日則登白頭山祭天, 祭天乃神市古俗也)."라고 하였다.

『삼국사기(三國史記)』권제15. 「고구려본기(高句麗本紀)」제2에 의하면 "가을 7월에 왕이 평유원에서 사냥하다가 흰 여우가 따라오면서 우는 것을 쏘아서 맞추지 못하였다. 왕이 스승무당(師巫-무당이라는 뜻)에게 물으니 무당이 말하기를 '여우란 것은 요사스러운 짐승이요 길상이 아닌데 더군다나 그 빛깔이 희니 더욱 괴이합니다. 그러나 하늘이 말씀으로 자세히 일러 줄 수 없기 때문에 자기갱신을 하게 하려는 것입니다. 만일 임금이 덕을 닦게 되면 화가 복으로 될 수 있습니다.' 라고 하였다. 왕이 말하기를 '흉하면 흉하다고 하고 길하면 길하다 할 것이지 네가 이미 요사스러운 것이라 하고 또 다시 복이 된다고 하니 왜 나를 속이느냐?' 하고 드디어 그를 죽였다.(秋七月王田于平于原, 白狐隨而鳴, 王射之不中. 問於師巫, 曰《狐者妖獸非吉祥. 況白其色, 尤可怪也. 然天不能諄諄其言, 故示以妖怪者, 欲令人君恐懼修省, 以自新也, 君若修德則可以轉禍爲福.》王曰《凶則爲凶, 吉則爲吉. 爾卽以妖又以爲福, 何其言巫也?》隧殺之.)"라고 하였다. 이로 보아 고구려에서는 자연신 숭배 활동이 널리 있었을 뿐만 아니라 샤만교의 무당도 있었다는 것을 설명하여 준다.

10월 제천(十月祭天)활동은 고구려 통치자들이 하늘에 제사지내어 하늘의 보호를 받아 나라의 정권과 저들의 통치를 공고히 하려는 가장 중요한 종교 활동이다. 때문에 집안(집안-당시의 국내성)에는 대혈(大穴), 수신(隧神), 수혈(隧穴), 신혈(神穴), 국동대혈(國東大穴)자리가 지금도 의연히 남아 있다. 1983년 5월 집안현 문물조사대는 집안현 태왕향 상해방촌(集眼縣太王鄕上解放村)의 홍동자구(汞東子溝)에서 고구려시기의 '국동대혈(國東大穴)'을 발견하였다. '국동대혈'은 국내성에서 동쪽으로 17㎞ 떨어진 높은 산 중턱에 자리잡고 있다. 대혈(大穴-큰 굴)에서 남으로 압록강까지의 거리는 400m이다. 대혈은 암동(岩洞)인데 굴 어귀는 동남으로 향하였고 높이 10m, 너비 25m, 깊이 20m이다. 큰 굴 어귀에는 평평한 대가 있는데 그의 면적은 약 30×20㎡로서 능히 100여 명이 활동할 수 있다. 이 대암동에서 서쪽으로 약 100m 가량 올라가면 또 용암동(溶岩洞) 하나가 있다. 용암동의 어귀는 서쪽으로 좀 치우친 남향작이고 동북쪽에 있는 동굴 어귀와 서로 통한다. 이 굴의 깊이는 16m이고 너비는 20m이며 높이는 6m이다. 굴의 밑은 평평하고 굴의 천정은 궁형(弓形)으로 되어 마치 천교(天橋)와도 같으며 굴 안은 약 110명 가량 용납할 수 있다. 사람들은 이를 통천동(通天洞)이라고 부른다. 굴 앞에는 약 300㎡ 가량 되는 개활지가 있고 주변은 뭇산, 유곡(幽谷), 기봉이석(奇峰異石)으로 이루어졌다. 고구려왕들은 바로 이 '통천동' 앞에서 수신(隧神)을 맞이하였다. '통천동'이 바로 고구려시기의 중요한 제사우지인 '국동대혈'이다. 해마다 10월이면 고구려왕은 군신(群神)들을 거느리고 통천동에 와서 제사지냈다. '수신(隧神) 맞이한다든가 '목수(木隧)'를 신좌(神座)에 놓고 제사 지낸 곳이 바로 이곳이다. 때문에 '국동대혈(國東大穴)' 의사, 신앙, 풍속 등을 연구함에 있어서 중요한 자료가 된다.

고구려인들은 원시종교를 신앙하는 가운데서 천신을 믿었을 뿐 아니라 시조신(始祖神)에 대해서도 숭배하였다. 『북사(北史)』권94. 「고구려전」에 "……불교를 믿고 귀신을 공경하였으며 음사가 많았다. 신묘 두 곳이 있었다 그 하나는 부여신이라고 하는데 나무를 각색하여 부인상을 만든 것이며 다른 하나는 고등신이라고 하는데 그 시조가 부여신의 아들이라고 한다. 이에 대해 판사를 두고 사람을 보내 수호하였으며 대개 어머니는 하백의 딸이고 주몽이라고 한다. (……信佛法, 敬鬼神, 多淫祠, 有神廟二所:一曰扶餘神, 刻木作婦人像;一曰高登神, 雲是其始祖夫餘神之子. 幷置官司, 遣人守護, 蓋河伯女, 朱蒙云.)라 하였다. 이는 고구려 제일대 통치자 주몽이 부여에서 왔고 부여 국왕의 사자로서 국인들의 해를 피하여 졸본 일대에 이르러 나라를 세우고 당지 토착인들을 쟁취하고 그들의 지지를 받기 위해 자기는 "천제의 아들이고 어머니는 하백의 딸"이라고 하여 천의를 받아 왕이 되었다는 것을 설교함으로서 백성들에 대한 자기의 통치를 합법화한 것이다.『삼국사기(三國史記)』권16. 〈고구려본기〉제4. 신대왕 3년에 "가을 9월 옹이 졸본에 가서 시조의 제사를 지냈다(秋九月, 王如卒本. 祀始祖墓)."라 하였고『삼국유사』와『삼국사기』에는 "동명왕(東明王) 18년(기원전20년) 왕의 어머니 유화가 동부여에서 사망하니 동부여왕 금와는 태후의 예로서 그를 장례하고 신묘를 세웠다(王母柳花薨于東夫餘, 其王金蛙以太后禮葬之, 遂立神廟)."라고 하였으며 태조왕(太祖王) 69년(121년) 겨울 10월 부여에 가서 태후묘(太后墓)에 제사지냈다. 또 고국천왕(故國川王) 원년(179년) 가을 9월, 동천왕(東川王) 2년(228년) 봄 2월, 중천왕 13년(中川王十三年-260년) 가을 9월, 고국원왕(故國原王) 2년(332년)봄 2월, 안성왕(安城王) 3년(521년)여름 4월, 평원왕(平原王) 2년(560년) 봄 2월……등등 때에 모두 졸본에 가서 시조묘에 제사를 지내 시조신에게 사직을 도와주고 나라가 영원히 창성하게 하여줄 것을 빌었다. 이러한 조상숭배 활동은 정치적 수요와 결합되어 농후한 원시종교 색채를 띠었다.

나. 여진인들의 샤만교 신앙

668년에 고구려가 망하였다. 그때로부터 30년 후 즉 698년에 발해국(渤海

國)이 건립되었다. 발해는 말갈제부의 전 지역과 원고구려의 광대한 지역을 차지하고 229년간 통치하면서 조국의 찬란한 문화의 한 페이지를 창조하였다. 그 문화와 의식형태 가운데는 발해 선민들이 옛적부터 창조하고 발전시킨 것을 계승한 문화와 샤만교 종교도 포함되어 있다. 발해는 926년 요(遼)나라의 침입에 의해 멸망하였다. 그 후 본 지역 내에서의 샤만교는 주로 여진인(女眞人), 청나라 때에는 주로 만인(滿人)들에 의해 유전되었다. 때문에 여진인들 속에서 샤만교가 광범하게 계승되고 유포되었다는 실제 정황은 발해시기 발해인들 속에서도 샤만교 활동이 널리 유포되고 있었다는 것을 방증한다.

남송(南宋)사람 서맹신(徐孟莘)이 쓴 『삼조북맹회고(三朝北盟會稿)』권3. 「여진전」에 "샤만은 여진어로 늙은 무당이라는 뜻이다. 그 변통은 귀신과 같아 점한 이하는 모두 이에 미칠 수가 없었다.(珊蠻者, 女眞語, 巫嫗也. 其變通如神, 粘罕以下皆莫能及.)"라고 하였다. '珊蠻'은 '샤만(薩滿)'을 가리킨다. '巫嫗'는 늙은 무당을 가리키며 '粘罕'은 완안종한(完顔宗翰-1079~1136년)으로서 금(金)나라 때의 대장(大將)이고 여진족이다. 그는 태조 아구다(太祖 阿骨打)의 조카인데 본명은 점몰(粘沒)이다. 점한은 금나라 재상 살개(撒改)의 장자이다. 금나라의 개국공신이었으며 일찍 태조를 따라 남정북전하면서 누차 전공을 세웠다. 점한은 오랫동안 병권을 장악하고 국론우발극렬(國論右勃極烈)과 도원수(都元帥)등 관식을 맡아보았다. 그는 금나라 조정에서 공이 많고 성망이 높은 관리였다. '점한 이하는 모두 이에 미칠 수 없었다.'는 것은 샤만의 지위가 아주 높았다는 것을 설명한다. '그 변통이 귀신과 같았다 는 것은 샤만이 사람과 귀신과의 사이에서 중개 작용하는 것과 그가 신과 서로 통하는 특질을 개괄한 것이다. 『삼조북맹회고』권3.「여진전」에는 또 "올실은 간사하고 교활하면서도 재간있는 사람으로 여진법률과 문자를 창시하고 전국에서 사용되게끔 하였다. 하여 국인들은 샤만이라고 불렀다. "兀室(完顔希尹)奸猾而有才, 自制女眞法律, 文字, 成其一國, 國人號爲珊蠻)"라고 하였다. 이상의 기재 가운데서 '샤만'이 여녀진인들 가운데 차지한 지위와 위치는 매우 높았다는 것과 금나라가 건립된 후에도 의연히 상당한 세력을 갖고 높은 위치에서 작용하였다는 것을 볼 수 있다. 여진인들 가운데서 샤만의 지위는 아주 높아 각 부락에서는 일반적으로 그 부락의 추장인 동시에 또 종교 두목이었다.

소조 석로(昭祖石魯)시기 샤만 활동에 관한 기재를 보면 〈금사(金史)〉에 "나라풍속에 사람이 피살된 것이 있으면 반드시 무당으로 하여금 죽인 자를 '굿' 하게 하였는데 장대기 끝에 칼날을 이어매고 뭇사람들과 함께 그 집에 가서 노래하며 '굿' 한다. ······칼날이 땅에 닿으면 그 집의 가축과 재물을 겁탈하여 가지고 돌아온다. 살인자의 집은 한 번 '굿'을 겪고 나면 가계가 홀연히 패한다. ······오살찰부(烏薩札部)가 완안부(完顔部)사람을 죽이니 소조(昭祖)로 다스려 많은 재물을 얻었다. "國俗, 有被殺者, 必使巫覡以詛祝殺之者, 乃系刃于杖端, 與衆至其家, 歌而詛之······.旣而以刃畵地, 劫取畜産財物而還. 其家一經詛祝, 家道輒敗. ······烏薩札部殺完顔部人, 昭祖往烏薩札部以國俗治之, 大有所穫······."[6] 라고 하였다. '무격(巫覡)'은 무당과 박

293

수를 가리키는 것으로서 무(巫)는 여자 무당을 의미하며 격(覡)은 남자무당을 가리키는 것인데 세속에서 일반적으로 '무격(巫覡)'을 무당(巫堂)으로 통칭하였다. 위의 기재로부터 무격(무당·샤만)들이 '굿' 하는 풍속은 소조시기에 이미 생여진의 국속(國俗)으로 되었다는 것을 알 수 있을 뿐만 아니라 또한 이를 통해 여진족 사회 내에서 무격이 '굿' 하는 풍속은 오랜 역사과정을 경유하여 왔다는 것도 짐작할 수 있다. 소조 석로 본신도 군사와 정치, 종교적 직능을 한 몸에 지닌 통치자였다. 다시 말하면 소조는 생녀진완부의 수령인 동시에 무당(샤만)이었다.

아들이 없으면 아들을 낳게 해달라고 무당을 청해 '굿' 하는 것도 있었다. 『금사.오고출전』의하면 "소조는 오래도록 아들이 없었다. 그는 신령한 무당이 있다는 소식을 듣고 그를 찾아가 빌었다. 무당 양구(良久)는 굿을 하여 말하기를 '남자애의 영혼이 이르렀다. 이가 후하고 복덕하니 자손이 창성할 것이며 배려를 받을 지어다. ……여자애의 영혼이 이르렀다' 고 하였다. ……무당은 또 여자애의 증조가 보인다. ……남자애의 증조가 또 보인다고 하였는데 과연 그 후 2남 2녀를 보았다."[7]라고 하였다.

여진인 가운데는 사람이 병으로 앓게 되면 무당의 굿에 의해 치료할 수 있다고 여겼다. 『삼조북맹회편』권20에 "질병이 생기면 의약이 없었고 항상 무당이 굿을 하였다. 병이 들면 돼지, 개를 잡아서 제사지내거나 혹은 환자를 수레에 싣고 심산에 들어서는 것으로 병마를 피하였다." 라고 한 것으로 보아 여진인들이 샤만교에 대한 숭배, 무당(샤만)에 대한 미신이 얼마나 깊었는가를 가늠할 수 있다.

여진인들은 천신(天神), 지신(地神), 풍신(風神), 화신(火神), 산신(山神), 뇌신(雷神) 등의 자연신을 숭배하였는데 그 가운데서도 천신을 제일 숭배하였다. 그들은 천신이 모든 것을 주재한다고 보았다. 저어 황제와 황후도 천신의 의도에 의해 안패된 것이며 황제는 하느님의 아들로 천신의 뜻을 받아 지상에 와서 백성을 다스린다고 보았다. '금사'에는 금나라 태조 완안 아구나(完顏阿骨)가 탄생할 때의 정황을 기재할 때 "다섯 가지 운기가 동방에서 뭉게뭉게 솟아오르는데 그 크기는 2,000말들이 둥근 곡식 창고 모양과 같았다.(有五色雲氣屢出東方, 大若二千斗囷倉之狀)."라고 하였다. 이 일에 대해 사천공정화(司天孔政和)는 사람들에게 "운기 아래에 비범한 사람이 탄생했으니 비상한 일이다. 이는 하늘이 형상으로 알린 것이오, 사람의 힘으로 되는 것이 아니다."라고 하였다.

여진인들은 군사행동이 있을 때에도 황천(皇天-하늘)과 후토(后土-땅)에 제사 지내어 하늘의 보살핌과 도움을 바랐다. 일찍 세조(世祖)때 환난(桓赧)산달(散達)은 여러 부(部)를 모아 완안부를 대대적으로 공격하였다. 그때 세조도 친히 참전하였는데 한 차례의 격전을 거쳐 대패하여 죽은 자가 쓸어 눕혀진 삼과도 같았다. 이에 대해 세조는 "오늘의 대척은 하늘의 도움이 아니었다면 이런 승리를 얻지 못했을 것이다."라고 하였다.

요나라 말년에 여진인들은 요통치자들의 가혹한 착취와 압박을 참을 수 없어 여진수령(女眞首領) 아구다의 영도하에 대규모적인 반요투쟁을 적극적으로 준비하였다. 천경(天慶) 4년 9월 아구다는 여러 로의 정예한 병사 약 2,500명을 내류수(淶流水) 하류에 모아 봉기하였다. 봉기 직전에 아구다는 "장수들을 거느리고 대문을 나가 천신(皇天-天神)과 지신(后土-地神)에 제사를 지냈다. (率諸將出門, ……禱于皇天后土.)"[10]

봉기군은 요나라 군대를 대패시키고 큰 승리를 취득하였다.

『금사·예기(金史.禮紀)』8에 의하면 "금나라는 요나라의 풍속에 따라 중오(重五), 중원(中元), 중구일(重九日)에 천신에게 제지내는 예의를 거행하였다는 기재가 있다. 이외 황제가 즉위하거나, 존호와 연호를 달 때, 황태자를 봉할 때 마다 또 사냥 나갈 때, 대경축, 군사행동이 있을 때 마다 천신과 지신에 제사를 지내 도와줄 것을 바랬다.

여진 샤만교 가운데는 조상숭배 활동도 중요한 지위를 차지하였다. 조상숭배는 원시사회말기에 세계관념(世系觀念)의 강화에 따라 형성된 것이다. 영혼관념이 발전됨으로써 사람들은 조상의 영혼에게 빌어 자손후대를 보살펴줄 것을 바라기 시작하였다. 조상숭배활동은 여진인들 가운데서 매우 보편적으로 존재하는 원시 종교활동이었다.

여진인들 가운데는 조상을 숭배하는 형식으로 '소반(燒)'[11] 과 '불다(佛多)'[12] 등이 있었다. '소반'이란 자손들이 부모의 산소(무덤)에 가서 제사지내고 그 제물을 불태우는 것이다. '불다' 란 청명(淸明)절에 어린이들이 버드나무가지를 엮어 머리에 쓰고 부모들과 함께 조상의 무덤에 가서 제소(祭掃-무덤을 깨끗이 쓰는 것)하고 5색 종이로 번개(幡盖)를 만들어 무덤 좌측에 놓았다가 제사가 끝나면 불태우는 것이다. "소반"과 "불다"는 모두 조상숭배의 일종 형식이다. 특히 여진족은 버드나무에 대해 특별한 신령이 있었다. 그들은 조상의 무덤으로 제사지내러 갈 때면 반드시 버드나무를 사용하였다. 버드나무는 조상의 상징이며 자손을 도와 번영하게 하는 신령한 나무라고 여겼다. 지어 여진인 민간풍속에는 불효자손이 있으면 버드나무로 대책(笞責)하는 가법(家法)이 있었다. 여진인들이 버드나무에 대해 숭상하는 풍속은 오랫동안 지속되어 만주인들 가운데도 그 여습이 의연히 남아 있었다.

『발해국지장편』권16. 「족속고(族俗考)」. 예속(禮俗)에 "······금나라는 여자 무당이 샤만(薩滿)이었는데 산만(珊蠻)이라고도 하였다. 금나라는 발해와 동족으로 발해인을 본받아 이를 신봉하였다. 샤만(薩滿)은 또 차마(叉瑪)라고도 불렀는데 신봉자의 다수는 부인들이었는데 대개 여자 무당의 일종이었다. 조상과 신령에게 제사지낼 때면 뾰족한 모자를 쓰고 긴치마를 입고 허리에 구리방울을 달고 북을 치며 춤을 추면서 입으로 종알거렸는데 그 뜻을 알아들을 수 없었다. 또 병도 치료한다고 한다."[13] 라고 하였다.

2. 고고학자료로 살펴본 발해의 샤만교

발해 샤만교에 관련되는 고고학자료는 매우 적다. 게다가 우리의 발굴사업과 연구가 따라가지 못하였기에 적지 않게 미급한 점들이 있다. 이제 발해유지에서 출토된 고고학자료와 말갈, 여진인 활동유지에서 출토된 고고학자료에 의해 발해 샤만교에 대해 살펴보기로 하겠다.

가. 고고학자료로 살펴본 말갈, 여진인들의 샤만교 신앙

지금까지 발굴된 자료에 의하면 허리띠, 작은 구리방울, 작은 구리사람, 허리띠 장식품, 구리거울, 기사동상 등이 있다.

흑룡강성 수빈지구 수빈3호무덤(黑龍江省綏濱地區綏濱3號墓)에서 구리방울(銅鈴)이 달려있는 한끈(一條)의 동대식(銅帶飾) 허리띠(腰帶)가 출토되었다. 수빈3호 무덤은 수빈현 고력하(高力河) 어귀에서 동으로 약 1,000m 떨어진 흑룡강우안에 위치해 있다. 1974년부터 1978년 사이에 14기의 무덤을 발굴하였는데 그 중 M3무덤에서 19점의 장방형대식(長方帶飾)이 출토되었다. 이 무덤의 연대는 10세기 후반기부터 12세기 초에 해당된다. 길림성영길현양둔상층무덤(吉林省永吉縣楊屯上層墓葬), 화림현석장구묘지무덤(樺林縣石場溝墓地), 혼강시영안유지(渾江市永安遺址), 발해진서쪽석강무덤(渤海鎭西石崗墓地), 영길현차리파무덤(永吉縣查里巴墓地), 커르샤크워무덤(科爾

薩克沃墓地), 나제르진스까야무덤(納傑日金斯科耶墓地), 거리야즈누하무덤(格里亞玆努哈墓地), 버랑후무덤(博朗湖墓地), 터뤄이츠지무덤(特洛伊茨基墓地) 등에서도 출토되었다.

양둔상층무덤은 길림성 영길현 오라가진(烏拉街鎭) 양둔촌 서남에 위치하여 있다. 묘지에서 남으로 4,000m 되는 곳에 오라가진이 있고 서쪽으로 약 2,000m되는 곳에 송화강이 있다. 1979년과 1980년 두 차례 말갈과 발해시기에 속하는 무덤 70기를 발굴하였는데 무덤에서 말갈, 발해, 여진 계통에 속하는 동대식(銅帶飾) 53점이 출토되었다. 묘지의 연대를 탐측한데 의하면 대략 6세기부터 8세기 초까지이다.

석장무덤은 흑룡강 목단강시 화림향 석장구촌에서 서남으로 500m 되는 곳에 있다. 1981~1982년 사이에 18기 무덤을 발굴하였는데 2점의 동대식이 출토되었다. 그의 연대는 7세기 말부터 8세기 중엽까지이다.

차리파무덤은 길림성 영길현 오라가진 차리파촌 남쪽에 있다. 묘지 서쪽에는 송화강이 있고 남으로 약 800m 되는 곳에는 양둔무덤이 있다. 1985년과 1987년에 두 차례 거쳐 47기의 무덤을 발굴하였는데 40전의 동대식이 출토되었다. 연대는 대략 6세기부터 8세기 초까지이다.

커르샤크워무덤은 흑룡강과 우수리강이 합류하는 합수구의 우수리도(郵蘇里島)에 있다. 1976~1979년 사이에 300여기의 무덤을 발굴하였는데 말갈과 여진계통에 속하는 동대식이 대량으로 출토되었다. 그의 연대는 대략 7

세기부터 11세기 상반년까지인데 7세기부터 9세기까지의 무덤이 소수이고 다수의 무덤은 10~11세기 상반기에 속한다.

나제르진스까야 무덤은 러시아 유태인자치주 나제르진스까야촌 부근 비라하(比拉河) 하류의 우안에 있다. 1970~1973년 사이에 115기의 무덤을 발굴하였다. 이곳에서도 동대식이 많이 출토되었다. 연대는 10세기부터 11세기 말까지이다.

터뤄이츠지 무덤은 러시아 아무르주이와노브구 터뤄이츠지촌(阿穆爾州伊萬諾夫區特落伊基村)부근에 있다. 1969~1974년 사이에 280기의 무덤을 발굴하였는데 96호무덤에서만 2점의 동대식이 출토되었다.

작은구리사람(小銅人)은 주로 길림성내의 유지에서 많이 출토되었다. 출토된 소동인은 지금 길림성 박물관에 보관되어 있다.[14]

기사동상(騎士銅像)과 어마동식(馭馬銅飾)은 양둔무덤, 싸이진 성터(沙伊金城址)에서 출토되었다. 흑룡강성 영안시 발해진 박물관에 기사 동상과 소동인이 보관되어 있다. 이에 조두인형(鳥頭人形)과 동경(銅鏡)등이 발굴되었다.

위와 같이 여진인 문화유지에서 샤만교 유물이 많이 출토되는 것은 여진인들 가운데서 샤만교가 성행하였다는 사실을 실증하는 동시에 발해시기에도 샤만교가 성해하였다는 사실을 실증하는 동시에 발해시기에도 샤만교가 적지 않게 존속하였다는 것을 방증한다.

여진인 샤만이 '굿' 하고 '조신(跳神-뛰면서 굿하는 것)' 할 때면 일반적으로 주로 춤추는 형식으로 마귀와 박투한다. 샤만이 춤추기 시작할 때 머리에 신모(神帽)를 쓰고 몸에는 신의(神衣)와 신군(神裙)을 입으며 허리에는 방울(腰鈴)과 동경(銅鏡-구리거울)을 달고 발에는 신혜(神鞋)를 신고 손에 신고(神鼓)를 쥐며 또 신도(神刀)와 신장(神杖)을 갖고 신고소리에 맞추어 뛰며 춤을 춘다.

요령(腰鈴-작은 구리방울)은 샤만이 무악(舞樂)의 형식으로 신령과 통하는 샤만교 의식에 있어서의 중요한 법기(法器) 가운데 하나이다. 샤만은 많은 요령을 노끈이나 가죽끈에 꿰어 요대(腰帶-허리띠)에 달아매고 춤을 춘다. 그때면 방울소리와 북소리는 서로 어울려 아주 아름다운 미적인 감상을 준다. 요령 가운데는 원구형(圓球形), 타구형(橢球形), 원추형(圓椎形) 등 여러 가지 형태가 있다.

허리띠 장식(腰帶飾)은 구리로 주조한 것인데 평면 형태는 장방형으로 된 것과 원형으로 된 두 가지가 있다. 그의 표면에는 꽃무늬를 부각하고 구멍을 새기고 선을 음각한 것 등이 있다. 장방형 조각 뒷면에 4개, 원형조각 뒷면에는 2개씩 허리띠에 달 수 있도록 단추가 있다. 어떤 무덤에는 허리띠와 장식품이 시골(尸骨)의 요부에 질서 정연하게 배열되어 있는 것이 발견되었다. 이는 무덤 주인이 샤만이었고 샤만은 구리로 만든 허리띠와 장식품을 허리에 띠고 샤만의식을 하였다는 것을 보여준다.

소동인(小銅人)이 큰 것은 7~8cm 내외이고 작은 것은 4cm이다. 샤만들은 일반적으로 구리로 만든 작은 사람을 몸에 달아 호신부(護身符) 혹은 피사물

(避邪物)로 삼았다. 소동인의 다수는 나체로 만들어졌다. 그러나 어떤 것은 두 손을 드리우고 곧추 서 있고 어떤 것은 두 손으로 음부를 막고 있다. 소동인의 머리부분에 구멍을 내어 몸에 달수 있게 하였다. 예를 들면 1979년 훈춘현 춘화향 초모정자촌(春化鄕 草帽頂子村)에서 한 농민이 집 지을 기초를 파다가 소동인을 발견하였다. 몸은 나체이고 키는 5.6cm이며 두 팔은 아래로 드리고 상지와 하지는 상투를 맨 것 같다. 머리 뒷부분에 구멍이 하나 나 있는데 구멍의 직경이 0.4cm이다. 두 귀에도 각기 구멍 하나씩 나 있다. 눈, 눈썹, 코, 입술 등은 모두 음각으로 이루어졌다. 눈썹은 사선으로 위로 올라갔다. 감정한 데 의하면 소동인은 요금시기에 해당된다.

1978년 교하현 지수향 홍기촌 덕하구(蛟河縣池水鄕紅旗村德河溝)에서 한 농민이 밭갈이하다가 소동인 하나를 발견하였다. 기수현 편검성(偏瞼城)에서도 소동인이 발견되었다.[16]

『장령현문물지(長嶺縣文物志)』231페이지에 의하면 1986년 4월 4일 이발성향 이발성촌(利發盛鄕利發盛村)에서 소동인을 얻었다. 높이 4.1cm, 너비 약 1.4cm터, 모자 위에 뾰족하게 생긴 부분의 높이 0.6cm이다. 머리에는 모자를 썼고 좌우의 두 귀는 노출되었으며 왼손은 굽혀 가슴 앞으로 작은 그릇을 안았다. 오른손은 아래로 드리워 음부를 가렸다. 두 다리는 벌렸는데 무릎을 굽히고 있다. 이 소동인은 호신작용을 하는 '피사물'이다. 감정한 데 의하면 요금시기에 속하는 소동인이다.

『동료현문물지(東遼縣文物志)』249페이지에 의하면 1954년 갑산향 의방촌

(甲山鄕義方村)에서 출토되었다. 높이 5.3cm이고 나체 아동상이다. 두 팔을 가슴 앞으로 올리고 두 손을 마주잡고 읍하는 시늉을 하고 있다. 두 다리는 전후로 교차하였는데 그 사이로 남자 생식기가 보인다. 머리에는 상투를 얹은 것과도 같이 뾰족하게 위로 돌기시켰고 좌우 두 귀 옆으로 드리운 머리칼은 가슴 앞까지 내려왔다. 둥근 얼굴에 눈썹, 눈, 코, 입, 귀 등은 모두 고르게 잘 음각되었다. 귀 외곽선은 대체로 凸형을 이루었다. 머리 위에 뾰족하게 돌기한 부분에는 가로 구멍 하나가 뚫려 있는데 이는 노끈이거나 가죽끈으로 꿰어 몸에 매어 휴대한 것이 아니면 샤만교 의식 때 사용한 것 일 것이다. 감정한 데 의하면 이 소동인은 요금시기에 속하는 유물이다.

『통유현문물지(通楡縣文物志)』87페이지에 의하면 담유향 대녕촌 서포자(膽楡鄕大寧村西泡子)에서 동남으로 2리 떨어진 모래탁에서 소철인 두 개가 출토되었다. 소철인(小鐵人)은 철을 주조하여 만든 것인데 높이 4cm 내외이고 오관이 단정하고 4지가 구비되었다. 오른팔은 가슴 앞으로 올리고 왼팔은 뒤로 돌렸다. 오른쪽 다리는 앞으로 내밀고 왼다리는 뒤로하여 마치 걷는 모양을 하고 있다. 머리 위에 둥근 원형이 있는데 그 중심에 앞뒤로 뚫린 구멍 하나가 있다. 감정에 의하면 이 소철인은 요금시기에 속하는 유물이다. 이곳 백성들의 말에 의하면 이곳에서 선후로 소철인이 20여점이 출토되었다고 한다.

이상의 말갈과 요, 금유지에서 출토된 어마동식(馭馬銅飾)과 마상기사동상(馬上騎士銅像)의 등에는 기사 1명, 혹은 2명이 타고 있다. 말의 네 다리는 아주 짧게 만들어져 달리는 자세가 아니라 몸체를 받들어 주는 작용만 하게 되었다. 말의 목부분과 꼬리부분은 몸체에 비해 매우 길게 되었기에 전체 모양은 마치 용이 공중으로 날아오르는 듯하다. 기사는 샤만을, 말은 샤만이 신과 통하는 조수를 상징함으로 기사와 말과의 관계는 샤만이 신(神)과 통하는 방법을 상징한 것이다. 어떤 기사의 몸은 사람의 몸인데 대가리는 새대가리이고 어깨 부위에 나는 모양을 한 날개가 돋혀 있다.

작은 구리방울, 허리띠, 소동인, 기사 동상과 함께 구리거울(銅鏡)도 출토되는데 구리거울은 샤만들이 가죽줄에 꿰어서 신복(神服)의 가슴과 뒤 등에 걸고 의식을 거행한다. 몸에 단 구리거울이 많으면 많을수록 법술(法術)이 많고 신통력(神通力)이 더 강하여 신(神)의 도움을 더 많이 받는다고 여겼다.

샤만교 유적과 유물이 흑수말갈과 속말말갈, 특히 흑수말갈지역에서 많이 발견되고 그 외의 발해지역 내에서 적게 발견되는 것으로 보아 흑수말갈지역에서 샤만교가 더 많이 성행했다고 볼 수 있다. 그것은 발해시기에 사회생산력이 발전하여 사회의식 형태가 발전하고 게다가 불교가 전파되고 발해통치자 계급들이 불교를 몹시 숭상하고 믿었기 때문에 사원이 많이 일어서고 승려들도 많이 증가되었다. 이러한 정황은 샤만교의 발전과 변화에 큰 영향을 주었다. 5경을 중심으로 한 주요지대에서는 주로 불교가 많이 성행하고 흑수말갈지역과 변방지역에서는 샤만교가 주로 성행하였다고 볼 수 있다. 12세기 이후 여진인들 속에서 샤만교는 의연히 광범히 유전되었다. 여진족의 완안부가 궐기하여 통치자들에게 이용되어 그들의 통치와 군사정복 전쟁을 위해 복무하였다. 당시 부락수령은 샤만과 관련이 있었고 샤만의 사회적 지위는 매우 높이 제고되었다. 그리하여 『삼조북맹회편』에 "샤만을 여진어로 무구(巫嫗-여자 무당)이라고 한다. 그 변통이 귀신과 같아 점한(粘罕) 이하는 모두 그에 미칠 수가 없었다."라고 하였다. 이러한 사실은 여진족 사회 내에서 샤만교가 매우 성행하였고 샤만의 사회적 지위도 매우 높았다는 것을 설명한다. 동시에 여진족 사회 내에서의 샤만교 성행은 말갈, 발해시기에도 샤만교가 유전되고 있었다는 것을 알 수 있다.

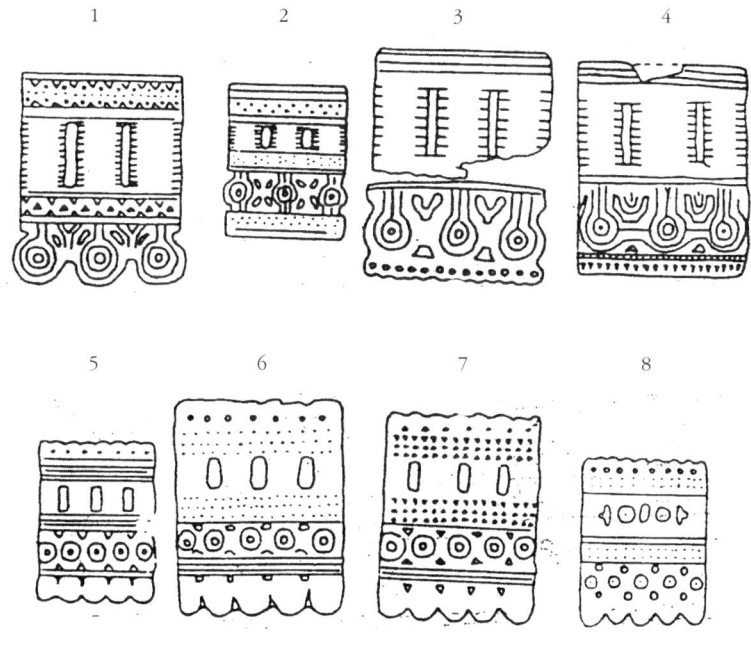

구리로 만든 허리띠 장식품
1.양둔 2.양둔 3.나이벨드 4.두보워야 5.양둔 6.양둔 7.석장구 8.나제르진스까야

305

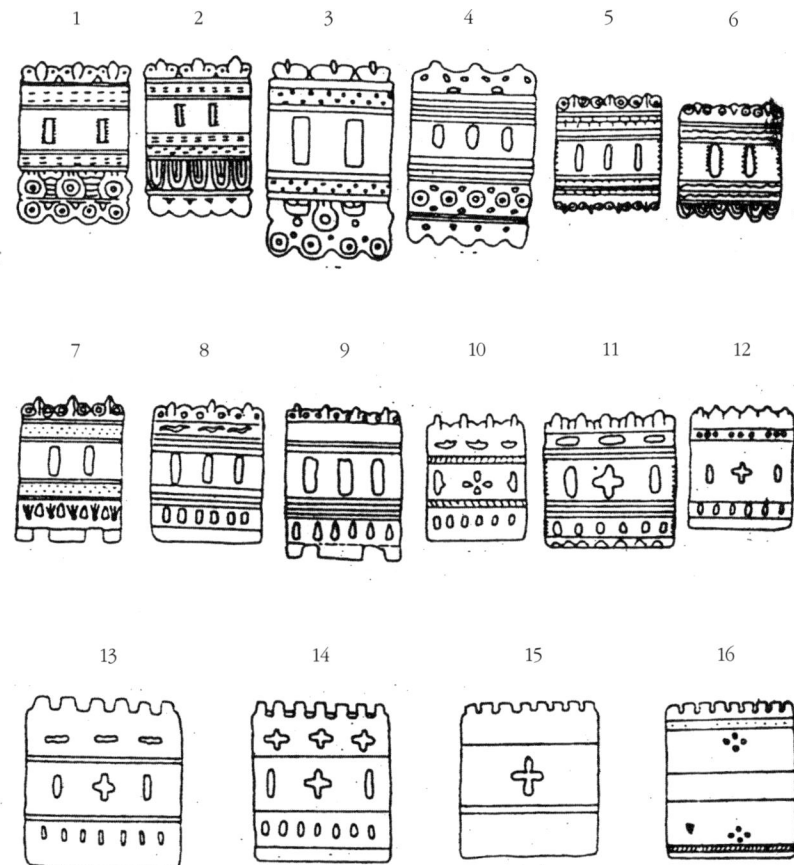

구리로 만든 허리띠 장식품
1. 차리파 2. 차리파 3. 양둔 4. 양둔 5. 커르샤크워 6. 두보워야 7. 커르샤크워 8. 수빈3호 9. 커르샤크워
10. 커르샤크워 11. 커르샤크워 12. 커르샤크워 13. 커르샤크워
14. 커르샤크워 15. 커르샤크워 16. 나제르진스까야

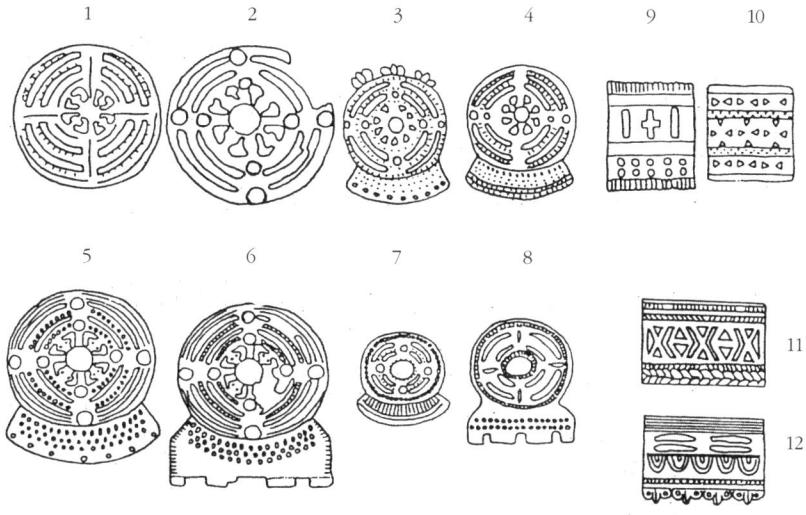

구리로 만든 허리띠 장식품
1. 앙둔 2. 터뭐이쯔지 3. 앙둔 4. 앙둔 5. 차리파 6. 두보워야 7. 두보워야 8. 커르샤크워 9~12. 커르샤크워

커르샤크워 무덤구역 320호 무덤에서 출토된 구리로 만든 허리띠 복원도

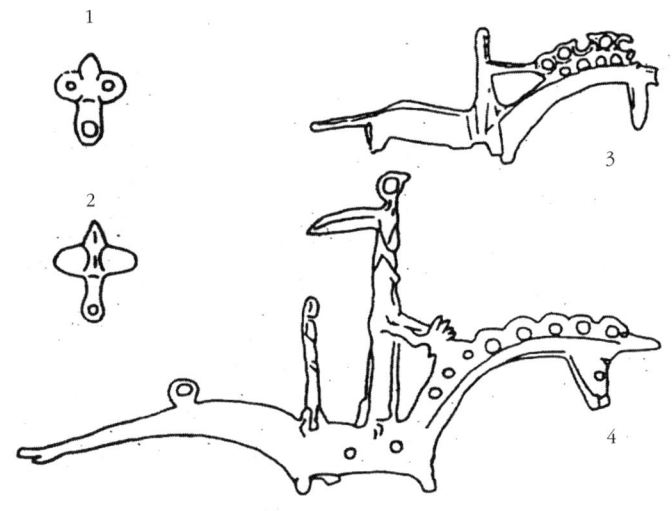

샤만교 법기 장식품
1,2. +자형 구리장식품(양둔) 3.기사동상(싸이진) 4.쌍인 어마동식(양둔)

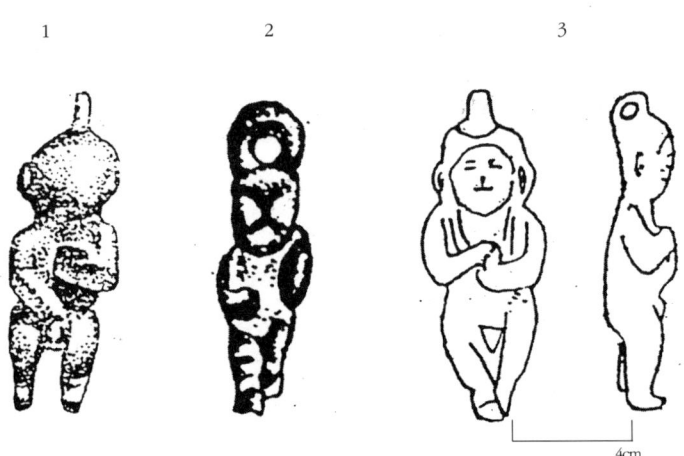

요금시기 법기 장식품
1.장령현 이발성촌 유지 2. 통유현 서포자유지 3.동료현 의방촌 유지

나. 고고학자료로 살펴본 발해기시의 샤만교

발해샤만교의 존재여부에 대해 발해자체가 남겨놓은 문헌자료는 전혀 없다. 그러나 발해인들이 남겨 놓은 샤만교가 관련되는 유물은 점점이 출토되는 것이 있다. 아래에 그 정황을 소개하려 한다.

① 동청 발해무덤에서 출토된 허리띠 장식품

동청발해무덤은 안도현 영경향 동청촌에서 동북쪽으로 약 1㎞ 떨어진 높이가 5m 가량 되는 나지막한 산언덕의 남쪽 비탈에 위치하고 있다. 1990년 사이에 두 차례에 걸쳐 이곳에서 도합 13기의 발해무덤을 발굴하였다. 허리띠장식품(腰帶飾)은 제2호무덤에서 출토되었다.

2호무덤구역 내에서 약간의 질그릇과 함께 쇠로 만든 띠고리, 쇠고리 각기 1점, 구리로 만든 띠돈(帶銙) 2점, 패식(牌飾) 2점, 호박구슬 1점이 출토되었다.[17]

'패식' 이 바로 허리띠장식품이라고 필자는 짐작한다. 허리띠장식품은 2개인데 모두 2호무덤에서 발견되었고 모양은 서로 같고 표면은 푸른 구리 녹으로 덮혀 있다. 그중 하나는 끊어져 옹근 모양을 이루지 못하고 다른 하나는 옹근 모양 그대로이다. 옹근 모양을 그대로인 것을 살펴보면 대체로 장방형을 이루었는데 높고 작은 무늬 돋치기와 투각수법이 유기적으로 결합된 구리주조제품이다. 허리띠장식품의 아래와 위의 끝부분은 각기 가로 한 줄로 연결된 복숭아와 구슬모양의 돋음 무늬로 되어 있고 잇닿인 안쪽 부분에는 가로 줄지은 작은 3각형구멍이 뚫려 있다. 몸체 상반부의 중각 부분에는 좁고 긴 장방형의 구멍 세 개가 가로 한 줄로 뚫려 있으며 이 구멍들의 아래위 켠에는 가로 두 줄의 작은 오목 3각형태로 이루어진 가름무늬가 있으며 몸체 하반부의 중간부분에는 다섯 개의 가로 연결된 옅은 무의 동심원이 있고 동심원의 아래위쪽 사이마다 다시 3각형의 작은 구멍이 있고 그 아래 켠에는 가로 평행되는 세 줄의 오목줄무늬가 있다. 허리띠장식품의 길이는 6cm이고 너비는 4.5cm이며 두께는 1.5cm이다.[18]

② 혜장무덤에서 출토된 허리띠장식품

혜장무덤은 화룡현 용화향 혜장 3대(和龍縣勇化鄉惠章三隊)에서 서쪽으로 2리 떨어진 두만강 지류 고령하(高岭河) 북안의 산기슭에 위치하여 있다.[19]

혜장무덤에서 질그릇, 구리그릇, 쇠그릇, 장식제품, 옥기 등 많은 유물이 출토되었다. 이 유물 가운데 구리로 만든 허리띠 장식제품이 있다.

허리띠장식제품은 방형에 가까운 장방형으로 이루었는데 높고 낮은 무늬 돋치기와 투각수법이 유기적으로 결합된 주조제품이다. 허리띠장식품의 윗부분은 가로 한 줄로 연결된 복숭아와 구슬모양의 돋음무늬로 이어져 있고 그 아래로는 두 평행선 안에 작은 3각형무늬가 아래와 우에 각기 한 줄씩 연결되어 있다. 이 3각형 무늬 아래 즉 장식제품의 중간에는 아래위로 길게 구멍이 뚫린 것이 3개 있다. 그 아래에는 또 작은 3각형무늬가 두 줄로 가로 연결되었다.

③ 영안유지에서 출토된 허리띠 장식품

영안유지(永安遺址)는 훈강시 송수향 영안촌(渾江市松樹鄕永安村)의 서쪽 《대묘지(大廟地)》일대에 있는데 서남으로 8km 떨어진 곳에 송수향 소재지가 있다.[20]

연안유지에서 마뇌, 석기, 골각기, 도기, 동기(銅器), 철기 등 많은 유물이 출토되었다. 동기 가운데 구리로 주조하여 제작한 허리띠 장식제품과 작은 구리방울(銅鈴)이 있다.

허리띠장식품(腰帶飾)은 장방형으로 이루어졌는데 높고 낮은 무늬돋치기와 투각수법이 유기적으로 결합된 구리주조제품이다. 허리띠장식제품의 제일 아랫부분은 작은 원형 동그라미 5개가 가로 한 줄로 연결되고 그 위로는 3개의 음각선이 가로 평행을 이루었으며 3개의 평행선 위에는 가로 한 줄로 연결된 복숭아와 구슬모양의 돋음무늬 5개가 배열되었고 구슬모양의 무늬와 무늬사이에 아래위로 대칭이 되게 2개 작은 3각형무늬가 있다. 그 위에는 점선무늬가 가로 한 줄로 연결되어 있다.

구리방울은 원구형(圓球形)으로 되었는데 아랫부분에는 자른 틈이 있고 방울 안에는 동구(銅球)가 있어 방울소리가 잘 울리도록 되어 있다. 방울복부에는 밖으로 돌기하게끔 돋음선이 있으며 방울꼭대기에 형의 자루가 있고 그 중심에 원형구멍이 있다. 이 구멍에 노끈이거나 가죽끈으로 꿰어 허리띠에 달았을 것임이 틀림없다.

④ 동대자유지에서 출토된 허리띠장식품

1963년 9월 집안현 동대자유지(集安縣東臺子遺址)에서 구리로 만든 허리띠장식품이 4개 출토되었다. 모양은 모두 같고 장방형이다. 길이는 6㎝, 너비 4.2㎝, 두께 0.1㎝이다. 허리띠장식품의 제일 아랫부분은 작은 원형 동그라미 5개가 가로 한 줄로 연결되고 그 위로는 3개의 횡행선이 있으며 3개의 횡행선 위에는 가로 한 줄로 연결된 복숭아와 구슬 같은 모양의 돋음무늬가 5개가 배열되었고 구슬모양의 무늬와 무늬사이에 아래위로 대칭이 되게 2개 작은 3각형무늬가 배열되어 있다. 그 위에는 점선무늬가 가로 4줄로 있고 점선무늬 위에는 세로 3개의 형선이 있으며 그 위에는 또 가로 4개의 점선이 있고 점선 위에는 작은 원형 동그라미 5개가 한줄로 연결되어 허리띠장식품은 한 개 아름다운 꽃무늬 장식품을 이루었다.

이 허리띠장식품은 영길현(永吉縣) 양둔대해맹(楊屯大海猛) 발해시기무덤에서 출토된 것과 같다. 그러므로 동대자유지에서 출토된 허리띠장식품은 발해시기의 것이라고 짐작된다.[21]

⑤ 연해주 발해유지에서 출토된 샤만교 법기부장품

연해주 발해유지에서 출토된 법기부장품으로는 동제기마인물상(銅制騎馬人物像), 벼로 만든 도마뱀, 조구형상(鳥龜形象) 등이 있다.

마상기사동상을 기사동상(騎士銅像)이라고도 한다. 마상기사동상이 출토된 곳은 러시아 연해주 우수리스크시 남쪽구역 남우스리스크 성터, 기원8세기로부터 10세기에 해당되는 청석애유지(靑石崖遺址)[22] 향산촌락유지(杏山村落遺址), 오시노브까건축유지, 니꼬라예브스까성터 등 5개 속이다. 남우쑤리스끄 성터는 발해시기 솔빈부(率濱府)의 소재지였다. 이곳에서 기사동상이 1점이 출토되었고 청석애유지에서 2점이 출토되었다. 남우스리스크 성터와 청석애에서 출토된 기사동상은 구리로 주조하여 제작한 기사동상이다. 오시노브까건축유지와 향산촌락유지, 니꼴라예브스까성터에서 출토된 것은 진흙으로 만든 도제기마 인물상(陶制騎馬人物像)이다. 이 세 곳에서는 각기 하나씩 출토되었다. 남우스리스크에서 출토된 동제기마인물상의 길이는 13.5cm이다. 말에는 갈기가 전현 표현되지 않았고 앞뒤에 다리는 모두 함께 주조되었으며 커다란 꼬리는 거의 절반이 떨어져 나갔다. 기사는 목 가까이에 있는 장방형 안장에 앉아 있다. 이 사람은 마치 곧은 막대기처럼 표현되어 있고 그냥 옆으로 손이 간단히 묘사되어 있으며 머리에는 끈이 날카로운 투구나 고깔 같은 것이 보인다. 이 동제기마인물상은 흑룡강성 영안시 발해진 발해 상경유지에서 발견된 동제기마인물상과 거의 같다.

향산촌락유지에서 출토된 동제기마인물상은 도기풍격(陶器風格)의 인상(人像)인데 인상의 높이는 4.1cm이다. 아쉽게도 머리, 왼팔 전부와 오른팔 절반이 파손되었다. 두 다리의 상퇴(上腿)사이가 반원호형(半圓弧形)을 이룬 것을 보아 말을 탄 기사였겠다고 짐작된다. 원래는 기사가 말을 탄 자세였으나 후에 파손당하여 기사와 말이 분리된 상태일 것이다. 니꼴라예브까성터에서 발견한 도제기마인물상의 말대가리, 목, 볼기부분, 두 다리의 하반부는 파손되어 있다.

샤만교의 제사활동과 관련되는 동물소상도 연해주지구 발해유지에서 출토되는데 그 가운데는 도마뱀조상(蜥錫雕像), 조류(鳥類), 거북, 곰 등 조상(雕像)이 있다.

뼈를 새겨 만든 도마뱀은 꼰스딴찌노브까 제1촌락유지에서 출토되었다. 이 조각상은 대형동물의 뼈를 새겨 만든 것인데 길이 10.4cm이고 대가리는 뱀의 대가리모양이며 그에 구멍이 파져있다. 꼬리는 길고 송곳모양이다. 대가리는 부정형 삼각형을 이루고 대가리에 관통된 구멍 하나는 끈을 끼우기 위한 것임이 틀림없다. 꼬리는 끝쪽으로 나가면서 점점 좁아졌고 그 위에는 가로 3줄의 조문(槽紋)이 새겨졌다. 도마뱀의 등에는 능형그물무늬가 새겨졌고 등의 우측에 4개, 좌측에 5개 도합 9개의 원갱문(圓坑紋)이 새겨져 있다. 이 9개의 둥근 구멍무늬는 부녀들의 임신 달수와 관련된다. 복부에는 비교적 깊게 새긴 원갱(圓坑)이 있는데 그의 직경은 0.9cm이다.

거북의 모양장식제품도 꼰스딴찌노브까 제1촌락유지에서 출토되었다. 거북의 모양장식제품은 뼈를 새겨 만든 것으로서 길이 2.7cm이다. 유감스럽게도 이 조각품은 꼬리가 떨어져 나갔기 때문에 어떤 동물인지 좀더 구체적으로 파악하기 힘들다. 등에는 사선 그물무늬를 이루도록 선이 비스듬히 교차되어 있어서 마치 거북 등을 모방한 듯하다. 머리는 작고 부전형 삼각형을 이루고 있어 마치 뱀의 대가리 같고 대가리에 구멍이 하나 관통되어 있는데 이는 끈을 끼워 허리띠 같은 데 매기 위한 것인 것 같다.

근대시기 흑룡강류 일대에 거주한 나나이족들은 풍속습관상에 도마뱀과 거북을 많은 중병환자들의 병원이라고 여겼다. 듣는 바에 의하면 "도마뱀과 거북은 사람들이 깊이 잠들었을 때 잠든 사람의 입을 통해 위화 복강내에 들어가 병을 일으키는데 심하면 죽기까지 한다. 환자의 병치료를 위해 샤만은 환자 체내에 도마뱀과 거북을 몰아낸다. 그후에 환자는 자기의 목에 도마뱀과 거북의 그림을 부쳐 사악한 물건을 피한다."고 한다. 나나이족들속에 유전된 이 샤만교습속은 그전 오랜 시기를 통해 유전되어 왔을 것이다. 또한 발해유지에서 샤만유물인 도마뱀조각품과 거북조각제품이 발견되는 것으로 보아 발해시기에도 발해인들 속에는 도마뱀과 거북을 중병의 근원으로 보고 샤만에 의해 다스리는 습성이 있었을 것이라고 짐작된다.

오리형소상과 수탉형소상은 니꼴가예브스까2호성터, 신거르제예브스까예촌락유지, 꼰스딴찌노브스까야1호 촌락유지 등 연해주 발해유지에서 출토되었다.

니꼴라예브스까성터에서 출토된 오리소상은 진흙으로 만들어졌다. 그의 길이는 5.1cm이고 주둥이 끝은 잘라져 없으며 머리에는 관모(冠毛)같은 것이 있고 몸체의 중간부분은 안으로 좀 수축되었다.

니꼴라예브스까성터에서 출토된 수탉소상의 높이는 3.9cm이다. 머리에는 넓고 높은 빼시와 관모(冠毛) 같은 것이 있고 그 아래에 흠 같은 것으로 빚어 만든 원형의 큰 눈이 있다. 오른쪽 눈은 이미 떨어져 없고 꼬리 끝은 떨어졌고 떨어진 꼬리 끝 부분에 관통된 작은 구멍 하나가 보인다.

가면구(假面具)는 끼쉬노브가마을 부근과 니꼴라예브까제2성터, 마리야보느까성터 등 곳에서 출토되었다. 이 가면구 조각품도 샤만교의 의례에 사용되었던 것이다.

끼쉬노브가 마을부근에서 출토된 가면구 조각품은 청회색 활석으로 만들었다. 앞면은 절반 이상이 거무스름하고 부분적으로는 새까만데 이런 색은 장기간 불과 그을음을 받아서 생긴 것이다. 가면구 높이는 8.5cm이고 눈썹아래에 둥근 구멍이 두 개 뚫려 있으며 구멍 주위에는 둥근홈이 깊게 새겨져 있다. 코는 길쭉하고 아래로 가면서 넓어 졌다. 코아래 부분은 약간 파손되었다. 웃니(上齒)와 턱은 파손되어 잘 알리지 않는다. 오른쪽 광대뼈에는 +자 모양을 네 개 겹쳐놓은 꽃무늬가 있다. 뒷머리에는 두 개의 구멍 주위에 둥근홈을 약하게 새겼다. 가면구의 뒷면에 수직으로 관통된 구멍 하나가 있는데 구멍의 윗부분은 좁고 아래로 내려가면서 점점 넓어졌다. 이는 아마 막대기나 지팡이 끝에 꽂기 위한 것이라고 짐작된다. 가면구에 정결한 빛은 산발하는 태양이나 불을 상징한다고 알려진 꽃무늬나 ×자무늬를 새기고 뒷면에 희생의 피를 의미하는 붉은색 물감을 칠한 것은 이 가면구가 어떤 의례(儀禮)에 사용되었음을 의미한다. 가면구는 독특한 두개골 숭배를 반영한다. 이러한 현상은 근래까지도 나나이족 사이에 남아 있었다. 나나이족들은 두개골을 영혼이 깃든 곳이라고 여겼고 이를 특별한 장소에 보관하였다가 어떤 의식을 치를 때만 꺼내 사용하였다. 두개골 대신에 가면구를 사용하기도 하였다.

⑥ 흑룡강성 영안현 발해진 발해유지

상경유지에서도 구체적인 것은 잘 알수 없다. 그러나 다른 곳에서 출토된 것과 유사하다는것만은 틀림없다. 이도 발해 샤만교 법기 가운데의 일종이 었음은 틀림없다. 상경지역내에서 출퇴되었다는 것은 발해 샤만교 연구를 연구함에 있어서 그 의의가 자못 크다.

⑦ 흑룡강성 목단강시 석장구(石場溝)무덤떼에서 출토된 동제허리띠장식품

석장구무덤떼에서 출토된 동제허리띠장식품 가운데는 허리띠에 붙이는 장식품과 허리띠에 달아매는 작은 발울 등 두가지 종류가 있다.

허리띠장식품은 하나 나왔는데 모양은 장방형이고 크기는 안도현 동청무덤에서 출토된 허리띠장식품만하다. 제일 아래부분에는 작은 원형 동그라미 5개가 가로 한 줄로 연결되고 그 위로는 3개의 횡행선이 있으며 3개의 횡행선 위에는 14개의 노끈무늬 같은 것이 상부까지 연결되었고 그 사이에 횡선이 하나가 좌우끝까지 뻗쳤으며 장식품의 중부에서 좀 위로 치우친 곳에 세로 3개의 형선이 있고 최상에는 가로 한 줄로 복숭아와 구슬모양을 나타낸 5개의 돋음무늬가 있다.

작은 구리방울에는 투구모양으로 된것과 바람방울과 같이 제작된 두 가지 형태가 있다. 작은 구리방울의 꼭대기에는 구멍이 있다. 이 구멍에 노끈이나

가죽끈을 꿰어 동제허리띠에 달았을 것이다.

⑧ 흑룡강성 홍존양어장 무덤떼

영안현 홍존양어장무덤떼(黑龍江省寧安縣紅鱒養魚場墓群)에서 동제허리띠장식품이 출토되었다. 이 허리띠장식품의 제일 아래 부분은 작은 원형 동그라미 5개가 가로 한줄로 연결되고 그 위로는 동그라미와 동그라미 사이마다에 하나씩 형이 4개 배열되었다. 그 위에 3개의 횡행선이 있고 3개의 횡행선 위에 쌍원형 동그라미 5개가 가로 배열되었으며 쌍원형 동그라미와 동그라미 사이 마다에 상하로 대칭되게 3각형무늬가 각기 하나씩 있다. 그 위에 횡행선 하나가 있고 횡행선 위에 3줄의 점선무늬가 있으며 점선무늬 위에 세로 □형무늬가 있다. □형무늬 위에 또 두 개의 점선무늬가 가로 평행선을 이루고 있으며 최상에는 복숭아와 구슬같은 모양의 돋음무늬 8개가 한줄로 가로 연결되었다. 이 허리띠장식품의 모양은 장방형이고 크기는 한도현 동청무덤에서 출토된 허리띠장식품만하다.

위에서 열거한 고고학자료를 다시 종합하여 보면 말갈-여진인들의 샤만교 유물 출토지점으로는 흑룡강성 수빈지구의 수빈3호무덤, 발해진 서쪽 석강무덤, 길림성 내의 영길현(永吉縣) 양둔과 차리파무덤, 화림현 석장구무덤, 훈강시 영안유지, 교하현 홍기촌 닥하구, 훈춘현 초모정자, 통유현 서포자유지, 동료현 갑산촌유지, 장령현 이발성촌유지 등 11개 소가 있다. 그리고 러시아 연해주지역 내에 커르샤크워 무덤, 나제르진스까야 무덤, 거리야쯔누하 무덤, 버

량후 무덤, 터뤄이쯔지 무덤, 싸이진성터 등 6개 소가 있다. 도합 18개소이다.

이 18개소에서 출토된 유물의 종류로는 구리로 만든 허리띠, 허리띠장식품, 구리로 만든 작은 구리방울, 소동인, 구리거울, 기마인물상, 조두인물상, 새 등 8개이다.

발해시기 샤만교유물 출토지점으로는 안도현 동청무덤, 화룡현 혜장무덤, 훈강시 영안유지, 집안현 동대자유지, 영안현 발해진 등 5개소가 있고 러시아 연해주 내에는 우쓰리스끄시, 청색애유지, 향산유지, 오시노브까유지, 니꼴라예브스까성터, 끼쉬노브까, 신거러제예브스까, 꼰스딴찌노브스까야, 마리야노브까 등 9개소가 있다. 도합 14개소이다.

이 14개소에서 출토된 유물의 종류로는 구리로 만든 허리띠, 허리띠 장식품, 작은 구리방울, 동제기마인물상, 뼈로 만든 도마뱀과 거북, 오리형, 수탉형, 새모양형, 가면구 등 8개이다.

이상의 사실에 의해 다음과 같은 세가지 결론을 얻게 된다.

첫째, 위의 고고학자료와 문헌자료로서 발해가 존속한 229년 사이에 샤만교는 발해의 전지역 내에서 광범히 유전되고 있었다는 것을 실증한다.

둘째, 상경, 동경, 중경, 남경, 서경 등 5경을 중심으로 한 경제, 문화가 발전한 지역에서 샤만교가 유전되고 있었지만 변두리와 낙후한 지역에 비해 그 신앙 정도가 점차 소실되는 과정이었고 변방지대와 흑수말갈지역에서는 중심지구에 비해 샤만교 신앙이 더욱 광범히 유전되고 있었다는 것을 알 수 있다. 특히 오늘의 연해주지역에서의 샤만교 신앙은 내지의 중심지역보다 더욱 성행하였다.

　셋째, 불교의 전파와 성행은 발해국 내에서의 샤만교의 유전에 대해 특히 중심지역 내에서의 샤만교 유전에 대해 큰 영향이 있었다는 것도 알 수 있다. 대조영은 기원714년에 왕자를 당조 수도 장안에 파견하여 절에 들어가 예배하게 하여줄 것을 청하였고 제 3대 문왕 대흠무는 자기의 존호마저 "대흥보력효감금륜성법대왕(大興寶歷孝感金輪聖法大王)"이라고 하였다. 이와같이 문왕 대흠무는 자기를 최대를 권위를 가지고 있는 불법(佛法)의 수호자로 치장하였다. 상경성 외성 내에서 사원유지가 9개 곳이 발견되었고, 서고성과 팔련성 주변에도 사원 유지가 많이 분포되어 있다. 이러한 사실은 국왕을 비롯한 발해통치자들이 불교를 깊이 신앙하였다는 것을 알 수 있다. 또한 이는 발해의 중심지대에서 불교가 매우 성행하였다는 것을 설명한다. 불교가 성행함에 따라 이 지역내에서 샤만교 신앙은 점차 소실되어 갔다.

1) 『사해』595, 샤만교조.
2) 『진서(晋書)』권97. 동이전(東夷專). 숙신씨(肅愼氏)
3) 『위서(魏書)』권100.「물길전(勿吉傳)」
4) 『량서』권54.「고구려전」
5) 『구당서』권199. 상「고려전」
6) 『금사(金史)』권65.「사리홀전(謝里忽傳)」
7) 『금사(金史)』권65.「오고출전(烏古出傳)」
8) 『금사』권65.「태조본기」
9) 『금사.본기』세기(世紀)
10) 『금사.본기』권2.
11) 『대금국지(大金國志)』권39.
12) 『대금집례(大金集禮)』
13) 김육불 :『발해국지장편』하편378~379쪽.1982년『사회과학전선』잡지사출판
14) 『박물관연구』1993년 3기. 52쪽
15) 『훈춘현문물지』89쪽
16) 『교하현문물지』238쪽
17) 방학봉주편『발해사연구』(3).16쪽
18) 방학봉주편『발해사연구』(3).34쪽
19) 『화룡현문물지』42~43쪽
20) 『훈강시문물지』16쪽. 21쪽
21) 『집안현문물지』206쪽, 200쪽
22) 『동북아력사와 고고신식』77~78쪽

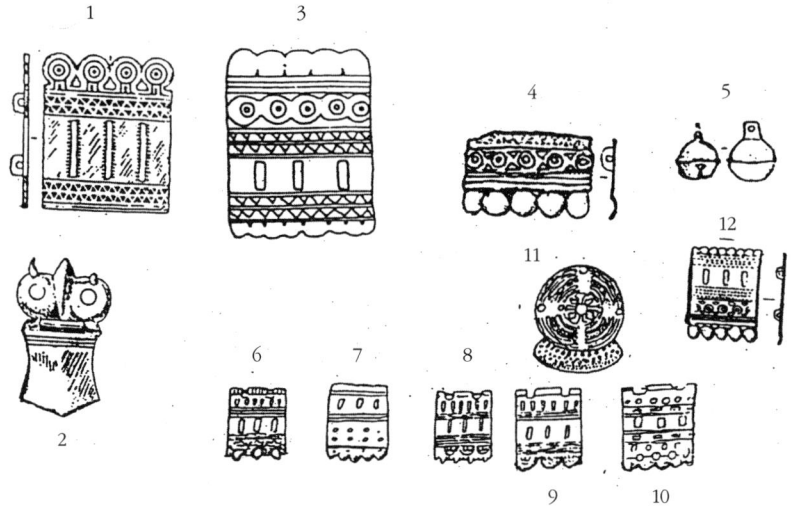

구리로 만든 허리띠 장식품
1.혜장무덤 2.구리띠고리(혜장무덤) 3.동청무덤 4.영안건축유지 5.영안건축유지
6.노보고르제예브까촌락유지 7~10.노보빠끄로브까무덤 11.암구강류역의 지료 채집물 12.동대자유지

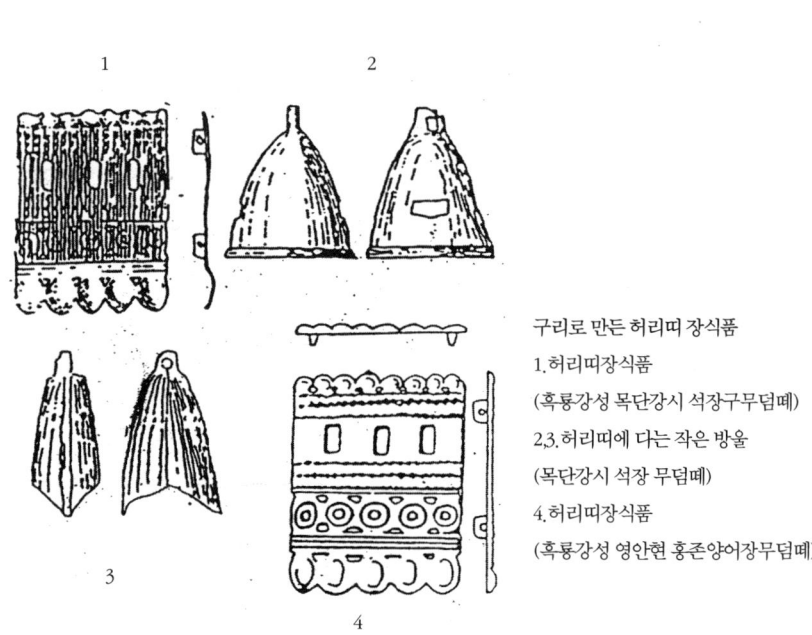

구리로 만든 허리띠 장식품

1.허리띠장식품
(흑룡강성 목단강시 석장구무덤떼)

2,3.허리띠에 다는 작은 방울
(목단강시 석장 무덤떼)

4.허리띠장식품
(흑룡강성 영안현 홍존양어장무덤떼)

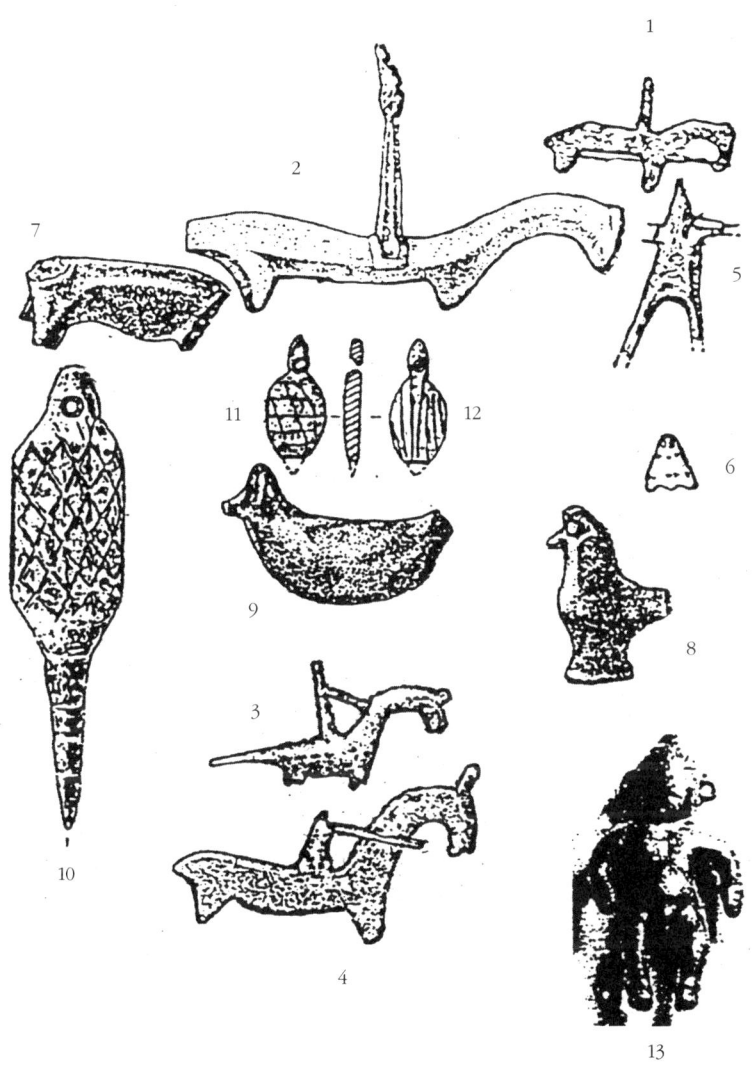

발해인 샤만교표지물
1~4. 청석애유지, 우쑤리스끄성터, 흑룡강성 동경성 출토 5. 향산촌락유지 6. 니꼴라예브까성터
7. 니꼴라예브까성터 8~9. 니꼴라예브까성터 10~12. 꼰스딴찌노브스까야1호촌락유지
13. 훈춘 춘화 초모정자촌

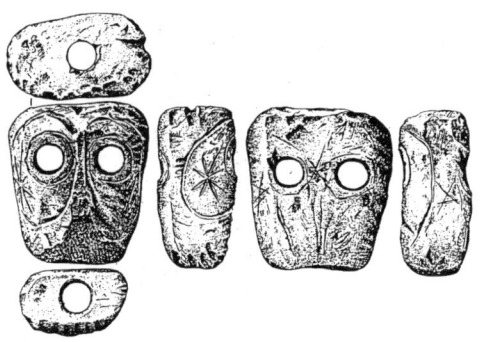

끼쉬뇨브까 마을 부근에서 발견된 가면구

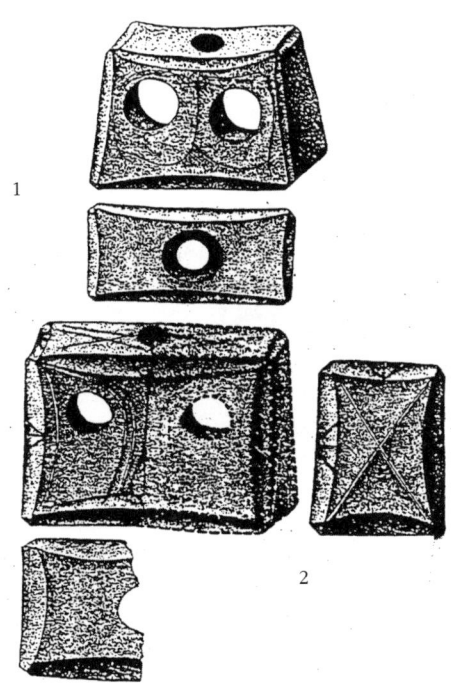

도제 가면구
1. 니꼴라예브까성터 2. 마리야노브까성터

1. 渤海世界表 발해세계표

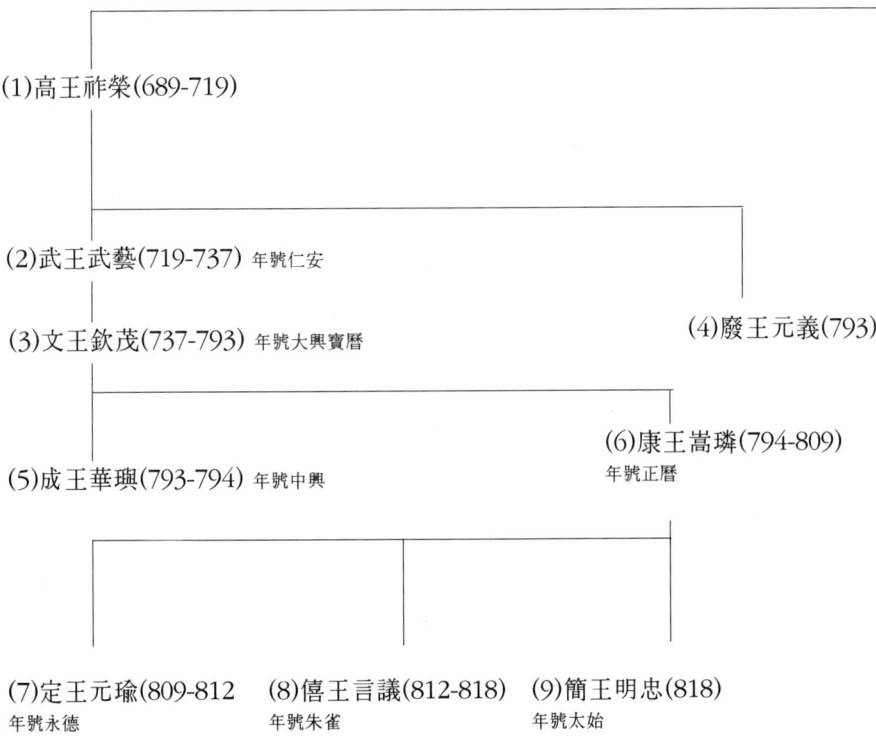

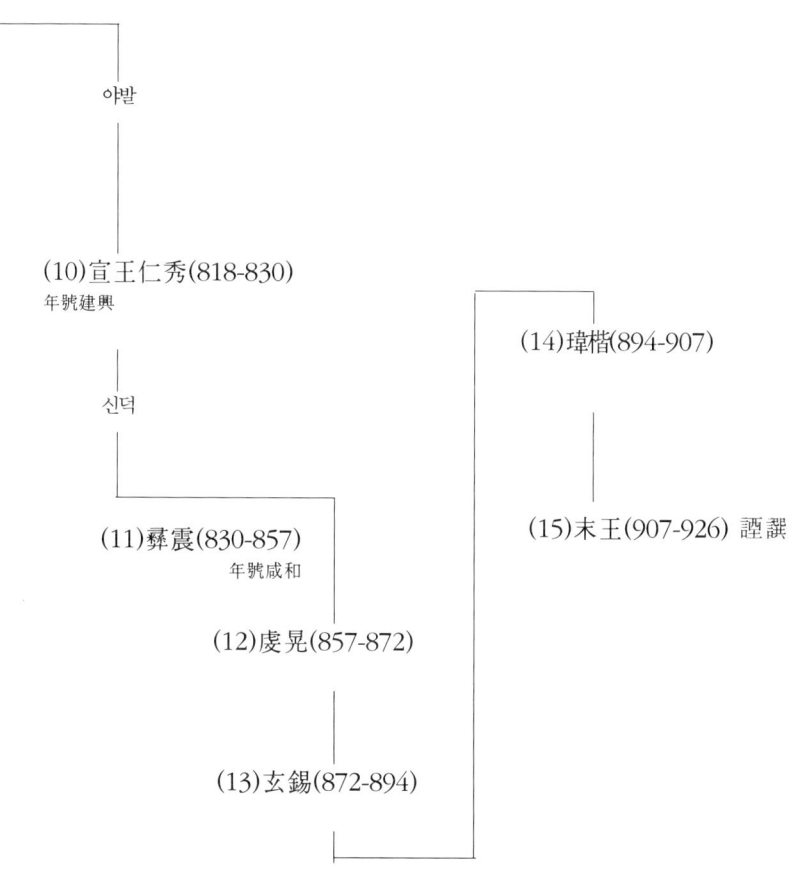

2. 方學鳳著作一覽表(1981~2003年)
방학봉저작일람표(1981~2003년)

	著作	出版社名稱	出判年代
1.	歷史辭典 共著	延邊人民出版社	1983年
	역사사전 공전	연변인민출판사	1983년
2.	渤海史話 專著	黑龍江朝鮮民族出版社	1986年
	발해사화 전저	흑룡강조선민족출판사	1986년
3.	中國古代史常지專著	延邊人民出版社	1986年
	중국고대사상지 전저	연변인민출판사	1986년
4.	延邊古代史話 共著	延邊人民出版社	1988年
	연변고대사화 공저	연변인민출판사	1988년
5.	渤海國事(譯文) 譯著	正音社(韓國)	1988年
	발해국사(역문) 역저	정음사(한국)	1988년
6.	延邊古研究 專著	正音社(韓國)	1989年
	발해사연구 전저	정음사(한국)	1989년
7.	渤海史研究(一) 主編	延邊大學出版社	1990年
	발해사연구(일) 주편	연변대학출판사	1990년
8.	東北民族 關係史 專著	大陸研究所出版社(韓國)	1991年
	동북민족 관계사 전저	대륙연구소 출판사(한국)	1991년
9.	渤海文化研究 專著	理論與實驗(韓國)	1991年
	발해문화연구 전저	이론과실험(한국)	1991년

	著作	出版社名稱	出判年代
10.	渤海史研究(二)	主編 延邊大學出版社	1991年
	발해사연구(이) 주편	연변대학출판사	1991년
	- 獲第七屆 東北三性朝鮮文優秀圖書二等?及吉 林省優秀圖書二等狀		
	- 획제칠계 동북삼성조선 문우수도서이등장급길림성우수도서이등장		
11.	渤海遺址研究 專著	延邊大學出版社	1993年
	발해유지연구 전 주	연변대학출판사	1993년
	- 吉林省長白山優秀圖書一等狀		
	- 길림성장백산우수도서일등장		
12.	渤海史研究(三) 主編	延邊大學出版社	1992年
	발해사연구(삼) 주편	연변대학출판사	1992년
13.	渤海史研究(四) 主編	延邊大學出版社	1993年
	발해사연구(사) 주편	연변대학출판사	1993년
14.	中朝一關系史(上) 主編	延邊大學出版社	1993年
	중조일관계사(상) 주편	연변대학출판사	1993년
15.	渤海史研究(五) 主編	延邊大學出版社	1994年
	발해사연구(오) 주편	연변대학출판사	1994년
16.	在中國境內高句麗及渤海遺址介沼 共著	延邊大學出版社	1995年
	재중국경내고구려급발해유 지개소 공저	연변대학출판사	1995년
17.	渤海史研究(六) 主編	延邊大學出版社	1995年
	발해사연구(육) 주편	연변대학출판사	1995년
18.	渤海建築研究 主編	延邊大學出版社	1995年
	발해건축연구 주편	연변대학출판사	1995년
19.	渤海史研究(七) 主編	延邊大學出版社	1995年
	발해사연구(칠) 주편	연변대학출판사	1995년
20.	渤海疆域旅行政制度研究 專著	延邊大學出版社	1996年
	발해강역여행정제도연구 전개	연변대학출판사	1996년
21.	渤海佛教遺址?遺物 專著	景文化社(韓國)	1996年

著作	出版社名稱	出判年代
22. 渤海佛敎硏究 專著	延邊大學出版社	1998年
발해불교연구 전저	연변대학출판사	1998년
23. 中國古代史上有名的朝鮮人 專著	延邊人民出版社	1998年
중국고대사상유명적조선인 전개	연변인민출판사	1998년
24. 渤海史硏究(八) 主編	延邊大學出版社	1999年
중국고대사상유명적조선인 전개	연변인민출판사	1998년
25. 渤海主要交通路硏究 專著	延邊人民出版社	2000年
발해주요교통로연구 전저	연변인민출판사	2000년
26. 渤海文化硏究 主編	吉林人民出版社	2000年
발해문화연구 주편	길림인민출판사	2000년
27. 발해화폐급24개석논저 주편	길림인민출판사	2000년
28. 中國境內〈渤海遺址硏究〉專著	白山資料院(韓國)	2000年
중국경내〈발해유지연구〉전저	백산자료원(한국)	2000년
29. 中國古代文化對朝鮮和 日本的影向 (國家使料規劃基金資助項目) 共著	黑龍江朝鮮民族出版社	2000年4月
중국고대문화대조선화일본적영향 (국가사료규획기금자조항목) 공저	흑룡강조선민족출판사	2000년4월
30. 渤海經濟硏究 專著	黑龍江朝鮮民族出版社	2001年10月
발해경제연구 전저	흑룡강조선민족출판사	2001년10월
31. 渤海城郭(一) 專著	延邊人民出版社	2001年10月
발해성곽(일) 전저	연변인민출판사	2001년10월
- 獲 2002年 吉林省長白山優秀圖書一等狀 及 吉林省優秀圖書狀,中國朝鮮族文化出版優秀圖書狀		
- 획 2002년 길림성장백산우수도서일등장급 길림성우수도서장,중국조선족문화 출판우수도서장		
32. 渤海城郭硏究 專著	延邊人民出版社	2002年10月
발해성곽연구 전저	연변인민출판사	2002년10월

著作	出版社名稱	出判年代
33. 大渤海建築的理解 共著,監修 대발해건축적이해 공저,감수	白山資料院(韓國) 백산자료원(한국)	2004年4月 2004년4월
34. 渤海主要遺迹考察散記 專著 발해주요유적고찰산기 전저	延邊大學出版社 연변대학출판사	2004年12月 2004년12월
35. 渤海文化-以社會生活風俗爲中心 專著 발해문화-이사회생활풍속위중심 전저	延邊大學出版社 연변대학출판사	2004年10月 2004년10월

論文	發表刊物名稱	發表年月
1. 渤海農業生産發展資料的輯述 발해농업 생산발전자료적집술	延邊大學學報 연변대학학보	1981年3月 1981년3월
2. 渤海顯湊之布沃州之綿辨析 발해현주지포옥주지면변석 - 世界學術貢獻狀(金裝) - 세계학술공헌장(금장)	延邊大學學報 연변대학학보	2000年2月 2000년2월
3. 渤海以中京顯德府爲王都時期的商業試談 발해이중경현덕부위왕도시기적상업시담	延邊大學學報 연변대학학보	1983年4月 1983년4월
4. 渤海與日本貿易的歷史약考 발해여일본무역적역사약고	延邊大學學報 연변대학학보	1984年2月 1984년2월
5. 關于渤海埴棉問題 관우발해식면문제	學習與探索 학습여탐색	1984年6月 1984년6월
6. 渤海城鑕淺議 발해성진천의	延邊大學學報 연변대학학보	1985年2月 1985년2월
7. 조선족간개	역사지지	1985년2월
8. 延邊古代農業發展歷程試談 연변고대농업발전역정시담	延邊史志 연변사지	1985年1月 1985년1월

	論文	發表刊物名稱	發表年月
9.	渤海以舊國,中京,東京爲王都時期的教育時談	延邊歷史研究	1986年1月
	발해이구국,중경, 동경위왕 도시기적교육시담	연변역사연구	1986년1월
10.	渤海以舊國,中京,東京爲王都時期的佛敎時談	延邊大學學報	1986年4月
	발해이구국,중경, 동경위왕도시기적불교시담	연변대학학보	1986년4월
11.	渤海大元義被殺的社會背景及其性質研究	延邊大學學報	1987年4月
	발해대원의피살적사회배경급기성질연구	연변대학학보	1987년4월
12.	渤海以舊國,中京,東京爲王都時期的手工業時談	延邊方志	1987年2月
	발해이구국,중경, 동경위왕도시기적수공업시담	연변방지	1987년2월
13.	渤海蹴鞠,擊球淺議	延邊大學學報	1988年4月
	발해축국,격구천의	연변대학학보	1988년4월

- 獲 國際優秀論文狀 創新實踐發展優秀 論文評選中獲特等狀
- 획 국제우수논문장 창신실천발전우수 논문평선중획특등장

14.	元代高麗人遷入中國境內的一些資料輯述〈中國朝鮮民族遷入史論文集〉	黑龍江朝鮮民族出版社	1989年 12月
	원대고려인천입중국경내적 일사자료집술〈중국조선민족천입사논문집〉	흑룡강조선민족출판사	1989년 12월
15.	東女眞與高麗之間貿易發展的原因及其性質	延邊大學第一次朝鮮學國際學術會議論文集	1989年8月

	論文	發表刊物名稱	發表年月
	동여진여고려지간무역발전적	연변대학제일차조선학국제학술회의논문집	1989년8월
	원인급기성질		
16.	淸代著名的書畫收集家安岐	民族團結	1989年6月
	청대저명적서화수집가안기	민족단결	1989년6월
17.	封禁時期朝鮮人民對延邊農業生産發展資料輯術		
		東北三省朝鮮族史學術會議論文集	1984年11月
	봉금시기조선인민대연변농업생산발전자료집술		
		동북삼성조선족사학술회의논문집	1984년11월
18.	蒲盧毛?女眞大王府地理位置考	延邊方志	1989年6月
	포노모타여진대왕부지러위치고	연변방지	1989년6월
19.	中國文化交流史上的著名人物洪大容	民族團結雜志	1990年2月
	중국문화교류사상적저명인물홍대용	민족단결잡지	1990년2월
20.	在中韓佛敎文化交流史上有貢獻的義湘	民族團結雜志	1990年6月
	재중한불교문화교류사상유공헌적의상	민족단결잡지	1990년6월
21.	渤海以舊國,中京,東京爲	延邊大學學報	1990年2月
	王都時期的儒學時談		
	발해이구국, 중경, 동경위	연변대학학보	1990년2월
	왕도시기적유학시담		
22.	貞孝公主墓志反映出的儒家思想硏究	韓國學硏究(韓國)	1990年6月
	정효공주묘지반영출적유가사상연구	한국학연구(한국)	1990년6월
23.	渤海人的埋葬習俗及其特征硏究	韓國傳統文化硏究(韓國)	1990年6月
	발해인적매장습속급기특정연구	한국전통문화연구(한국)	1990년6월
24.	貞孝公主墓志考釋	延邊大學出版社(渤海史硏究)(一)	1990年12月
	정효공주묘지고석	연변대학출판사(발해사연구)(일)	1990년12월
25.	貞惠公主墓與貞孝公主墓比較硏究 同上		1990年12月
	정혜공주묘여정효공주묘비교연구 동상		1990년12월

論文	發表刊物名稱	發表年月
26. 渤海滅亡之因 同上 발해멸망지인 동상		1990年12月 1990년12월
27. 試談盤峇溝口地理位置及其作用 同上 시담반령구구지리위치급기작용 동상		1990年12月 1990년12월
28. 試談渤海多人葬 시담발해다인장 - 西部異論與發展 學術成果評選中 獲特等狀 - 서부이론여발전 학술성과평선중 획특등장	延邊大學學報 연변대학학보	1991年1月 1991년1월
29. 渤海時期延邊的交通考 발해시기연변적교통고	延邊大社學出版(延邊歷史地理) 연변대학출판사(연변역사지리)	1991年12月 1991년12월
30. 歷代延邊行政沿革略考 역대연변행정연혁약고 동상		同上 1991年12月 1991년12월
31. 關于唐册封大欽茂爲 渤海國王的兩次勅命(譯文) 관우당책봉대흠무위 발해국왕적양차칙명(역문)	延邊大社學出版(渤海史研究)(一) 연변대학출판사(발해사연구)(일)	1991年12月 1991년12월
32. 鏡泊湖周圍山城遺址的調查(譯文) 同上 경박호주위산성유지적조사(역문) 동상		1991年12月 1991년12월
33. 試談渤海度量衡 延邊大社學報獲 國際優秀論文狀 2001年中國新時期 人文科學優秀成果二等狀 국제우수논문장 2001년중국신시기인문과학우수성과이등장		1991年3月
34. 試談新羅都城至渤海都城的交通路線 시담신라도성지발해도성적교통노선	延邊大社第二次朝鮮學國際學術會議論文集 1991年8月 연변대학제이차조선학국제학술회의논문집 1991년8월	
35. 振國考(譯文) 渤海史硏究(二) 진국고(역문) 발해사연구(이)	延邊大社出版社 연변대학출판사	1991年10月 1991년10월

	論文	發表刊物名稱	發表年月
36.	渤海舊國卽敖東城置疑(譯文) 同上		1991年10月
	발해구국즉오동성치의(역문) 동상		1991년10월
37.	有關渤海文化硏究的幾介問題(譯文) 同上		1991年10月
	유관발해문화연구적기개문제(역문) 동상		1991년10월
38.	渤海圖書价値論(譯文) 同上		1991年10月
	발해도서개치론(역문) 동상		1991년10월
39.	略論渤海與鄰族關系(譯文) 同上		1991年10月
	약론발해여린족관계(역문) 동상		1991년10월
40.	關于喪葬儀觀(書評) 同上		1991年10月
	관우상장의관(서평) 동상		1991년10월
41.	渤海時期用蠻子-密江段交通路線小考	延邊大學學報	1992年1月
	발해시기용만자-밀강단교통노선소고	연변대학학보	1992년1월
42.	關于渤海中京的幾介問題	韓國史學論叢(上)	1992年6月
	관우발해중경적기개문제	한국사학론총(상)	1992년6월
43.	關于渤海上京的幾介問題	先史地古文(二)	1992年8月
	관우발해상경적기개문제	선사지고문(이)	1992년8월
44.	略談渤海都城的演變過程	渤海史硏究(三)	1992年8月
	약담발해도성적연변과정	발해사연구(삼)	1992년8월
45.	渤海貞孝公主墓與河南村墓比較硏究	韓國學報(韓國)	1993年
	발해정효공주묘여하남촌묘비교연구	한국학보(한국)	1993년
46.	關于渤海五京的硏究	歷史敎育(韓國)	1993年6月
	관우발해오경적연구	역사교육(한국)	1993년6월
47.	渤海四次遷度之因	白山學報(韓國)	1993年3號
	발해사차천도지인	백산학보(한국)	1993년3호
48.	渤海上京城與唐長安城的比較硏究	高麗大學渤海史國際學術討論會論文集,	
		延邊大學學報	1993年3月

論文	發表刊物名稱	發表年月
발해상경성여당장안성적비교연구 고려대학발해사국제학술토론회논문집,		
	연변대학학보	1993년3월

- 1993年3期獲 2001年國際優秀論文狀 "新世紀,新思路,新實踐"理論與實踐學術 研究及領?大會上獲特等?
- 1993년3기 획2001년국제우수논문장 "신세기,신사로, 신실천" 이론여실천학술연구급반장대회상획특등장

49.	近年來在中國渤海史研究情況	韓民族共榮體	1993年 創刊
	근년래재중국발해사연구정황	한민족공영체	1993년 창간
50.	東淸渤海遺址的發現及其意義 民族文化的諸問題		
		世宗文化	1994年2月
	동청발해유지적발현급기의의 민족문화적제문제		
		세종문화	1994년2월
51.	淺談渤海中央行政機構	渤海史硏究(4)	1993年12月
	천담발해중앙행정기구	발해사연구(4)	1993년12월
52.	渤海軍事制度初談(譯文)	渤海史硏究(5)	1993年12月
	발해군사제도초담(역문)	발해사연구(5)	1993년12월
53.	關于渤海上京龜趺的兩介問題(譯文) 同上		1993年12月
	관우발해상경귀부적양개문제(역문) 동상		1993년12월
54.	渤海上京成道路考(譯文) 同上		1993年 12月
	발해상경성도로고(역문) 동상		1993년 12월
55.	中國古代史上民族關系中的幾介問題	延邊大學學報	1993年12月
	중국고대사상민족관계중적기개문제	연변대학학보	1993년12월
56.	試論渤海的滅亡 中國朝鮮族歷史硏究論叢		1992年12月
	시론발해적멸망 중국조선족역사연구론총		1992년12월
57.	試談渤海之疆域	渤海史硏究(5)	1994年12月
	시담발해지강역	발해사연구(5)	1994년12월
58.	試談渤海之中央行政機構 渤海史硏究(5)		1994年12月
	시담발해지중앙행정기구 발해사연구(5)		1994년12월

	論文	發表刊物名稱	發表年月
59.	高句麗先都考(譯文) 고구려선도고(역문)	渤海史研究(5) 발해사연구(5)	1994年12月 1994년 12월
60.	渤海墓上建築試談 발해묘상건축시담	延邊大學學報 연변대학학보	1995年3期 1995년3기
61.	在中國渤海史研究動向 日本〈亞細亞研究〉12 재중국발해사연구동향 일본〈아세아연구〉12		1995年12月 1995년12월
62.	渤海塔址試談 韓國〈多寶〉16號 발해탑지시담 한국〈다보〉16호		1995年12月 1995년12월
63.	渤海僧侶在渤海,唐,日本關係中的作用 同上 발해승려재발해,당,일본관계중적 작용 동상		1995年12月 1995년12월
64.	試談渤海上京城宮殿建築 渤海史研究(6) 시담발해상경성궁전건축 발해사연구(6)		1995年12月 1995년12월
65.	試談渤海佛教盛行及其原因 韓國〈多寶〉17號 시담발해불교성행급기원인 한국〈다보〉17호		1996年3月 1996년3월
66.	試談渤海佛教盛行及其遺物 同上 담발해불교성행급기유물 동상		1996年3月 1996년3월
67.	渤海上京龍泉府宮殿建築復原(譯文) 渤海史研究(6) 발해상경용천부궁전건축복원(역문) 발해사연구(6)		1995年12月 1995년12월
68.	淺談烟筒砬子渤海建築地出土文物性質和年代(譯文) 同上 천담연통립자발해건축지출토문물성질화년대(역문) 동상		1995年12月 1995년12월
69.	泊汋口位置考(譯文) 同上 1995年12月 박작구위치고(역문) 동상		1995년12월
70.	김책시동흥리이십사개석유지(편) 동상		1995년12월
71.	渤海婚姻與家庭 韓國〈中央日報〉社 月刊雜誌〈원〉 발해혼인여가정 한국〈중앙일보〉사 월간잡지〈원〉		1995年12月 1995년12월호
72.	渤海塔址 渤海史研究(七) 발해탑지 발해사연구(칠)		1996年12月 1996년12월

	論文	發表刊物名稱	發表年月
73.	大渤海上京寺廟址 現狀的調査(譯文) 同上		1996年12月
	대발해상경사묘지 현상적조사(역문) 동상		1996년12월
74.	〈寧安文物志〉〈渤海文物〉(譯文)同上		1996年12月
	〈영안문물지〉〈발해문물〉(역문)동상		1996년12월
75.	對高産渤海史廟的新想法 同上		1996年12月
	대고산발해사묘적신상법 동상		1996년12월
76.	中國古代都城制對朝鮮,日本古代都城制的影響	〈延邊大學社會科學學報〉	1997年1期
	중국고대도성제대조선,일본고대도성제적영향	〈연변대학사회과학학보〉	1997년1기
77.	시담발해(이십사개석) 일본〈동아세아연구〉제15호		1997년 2월 발행
78.	渤海驛站試談 韓國古代史學會〈先史與古代〉(9)		1997年12月
	발해역참시담 한국고대사학회 〈선사여고대〉(9)		1997년12월
79.	王思禮〈老人世界〉	延邊人民出版社	1998年1期
	왕사례〈노인세계〉	연변인민출판사	1998년1기
80.	李寧 同上		1998年2期
	이영 동상		1998년2기
81.	試談渤海薩滿教存在與否問題 韓國第四回高句麗國際學術大會論文		1998年9月
	시담발해샤만교존재여부문제 한국제사회고구려국제학술대회논문		1998년9월
82.	延邊地區渤海遺址與朝貢道 韓國〈先史與古代〉10		1998年6期
	연변지구발해유지여조공도 한국〈선사여고대〉10		1998년6기
83.	延邊地區渤海遺址日本道 韓國〈白山學報〉50號		1998年5月
	연변지구발해유지일본도 한국〈백산학보〉50호		1998년5월
84.	試談高句麗柵城 韓國〈京畿史學〉三號		1999年8月
	시담고구려책성 한국〈경기사학〉삼호		1999년8월
85.	試談渤海國武器 日本〈東亞細亞研究〉		1999年25號
	시담발해국무기 일본〈동아세아연구〉		1999년25호

	論文	發表刊物名稱	發表年月
86.	試談渤海農器 渤海史硏究(8)		1999年12月
	시담발해농기 발해사연구(8)		1999년12월
87.	在渤海國貨幣研究中需要一澄淸的一些問題(譯文) 同上		1999年12月
	재발해국화폐연구중유요병일징청적일사문제(역문) 동상		1999년12월
88.	先史時代東北境內的原始居民〈老年世界〉	延邊人民出版社	1999年4期
	선사시대동북경내적원시거민〈노년세계〉	연변인민출판사	1999년4기
89.	奴隸制時期東北的民族關系(1) 同上		1999年6期
	노예제시기동북적민족관계(1) 동상		1999년6기
90.	奴隸制時期東北的民族關系(2) 同上		1999年7期
	노예제시기동북적민족관계(2) 동상		1999년7기
91.	秦漢時期東北的民族關系(1) 同上		1999年8期
	진한시기동북적민족관계(1) 동상		1999년8기
92.	秦漢,兩晋時期東北的民族關系(2) 同上		1999年9期
	진한,양진시기동북적민족관계(2) 동상		1999년9기
93.	秦漢,兩晋時期東北的民族關系(3) 同上		1999年10期
	진한,양진시기동북적민족관계(3) 동상		1999년10기
94.	張保皐 同上		2000年 1-2期
	장보고 동상		2000년 1-2기
95.	渤海土地制度 韓國〈國學硏究〉第6輯國學硏究所		2001年12月
	발해토지제도 한국〈국학연구〉제6집국학연구소		2001년12월
96.	渤海農作物小考 韓國〈白山學報〉65號		2003年4月
	발해농작물소고 한국〈백산학보〉65호		2003년4월
97.	渤海農業發展的情況及其原因 韓國〈國學硏究〉第7輯		2002年12月
	발해농업발전적정황급기원인 한국〈국학연구〉제7집		2002년12월